浙江文化艺术发展基金资助项目

PROJECTS SUPPORTED BY ZHEJIANG CULTURE AND ARTS DEVELOPMENT FUND

浙江文化
基因丛书

吴越◎主编

港源城始

宁波江北文化基因

王军伟等◎编著

杭州出版社

图书在版编目（CIP）数据

港源城始：宁波江北文化基因 / 王军伟等编著. -- 杭州：杭州出版社，2025.1. --（浙江文化基因丛书 / 吴越主编）. -- ISBN 978-7-5565-2729-8

Ⅰ.G127.553

中国国家版本馆 CIP 数据核字第 2024478JZ6 号

GANGYUAN CHENGSHI——NINGBO JIANGBEI WENHUA JIYIN

港源城始——宁波江北文化基因

王军伟等　编著

策　　划	屈　皓
责任编辑	邹乐陶
责任校对	陈铭杰
装帧设计	王立超　屈　皓　魏君妮
美术编辑	王立超
责任印务	王立超
出版发行	杭州出版社（杭州市西湖文化广场32号6楼）
	电话：0571-87997719　邮政编码：310014
	网址：www.hzcbs.com
排　　版	杭州立飞图文制作有限公司
印　　刷	天津画中画印刷有限公司
经　　销	新华书店
开　　本	710mm×1000mm　1/16
印　　张	26.5
字　　数	418 千字
版印次	2025年1月第1版　2025年1月第1次印刷
书　　号	ISBN 978-7-5565-2729-8
定　　价	68.00 元

"浙江文化基因丛书"编委会

吴　越　叶志良　贾晓东　陈　明　孙　琳

沈　军　葛建民　缪存烈　乐　波　赵柯艳

王　俊　陆　莹　林华弟　章鹏华　盛雄生

陈贤敏　胡宏波　周　洁　胡凌凌　王军伟

柳虹羽　屈　皓　庄文新

（排名不分先后）

"浙江文化基因丛书"序

习近平总书记指出："支撑5000多年中华文明延绵至今的，是植根于中华民族血脉深处的文化基因。"[①]浙江是中华文明的重要发源地之一，文化底蕴深厚，文化名人辈出。一叶红船从嘉兴南湖驶出，在时代浪潮中驭势而行；沿"唐诗之路"踏歌而行，千古诗篇回响在山水之间；还有良渚文化、宋韵文化、上山文化、黄帝文化、南孔文化、和合文化、阳明文化、丝瓷茶文化、古越文化、吴越文化……这些文化基因，共同铸就了浙江的"根"和"魂"。

2024年3月6日，浙江省文化广电和旅游厅印发《浙江省文化基因激活工程实施方案（2024—2026年）》，这是继2020年浙江省文化和旅游厅印发的《浙江省"文化基因解码工程"实施方案（试行）》《浙江省"文化基因解码工程"工作导则》和2021年8月浙江省文化和旅游厅印发的《建设文化标识推进文旅融合行动计划（2021—2025年）（试行）》之后，为更好担负起新时代新的文化使命，深入贯彻省委十五届四次全会部署，在全省实施的又一项文化基因重大工程。

[①] 习近平：《携手建设更加美好的世界》（2017年12月1日），人民出版社，2017年，第3页。

文化基因解码工程,是文化基因激活工程的坚实基础。文化基因,顾名思义,是指从文化形态切入,厘清其历史渊源、发展脉络、基本走向,从物质、精神、制度要素,语言和象征符号等进行分析、解码所提取的关键知识内核。文化基因解码,围绕中华优秀传统文化、革命文化和社会主义先进文化,按照3个主类、20多个亚类、约100个基本类型分别归档,确保历史年代、地理位置、流布范围等数据均记录在册,挖掘、研究、阐释优质"文化基因",对全省文化资源进行全面梳理。这是一项集"查、解、评、用"于一体的综合性系统工程。全省开展90个县市区的文化基因解码任务,包括文化元素调查、文化基因解码评价、《文化基因解码报告》撰写、证据资料汇总保存建档等,并在此基础上建成"浙江文化基因库"。文化基因解码,起于"查",终于"用"。"查"就是铺开"一张网",广泛收集区域内的文化资源,作为"解"的对象。"解"重在找准四大要素,提取一组基因。四大要素是指物质要素(如原料、工具、环境等)、精神要素(如思想观念、群体性格等)、制度要素(如乡规民约、族规家规、礼节礼仪、表演技艺、创作技法等)、语言和象征符号(如方言、图形、标志、表情、动作、声音等)。通过对四大要素的分解梳理,遴选重点文化元素作为解码对象,从中提取出关键性的知识(技术)点。然后通过对选择的文化基因解码,从生命力、凝聚力、影响力、发展力四个维度进行质量评价。最终用基因塑造IP,以文旅IP开发作品、设计产品,以作品、产品点亮城市生活、赋能乡村振兴。浙江以文化基因为根、文旅融合IP为脉,打造了一条以城带乡、城乡互促的发展闭环,推动文化资源的"活化"利用,把解码成果与提高人民群众生活品质相结合，这就是"用"。以人文之美推动精神之富足，增强浙江高质量发展建设共同富裕示范区的文化自觉。

显然，文化基因是传承和创新的基石。文化基因作为一个社会文化系统的逻辑起点，是一个社会存在和进化、变革和发展的决定力量。文化基因解码就是要把社会文化系统中所表现出来的文化形态、思维方式、行动模式、礼仪符号、风俗习惯等加以还原，揭示其本初原因和底层逻辑。改革开放四十余年来，浙江出现了令人瞩目的"浙江现象"，表现为快速的经济增长、蓬勃的发展活力、和谐的社会环境、显著的民生绩效。"浙江现象"源于浙江精神和浙江的文化基因。正确界定、充分挖掘浙江文化的内涵价值，解码浙江的文化基因，对于构建起有效支撑文化建设和旅游发展的"四梁八柱"，推动文化建设和旅游发展各项指标持续名列全国前茅，着力建设新时代文化高地、中国最佳旅游目的地、全国文化和旅游融合发展样板地具有重要而深远的意义。

如何寻找突破口？各地在选"码"、解"码"、用"码"的整个闭环中，成立解码专项小组，构建"乡土专家+高校资源+系统人才"三方协作机制，高效推进解码工程。首批编辑出版的"浙江文化基因丛书"中汇集的富阳、南浔、南湖、绍兴、瑞安、平阳、苍南、普陀、岱山、嵊泗、定海、临海、南孔圣地、开化、常山、金华（经开区）、遂昌、云和、景宁、宁波江北等地的研究成果，正是在归纳总结、科学分析浙江文化基因的基础上，探索文化基因解码的方法和路径，同时从人类学、社会学的角度，运用现象学原理，在哲学层面进行解构、剖析，既有理论深度，又能方便应用。丛书勾勒出各地推进文化基因解码工程的概貌。成果本身的内容、方法、转化等，对各地都有很强的示范作用和借鉴意义。

可以说，"浙江文化基因丛书"中的成果，以浙江文化高质量发展为目标，以融合发展为重点，紧扣激活优秀文化基因，以文化基因的挖掘利用赋能文化事业和文旅产业发展，为我省文旅发展再上新台阶、为文化浙江建设贡献了力量。

叶志良

2024年秋于杭州

目 录

前 言	001
慈城古县城	003
宁波老外滩	019
慈孝文化	045
保国寺	063
宁波文创港	085
宁波大运河文化	107
慈城药商文化	133
慈城冯氏	153
冯定纪念馆	179
冯骥才祖居	197
周信芳历史故事	217
玉成窑文人紫砂	241
慈城水磨年糕	261
朱贵祠	281
前洋 E 商小镇	303
云创小镇	321

半浦村	351
毛岙村	371
达人村	387
"浙江文化基因丛书"后记	406

前 言

习近平总书记多次用"基因""文化基因""精神基因""精神命脉""精神标识""坚实根基""'根'和'魂'"等概念来肯定中华优秀传统文化，从而形成了以"文化基因"为核心的关于传统与现代、中华传统文化与中国特色社会主义之间关系的系统论说。

本书从文化基因的视角对宁波市江北区的文化资源进行全面挖掘，梳理每一种文化形态，分析内在的文化基因。书中紧紧围绕中华优秀传统文化、革命文化和社会主义先进文化，重点解码慈城古县城、宁波老外滩、慈孝文化、保国寺、宁波文创港、慈城药商文化、冯定纪念馆、半浦村等20个重点文化基因，并以此为切入点，深入挖掘江北区文化基因的丰富内涵，系统阐述文化价值。

本书依托江北区文化基因重点元素，提炼出其中最为关键、最为核心、最不可替代的"知识点"形成典型的具有地方特色的文化标识，并通过非物质文化遗产传承的方式，加以记录、存证、保护和发展，进而更加扎实地推进江北区优秀文化的创造性转化、创新性发展，力争创建浙东地区文化新高地。

王军伟

二〇二四年三月

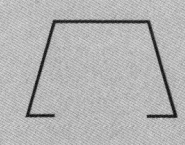

慈城古县城
港源城始　宁波江北文化基因

慈城古县城

一、文化溯源

慈城，最早建城于约二千五百年前的春秋时期，为越王句践所筑，城址在今慈城镇城山渡东王家坝一带，史称"句""句余""句章"等。

唐开元二十六年（738），采访使齐瀚向朝廷奏请，划越州东部区域另设明州（今宁波），而明州境内原句章县故地置为一县。朝廷委派房琯为首任县令。房县令踏遍句章的山山水水，选择九龙戏珠的今慈城之地，作为风水宝地，迁建县治。当登上城北的浮碧山（伏鳖山），眺望东北阚峰下巍峨耸立的董孝子祠时，他不禁为董黯（汉代名儒董仲舒六世孙）"汲水奉母"的事迹所感动，就把"大隐溪"改为"慈溪"，县以溪名，由"句章"也改称"慈溪"。人们又习惯将慈溪县城称为"慈城"。

慈城历史文化底蕴深厚，文物古迹灿若云锦。2.17平方千米的古县城内，明清古建筑保存完好。著名的古建筑有孔庙、甲第世家、福字门头、布政房、姚状元宅、符卿第、向宅、冯宅、俞宅等。2006年，慈城古建筑群被公布为第六批全国重点文物保护单位。

慈城文化荟萃，人才辈出，历史上曾出过5名状元，1名榜眼、3名探花，519名进士。当代有京剧大师周信芳，金融界领袖秦润卿，中国科学院院士（学部委员）谈家桢、颜鸣皋、朱祖祥，还有著名作家冯骥才，等等。

慈城是江南地区唯一保存得较为完整的古县城，国家4A级旅游景区，被授予中国慈孝文化之乡、中国年糕之乡、中国历史文化名城和全国环境优美乡镇等荣誉称号。慈城老城三面环山，一面临江，平均海拔3.3米，地形北高南低，山水相依，其自然环境优美秀丽，城池更因慈湖、云湖、鄞湖三湖之交相辉映而尤显风姿。慈湖是慈城的点睛之笔，为慈城增添了水灵秀气，而狮子山、大宝山、清道山等烘托出慈城的雄浑霸气。

2000年以来，慈城镇相继被评为全国综合改革试点镇、宁波市中心镇和全国重点镇。2019年10月，慈城镇入选"2019年度全国综合实力千强镇"。2020年1月，慈城镇入选浙江省2020年度美丽城镇建设样板创建名单。2020年7月，慈城镇被全国爱国卫生运动委员会命名为2017—2019周期国家卫生乡镇。2018年至2024年，慈城镇均入选中国乡镇综合竞争力100强（中国百强镇）。

二、文化要素分析

（一）物质要素

1. 明朝建筑典型——甲第世家

甲第世家即钱宅之雅称，建于明嘉靖年间（1522—1566）。主人钱照，因钱姓家属数人登第，因称"甲第世家"。该宅坐北朝南，由台门、二门、前厅、后厅及左右厢房组成。纵观全宅，大厅为明中晚期建筑，后堂稍晚建成并修补。它是宁波市保存较完整的一组建筑群，是明代晚期建筑的典型。

2. 儒学文化的集合——孔庙

慈城孔庙是目前浙东地区唯一保存最完整的学宫，1997年被公布为浙江省省级文物保护单位。它位于城内中心位置上，始建于北宋雍熙元年（984），比现今北京孔庙的历史还要早318年，1048年迁移到现址。历代屡有兴毁，现存的孔庙仍保持清代光绪年间（1875—1908）原貌。其占地约7000平方米，共有祠、阁等房屋137间，建筑布局完整，气势宏大。中轴线上由南向北分别为棂星门、泮池、大成门、大成殿、明伦堂、梯云亭，两侧的左右轴线上也对称地建有祠、阁，体现出儒家"中和为美"的审美标准。

孔庙是慈城人文荟萃的见证，南宋大学问家杨简在朝廷以德高望重著称，告老返乡后，闲居德润湖（又称阚湖，后称慈湖）之畔，宣扬理学，留下不朽的著作《慈湖遗书》，成为四明学派的代表人物。崇扬儒家思想的文化氛围使慈城人才辈出，甚至一度出现过"满朝朱紫贵，皆是慈城人"的说法，慈城钟灵毓秀之气由此可见一斑。

3. 中国古代县级政务文化缩影——县衙

慈城古县衙，又称"慈溪县衙"，始建于唐开元二十六年（738），为第一任县令房琯所建。走近县衙，一块巨大的照壁挡住了人们的视线，这是中国传统建筑之特色，体现中国传统文化之韵味。照壁后面便是县衙的门楼，门楼上高悬着一块大匾，上书"慈谿县"（谿为溪的异体字）三个大字。

慈城古县衙，除清清堂前的石阶、平台及唐代古县衙甬道为历史遗存外，因外敌入侵和自然灾害而受损毁，现建筑系按清光绪《慈溪县志》中"县署图"重建。县衙规模宏大，布局严谨，廊道相接，浑然一体，体现了我国衙署建筑的艺术特色。慈城历代为县治中心地，县衙历史悠久，涵盖了我国古代基层政权机构政务文化要素，其弥足珍贵的历史文化遗产为我们提供了生动形象的教科书。

4. 山水园林式书院风格——慈湖

慈湖，位于浙江省宁波市江北区慈城北门口外的阚山脚下。唐开元二十六年（738），房琯为县令，上任后，把慈溪县治迁至浮碧山以南，仿效古都长安一街一河双棋盘、公共建筑左文右武的格局重建县治，并下令开挖德润湖，以灌溉农田，后改称"慈湖"。

慈湖人文底蕴深厚，源远流长。汉代的董黯、东吴的阚泽、唐代的房琯、宋代的杨简和王安石、元末明初的罗贯中等历代名贤都在慈湖留下了踪迹。慈湖边的普济寺、慈湖书院遗址和董孝子井也曾写下"慈"的篇章。慈湖的历史，可以说是一部慈城的起源史。

（二）精神要素

1. 慈孝文化

慈孝文化是慈城传统精神文化中最为显著，也是最为重要的特色文化。慈城的慈孝文化源远流长，孝子贤孙代有其人，在继承和发扬中国传统慈孝文化的基础上，形成了独具特色的慈孝文化形态，慈城至今还保留着完整的慈孝文化遗址。如张孝子祠、董孝子溪、节孝祠、孝子井、三忠墓、慈溪桥、慈溪巷等，昭示着慈城"慈孝文化"的深厚与悠远。

2. 廉政文化

廉政文化是慈城文化的重要载体，清风园就是对慈城清官和廉政文化的物化表现。纵观慈城官场，无论外地来的官宦抑或从慈城走出去为官的士人，无论政治风云如何变幻莫测，不变的是"修身、齐家、治国、平天下"的儒家观念，不变的是清正廉洁、以民为本的心态。仕于慈城的外地人，大都自觉地融入慈城博大精深的慈文化，他们效忠国家、勤政爱民、刚正不阿、清廉耿介，为慈城的廉政文化添上浓墨重彩的一笔，显示出慈城文化强大的虹吸效应，而从慈城走出去为官的士人又将慈城特有的清官文化传统贯穿于其为人处世之中。

3. 科举文化

千年古镇慈城自然地理条件得天独厚，如同世外桃源，既是物华天宝、人杰地灵的风水宝地，也是莘莘学子的读书胜地。慈城历史上共出过519名进士、5名状元（其中4名文状元、1名武状元）、1名榜眼、3名探花。整齐的街道建筑，幽静的居住环境，便利的内外交通，优越的经济条件，良好的社会风气，和谐的人际关系，充裕的学习时间，浓厚的读书氛围，使这里书香门第众多，官宦人家云集。慈城古镇在宁静平和中显示出高雅和神奇，成为孕育一方科举文化的肥沃土壤。

4. 医药文化

药业是明清两代慈城商人的主业，几乎所有慈城的大家望族都有人从事药业买卖，以至慈城最终成为明清时期中国国药业的"大本营"和国药业经营者的"黄埔军校"。自明至清延及民国，慈城药商的事业日益发展，影响不断扩大，终于形成了与山西平遥票号、安徽徽州盐商鼎足而立的中国三大地方专业商帮。

（三）语言与象征符号

1. 戏曲曲艺盈慈城

慈城是一方戏曲曲艺沃土。这里不仅是我国京剧艺术大师周信芳故里，而且也是不少舞台经典剧目素材的原生地。周信芳先生所演的《徐策跑城》《乌龙院》《萧何月下追韩信》《四进士》《扫松下书》《斩经堂》《清风亭》《打严嵩》等都是脍炙人口的曲目。他对传统京剧在音乐作曲、锣鼓、服装、化妆等方面作了革新，被公认为京剧海派代表人物，形成了麒派艺术的独特风格，与梅兰芳先生一起被誉为20世纪我国最杰出的两位京剧艺术大师。

慈城引人入胜的戏曲曲艺文化远不止这些，还与《白蛇传》相关。在《白蛇传》其中一个版本《浙江杭州府钱塘县雷峰宝卷》中，多次明确提到许仙，正名许宣，字汉文，祖籍宁波府慈溪县，也就是今天的慈城。

2. 围棋之缘

提起慈城围棋，不能不说起慈城籍的世界围棋活动家、中国台湾企业家应昌期先生，他是慈城现代围棋勃兴的始祖。在应昌期的大力推动下，慈城下围棋的人越来越多。一些精明的当地村民由此看到了商机，并纷纷办起了棋场，为村民切磋棋艺提供平台。为了弘扬围棋传统，带动更多人投入围棋运动，多年来，慈城定期开展围棋擂台赛、十强赛、成年队与少年队对抗赛等，承办了多届浙江省应氏计点制"育苗杯"围棋邀请赛、浙江省"应氏杯"少儿围棋邀请赛。慈城棋手连连上榜，成绩斐然。

3. 年糕：农耕文明的文化符号

宁波的水磨年糕以慈城年糕为佳。慈城年糕以优质粳米和水为原料，经选、浸、磨、沥、搋（音为叔，意为搓）、蒸、舂、摘、印等工序，其过程属手工技艺，一般需要三人或三人以上合作完成。由于年糕承载太多的功能，比如它是谢天地拜祖宗的供品，还是年前专送亲朋的礼品，因而其制作过程均融入了朴素而美好的祈福色彩。

年糕作为慈城年俗的食品之一，无论是选择原料，还是制作工序，全程体现小城人的虔诚之心。虽说做年糕也是劳动，但慈城人在做年糕时常常换一身干净的衣服，有的是出客衣，或新衣。因为在慈城人的心目中，做年糕是像砌屋、娶媳妇一样的大事，所以每家准备都特别充足，就连裹年糕团的馅子，也备有咸菜炒肉丝、豆酥糖、芝麻粉、大头菜、油条等许多种类。做年糕时，大人会教小孩莫乱说话，以示恭敬。若外出偶遇做年糕，大多会去看热闹，而此时，主人会送上一份年糕团。香喷喷的年糕团，在物资紧缺的年代，不失为色香味俱佳的美食。

（四）制度要素

1. 慈城年糕：守望与传承

（1）保护完善丰富内涵

为进一步加大年糕的传播和发展，慈城创建年糕传承基地和传承人，并开展讲授、培训等活动，保存年糕原汁原味的历史印记。结合年糕的发展和生产，冯恒大公司建立了年糕陈列馆，对年糕的产生和发展、年糕生产的工具、年糕的文化内涵等内容进行展览，进一步丰富其内涵。

（2）产业扩大奠定基础

目前，慈城镇主要年糕生产企业已超10家。慈城年糕知名名牌有塔牌、义茂、如意、冯恒大等。慈城年糕产品不仅在长三角等内地（大陆）市场占有销售份额，还远销香港、台湾地区，甚至新加坡、加拿大、澳大利亚等国家，深受海内外"宁波帮"的青睐。

（3）旅游升温提供机遇

慈城作为江南第一古县城、中国慈孝文化之乡，以打造古县城旅游品牌为抓手，加大对古县城的保护和开发力度，成功创建国家4A级旅游景区。随着对旅游资源的开发利用，慈城的游客逐年上升，古县城的影响力和知名度进一步扩大。

（4）加大宣传创造契机

慈城通过申报中国年糕之乡、非物质文化遗产，加大对年糕文化的保护，利用年糕文化节等形式，使年糕文化深入人心。结合古镇深厚的文化底蕴，年糕的宣传渠道不断得到延伸，依托歌谣曲艺、诗词艺文等载体，年糕深厚的文化意义不断突显。

2. 廉政风气：源远流长

对于生于斯长于斯的慈城士子而言，他们从小就耳濡目染以慈爱为怀的慈城古风，及至长大，又大多接受一些比较正统的科举教育，"修身、齐家、治国、平天下"的儒家观念深入人心。潜移默化的文化基因和风俗熏陶，使在外做官的慈城士子普遍拥有清正廉洁、官德重于生命的心态，心中公平、公正的秤砣不偏不倚，因此他们在外地凭清廉的名声、卓越的业绩为慈城树碑立传，让慈城随他们一起名声大噪。他们堂堂正正，淡泊高洁，为官一任，造福一方。在宅居、餐饮、穿用、器物、车马等私人消费上，他们大多崇尚简素，鄙视奢侈。慈城清风园悬挂的"公生明，廉生威"牌匾和"吏不畏吾严而畏吾廉，民不服吾能而服吾公""廉则吏不敢慢，公则民不敢欺"等警语，让我们感受到他们身上总有一股凛然正气。

三、文化元素核心基因提取

慈城是浙东名邑慈溪的老县城，今位于宁波市江北区西北部，是江南地区唯一保存较为完整的古县城，享有"江南第一古县城"的美誉。慈城历史文化底蕴深厚，文物古迹灿若云锦，2.17平方千米的古县城内，明清古建筑保存完好。著名的古建筑有孔庙、甲第世家、福字门头、布政房、姚状元宅、符卿第、向宅、冯宅、俞宅等。

作为中国传统县城的典范，慈城仍完好地保留着县治背山面水、公共建筑左文右武及街巷双棋盘的布局，体现了古代县治规划者的合理布局考虑和天人合一的思维模式。慈城既有千年古城的灵秀，又有现代都市的开放。慈城古县城是宁波传统文化的典型代表和载体之一，其基因根植于宁波慈城各个物质与非物质的文化符号中，核心文化基因古韵依然，生机盎然。

慈城被授予中国历史文化名镇、中国慈孝文化之乡、中国年糕之乡、全国文明镇、全国特色小镇、联合国教科文组织亚太地区文化遗产保护荣誉奖等荣誉。

四、文化元素核心基因评价

评价项目	评价因子	评价依据（特点）	是否
生命力评价	文化基因存续的时间	自出现起延续至今，未曾明显中断	√
		自出现起延续至今，但多次衰微、中断后复兴	
		曾明显衰败，改革开放后开始复兴或历史溯源关键环节缺失，难以考证	
		文化形态主体已灭失，现存部分痕迹	
	文化基因的稳定性	在发展过程中保持相当稳定的状态	√
		在发展过程中存在明显的精神内涵、表现形式剧变	
凝聚力评价	文化基因的凝聚力及社会动员效果	曾广泛凝聚起区域群体的力量，显著推动过社会经济文化的发展	√
		曾部分凝聚起区域群体力量，对社会经济文化的发展产生过影响	
		凝聚过力量，创造过实际的发展动能，但未见对社会经济文化发展产生显著改变	
		仅在历史文献或口耳相传中存在，未见实际介入社会经济发展	
影响力评价	辐射的范围	具有全国性、世界性影响力	√
		具有长三角区域、浙江省影响力	
		具有市县、乡镇影响力	
	提炼的高度	已经被古代文人士大夫和当代学者提炼为精神符号和理念理论	√
		单纯的样式、造型、工艺技术规范	

· 013 ·

续表

评价项目	评价因子	评价依据（特点）	是否
发展力评价	与当代精神追求和价值观念的契合	传统文化基因得到创造性转化、创新性发展；区域革命文化基因被完整继承、广泛弘扬；区域社会主义先进文化基因成为与浙江"三个地"相适应的文化高地	√
		部分转化、部分弘扬、部分发展	
		难以转化、难以弘扬、难以发展	

说明：基因特点评价是对解码出来的基因，根据本《导则》表2的要求，围绕"四个力"逐一对表打"√"，进行定性表述

（一）生命力评价

从存续时间来看，慈城古县城的文化基因始终未曾中断。自唐开元二十六年（738）始至1954年，历1200多年，此地皆为慈溪县治。秦朝设句章县，县治在余姚江畔城山渡东句章城。唐开元二十六年（738），房琯为县令，迁县治于浮碧山以南，浚疏德润湖，以灌溉城郊；又汉名儒董仲舒六世孙董黯，其母患疾，喜欢大隐溪水，董黯便奉母筑室以待，担溪水供母饮，母病渐愈，以此故事名县，称为"慈溪"，属明州。明永乐十六（1418），慈溪县令失县印，请示于朝廷，诏令重铸新印，改溪字从谷，刻为"慈谿"。明嘉靖年间，县境滨海，遭到倭寇侵犯，建慈溪城，积极防御倭寇侵犯，清末重修，加高城墙。民国二十六年（1937）拆城。1949年5月，慈城解放，建立了人民政权。

2009年底，慈城被列入宁波市卫星城改革首批7个试点镇之一；2010年，被列入浙江新一轮小城市培育扩围名单；2014年3月，被列为浙江省第二批16个小城市培育试点之一，享有部分县一级的经济社会管理权限。2013年度卫星城市试

点镇考核，从经济增长、城乡发展、社会民生、资源环境四大方面进行全面评估，反映卫星城市试点改革成果，慈城镇位列8个卫星城市试点第一。2015年，慈城被列入浙江省第一批省级特色小镇创建名单，推进"膜幻动力小镇"建设。2017年，慈城的财政总收入跃居宁波市8个卫星城首位。2020年2月，宁波实施慈城"千年古城"复兴计划，加强县城建设，提升县城综合服务能力，促进中心城市和县城协调发展。

慈城被授予中国历史文化名镇、中国慈孝文化之乡、中国年糕之乡、全国文明镇、全国特色小镇、联合国教科文组织亚太地区文化遗产保护荣誉奖等荣誉。慈城既有千年古城的灵秀，又有现代都市的开放。浙江前洋经济开发区（前洋E商小镇）以慈城镇下辖的前洋村得名。

（二）凝聚力评价

慈城古县城曾起着广泛凝聚区域群体的作用。慈城古县城是一个古建筑群，每一座古县城背后往往是一个宗族、一个村庄、一个区域，共同的文化联系意味着共同的情感联系。慈城是宗族人群聚居之地，人们同姓共处，同宗结合。慈城的祠堂之盛，数量之多，甚于庙宇庵堂，规模之大，堪称浙东之最。宗祠，一为祭祀祖先，二为纪念先贤，是血缘的纽带，与每个人的出生、结婚、离乡回归、去世都密不可分。慈城因后世人们尊称董黯、张无择、孙之翰为"三孝子"，建起三孝子祠，"三孝乡""三孝镇"和"孝中镇"也因此得名。慈城的慈孝文化源远流长，自汉代大儒董仲舒六世孙董黯之孝的典故开始，慈城的山山水水就与"慈""孝"结下了不解之缘，至今还保留着如张孝子祠、节孝祠等完整的慈孝文化遗址。据史料记载，慈城自设县以来，特别是宋元以后，历代被朝廷旌表的孝子孝女（媳）就有30多人。他们的孝行故事在民间广为流传，成为当时社会伦理的典范，也形成了具有鲜明地域特色的民间慈孝文化。

（三）影响力评价

现今，慈城古县城中还保留着完整的慈孝文化遗址，三民路上的张孝子祠，慈湖畔的董孝子溪、孝子井、慈溪桥，孔庙内的节孝祠、忠义孝悌祠等。作为慈孝文化原始母本的董孝子传说故事，源自慈城，远在1700多年前，董孝子传说就在慈城生发、衍化、流传，其间不断糅合进世代慈城民众的世俗生活内容及其文化价值理念。久而久之，董孝子传说已经神化成宁波市江北区乃至整个浙东地区的民俗文化和道德楷模。受董孝子的影响，慈城的慈孝文化形态中，孝行与善行并举是一个重要的现象。历代以来，地方文献记载的孝子（女）和慈善行为难以数计，故有"三千孝子（女）"之说。孟子曰："老吾老以及人之老，幼吾幼以及人之幼。"慈城的孝子（女）继承了先秦儒家的文化精神，将家族的孝行扩展到社会，多行善事，扶老携幼，造福乡里。因而孝行和善行并举的慈孝文化促成了慈城独特的乡风民俗。

（四）发展力评价

近年来，慈城古县城不断加大保护开发和对外宣传力度，提升了慈城古县城的品牌影响力，吸引了越来越多的游客前来游玩，影视剧组前来拍摄，大力弘扬了慈城古县城所承载的传统文化。

慈城古县城以江北慈孝文化传承为主线，把传统文化、民俗文化、旅游文化等串联起来，集合孔庙、节孝祠、慈湖、慈江、慈孝牌坊等富有江北地方特色的景观，打造出独具魅力的慈孝文化主题景区。为进一步弘扬慈孝价值，打造慈城的慈孝文化品牌，启动慈城古县城保护开发和新城建设两项工作，并相继推出"重阳敬老慈孝游"、"三慈"旅游合作等特色旅游产品，使打上"慈孝"烙印的董孝子井、慈湖、慈江等景点成为旅游亮点，同时母亲艺术馆、天工之城等一批新建景点也受到游客热捧。

古城复兴，保护先行。自保护开发以来，慈城按照"保护为前提、适度建设、修旧如旧"的原则，稳步推进古县城保护开发工作。截至2020年，慈城先后修缮、恢复了清道观、城隍庙、彩绘台门、酒税务、甲第世家、福字门头、符卿第、布政坊、冯宅、俞宅等文保单位，以及慈孝馆等景点，基本建成20万平方米的历史街区和占地3万平方米的金家井巷国保区。其间，慈城还完成了古县城国家4A级景区创建，古建筑保护利用获联合国亚太地区文化遗产保护荣誉奖。

五、文化元素核心基因保存

(一) 民俗活动

慈城古县城的民俗活动丰富多彩,古县城保存良好,其民俗活动也得以保护,流传至今,每个节日也都有对应的民俗活动,例如除夕打年糕、端午吃"五黄六白"、年底掸尘以及拜灶王爷等。该地还会定期开展古韵民俗演艺活动,例如京剧旗鼓舞《满堂红》、女声独唱《美丽中国》、猴王闹端午《端午美猴王》、古彩戏法《福运连连》、越剧表演《送信》等,让当地居民、来往游客感受慈城文化的古色古韵。

(二) 实物保存

古建筑遗迹:孔庙、甲第世家、福字门头、符卿第、布政房、冯宅、冯岳彩绘台门等,以及会馆、牌坊、古井等。

(三) 文献留存

《慈溪县志》

《古镇慈城》

《慈城慈孝甲天下》

《中国古县城标本——慈城》

《乡愁的天际线》

宁波老外滩

港源城始　宁波江北文化基因

宁波老外滩

一、文化溯源

宁波老外滩坐落于宁波市核心区域——三江口北岸，东临甬江，西接人民路，南依甬江大桥，北接轮船码头，占地面积近4.9万平方米，总建筑面积约8万平方米，是目前浙江省唯一现存的能反映中国近代港口文化的外滩，是百年宁波的重要见证地，也是宁波精心打造的第五张城市名片（宁波帮、宁波港、宁波景、宁波装）。老外滩融东西方建筑文化之美，以新兴的BLOCK商业街区概念集中打造，是一个集购物、美食、娱乐、旅游、居住于一体的特色区域，已成为宁波城市时尚地标。

宁波老外滩经过历朝历代的不断发展演进，成为进入宁波古城的门户。宁波（时称明州）在唐朝为中国四大港口之一，并成为鉴真东渡的起点；在南宋为中国三大港口之一，并设立市舶司，专门负责管理对外贸易；当《南京条约》签订后，宁波便成为"五口通商"口岸之一，并于1844年正式开埠。唐宋以来，宁波就是最繁华的港口之一，也是著名宁波帮的发祥地。宁波老外滩通过保存历史建筑和街区风貌，植入新都市文化，将厚重的历史与发展的愿望完美结合在一起。由文物、旧、渐旧、新的建筑物构成了不同历史时期的见证和载体，着意打造20世纪30—40年代的韵味。如今的老外滩，骨子里透出现代意味，是一个集吃、住、玩、休闲、购物、娱乐于一体的时尚消费中心。

如果江水有记忆，它一定会想起1844年的冬天。"1844年元旦，宁波正式开埠，指定三江交汇处为外国人通商居留地。外国人根据地形称此地为Y-town（Y形城镇的意思），音译为外滩。"宁波大学宁波帮研究中心主任戴光中教授解释了"外滩"之名的来历。从此，中国字典里有了"外滩"这个名词。从此，这个自秦汉以来就繁华不断的港口就叫作"宁波老外滩"。

"1844年2月，英国在老外滩设立领事馆，随后，美、法、德、西班牙、荷兰、瑞典、挪威、日、俄等国也相继设立领事或副领事。1860年11月，清政府在这里设立浙海关。尽管按照《南京条约》，宁波港的关税主权基本丧失，但是与同时开埠的其他通商口岸不同，当年老外滩在一定程度上保存了治权与警察权，而不是由列强自组管理机构统治租界。"戴光中在他主编的《江北志》里介绍，这种行政管理在当时绝无仅有，被称为"宁波模式"。

"老外滩的形成与兴起使得东西方文明在这里发生激烈碰撞与艰难磨合，客观上成了古老宁波从传统走向现代的助推器。但外滩的存在，首先的作用是使宁波开始直接面对

三江口老外滩

世界市场，刺激了经济的发展。"戴光中对那段历史颇有研究。宁波开埠后，许多洋行与公司进入宁波外滩。他们早期主要经营鸦片和棉纺织品，后来发展到航运、金融保险、编织等行业。在外商的示范下，本地商人也积极行动起来，使宁波对外贸易有了较大发展。

不仅创造了经济奇迹，外滩更是窗口与桥梁，使得西风东渐，让宁波、上海、武汉有了现代城市的雏形。现代学校、医院以及市政设施、公用事业纷纷出现。宁波外滩1898年设立专管道路、卫生、电气等市政建设事宜的工程局，这些都是城市市政建设的先声。1933年10月，浙海关税务司一职首次由华人担任，宁波老外滩作为外国人居留地的历史，宣告彻底终结。集现代建筑和古典建筑于一体，融东方文化与西方文化于一处，用建筑对话时空、用浪漫打造时尚，是外滩延续的基因。在今天的坐标里，宁波老外滩已经是宁波城最时尚的"城市客厅"。

二、文化要素分析

（一）物质要素

1. 老外滩交通运输功能的兴衰与质变

形成生长阶段（1844—1916）

1842年鸦片战争以后签订《南京条约》，宁波作为通商口岸之一，成为重要商埠，三江口成了外国商船云集之地，中外商家争相在此兴建店铺。1862年，美商旗昌轮船公司开辟沪甬航线，老外滩相继办起13家轮船公司，建立大大小小的船坞码头；1865年修建浙江海关，1872年修建天主教堂。除此之外，老外滩还有洋行、夜总会、饭庄等，大批外国人在这里从事经济、政治、宗教等活动，老外滩成为当时宁波对外通商贸易的核心区域。

成熟扩张阶段（1916—1949）

1916年，孙中山先生视察宁波三江口，寄望于把宁波建设为第二个上海，而旅居上海的一批宁波商人积极响应孙先生的号召，和当地的绅商一起形成上海资本与宁波工商业投资的外滩格局。宁波帮利用外滩这一通商口岸所带来的发展机遇以及航运贸易的优势，纷纷创办轮船公司。抗日战争爆发后，上海、杭州相继沦陷，宁波依靠海运，与上海租界联系，日益兴旺，外滩开始呈现繁荣的景象。

衰退阶段（1949—1999）

1949年以后，外商纷纷撤离外滩，国内经济尚在重兴中，较为萧条，来往商船物流减少，但是港区仍较为繁荣。1954年创立客流运站，1976年修建新客运大楼发展旅客运输。20世纪80年代中后期，港区由于自身条件无法满足现代化港口的需求，开始真正出现衰微状况，但因客运的保留，人气依然旺盛。1992年，甬江大桥通车，老外滩的渡口功能随之消失，客运航线停止，港区逐渐衰败。改革开放后，中国经济快速发展，东南沿海形成一大批对外开放城市，宁波也在其中，但是由于船舶技术的发展对于港口的需要以及新港区的艰涩发展，老外滩逐渐呈衰退趋势。

再生阶段（1999年至今）

20世纪80年代，随着宁波城市港口功能迁移到镇海港、北仑港，外滩港口功能逐步衰退，在相当一段时间里，外滩没有准确的定位。许多人搬离了曾经商船繁荣的老外滩，但是老外滩承载了宁波悠久的港口文化，记录了百年繁荣历史。经过反复研究，宁波市决定将老外滩改造成带有历史遗存的宁波最顶级社交平台，高档次、多元化的商业街区。

2. 欧陆风情的建筑长廊

江北岸在20世纪初被圈划为外国人的居住地和商埠区，大量殖民者入住，在客观上带动了宁波的经济发展，而且为当地传统的建筑文化提供了不一样的发展思路。西方建筑文化的引入，使宁波近代建筑形式逐渐形成一种中西合璧的风格。这里是20世纪20—30年代宁波的商业中心，是一个围绕港口而兴起的特色商业区。整个外滩区块可以分为三层，各街区的功能非常清晰：第一层是外马路生产作业区；第二层是中马路消费区；第三层是后马路居住区。

这里的建筑有着浓郁的欧陆风格，还有一些民房，如严氏山庄、朱宅、老商铺"宏昌源号"等。这些建筑具有中西合璧的风格，与中国传统民居形成鲜明对比，极具观赏价值。这里的宗教基本都是外来的，修道院、耶稣堂、天主堂遍布。目前尚存的外来宗教标志建筑是建于1872年的法国哥特式建筑——天主教堂。这里酒吧一条街，夜晚歌声、鼓声、欢呼声形成独特的年轻人的娱乐。

在老外滩的商业地位日渐式微，老街区年久失修的情况下，宁波市政府决定从严格的保护角度再度改造老外滩，使其历史文化基因不变，但血肉之躯更显健美雄壮。老外滩改造设计团队的核心设计师马清运曾这样评价："动用巨资请来美国、日本等国家和中国香港的建筑师及室外设计师，组成了一个精英团队，对5万平方米的街区进行了重新规划，使中西合璧的建筑风格原汁原味得以保留，尽量恢复其使用功能，并在新建筑上融入后现代主义的元素，使得老外滩兼具传统和时尚的特质。"幸存的老房子

宁波老外滩天主教堂

得以原状保留或者加以适度修缮。老外滩的历史文化基因得以保留，并更加展现出其风采。

3. 老外滩功能性建筑演变

宁波老外滩从1844年开埠至今，在不同阶段承担着不同功能，是宁波城市发展不可缺少的一部分。

（1）1844—1916年期间老外滩以生产功能为主，兼具外交功能。1844年开埠后，这里外商云集，领事馆、巡捕房、洋行、教堂、码头、戏楼是代表景象。商贸运输频繁，中外商人在此会聚，表明老外滩的生产运输职能，而领事馆的修建又带有明显的外交职能。老外滩的开埠是当时的政治环境和其本身所具有的地理条件共同作用的结果。

其中英国领事馆是浙江最早的涉外机构。英国领事馆旧址坐落于江北区白沙路56号，甬江西北岸，建成于清光绪六年（1880）。1842年中英《南京条约》签订后，宁波被辟为"五口通商"口岸之一。英国派驻领事，在老外滩建立英国领事馆。后来因为在宁波的英国人较少，英国的侨务归上海英国领事馆兼管。1934年，宁波英国领事馆被撤销，英国驻沪领事将该房屋转让

给当时的鄞县政府,作为救济院使用。新中国成立后,英国领事馆官邸和工作人员住房等建筑都被拆除。

英国领事馆旧址

江北岸巡捕房位于中马路 59 号,是中式三开间砖木结构的三层楼房,墙壁上有小十字形窗口,据说是瞭望口,便于从里向外观察情况。据仇柏年《外滩烟云》所言,该巡捕房设于1865—1867 年间。[①] 初期设立巡捕房的目的是维护国人的利益、防范洋人,后来由于外国势力的入侵,巡捕房被洋人掌控,变成了洋人欺压本地百姓的工具。面对这样的情形,团结的宁波人不断与政府进行社交维权。后清政府迫于民众的压力,收回警察权并且撤销了巡捕房。经过历史变迁和老外滩的发展改造,巡捕房见证了宁波人自强不息、敢于斗争的历史,其旧址仍然被保留了下来,被列为市级文物保护单位。

江北岸巡捕房旧址

(2)1916—1949 年期间老外滩的主要功能是运输和工业仓储。老外滩的开埠,引来了外商贸易,外商在此修建码头、创办公司,在客观上促进了老外滩经济贸易的发展,刺激了宁波民族工商业的兴起。1916 年,孙中山先生视察宁波后,号召把宁波变成第二个上海。在宁波帮的积极响应下,宁波的民族实业轰轰烈烈地展开。1921 年江北岸中国通商银行宁波分行的设立,也为老外滩工业的发展提供支持。与外滩隔江相望的太丰面粉厂,

---

[①] "宁波档案"公众号 2022 年 8 月 25 日刊发的《宁波江北岸巡捕房——中国拥有主权的最早警察机构》一文说:"根据《原英国驻宁波领事馆档案》,江北岸设立巡捕房的时间,当在 1862 年 3 月 12 日。"

· 027 ·

于1934年在原立丰面粉厂的弎上筹建，是宁波旧时工业发展的历史见证。

太丰面粉厂旧貌

太丰面粉厂旧址新貌

（3）1949—1999年期间老外滩的主要功能是旅客运输、居住。由于外商的撤离和中华人民共和国成立初期的经济调整，老外滩贸易运输地位下降、商船减少，成了旅客运输码头。1954年9月，江北外马路54号成立了客运站，建成了具有售票室、行李室和仓库功能的候船厅。1975年9月又修建了新客运大楼，一次可接纳3000名旅客。老外滩从贸易运输到旅客运输功能的转变，不仅是由于其本身地理环境的限制，还和当时的国家政治经济环境也有关系。改革开放后，宁波作为改革开放的前沿城市，涌进大量外来人口。

（4）1999年至今，老外滩的主要功能是休闲游憩、餐饮娱乐、文化传播。1999年的台风使得老外滩非常破败，政府决定对其进行改造。2005年重新开业的一期工程在保护原有风貌的前提下，兴建了展览馆、美术馆、画廊、咖啡吧、外国特色餐厅等建筑，形成了一条独具特色的中外风情街，兼具休闲游憩和文化功能。二期工程建造的滨水区彰显了老外滩之前的港区特色，也打造了一条观光游览的长廊。改造后的老外滩，既延续历史风貌，又体现多元文化融合，在产业结构上以第三产业为主，商业、游憩功能突出。

老外滩老洋房

4.富有开创性的教育中心

近代宁波外滩还是一个教育中心。像斐迪、斐德、正始、毓才中学等都是当时最好的学校。教会为了笼络人心,在外滩一带相继办起了一批公益性的教育机构。这些学校不仅吸纳了一批外国人充当老师,还把当时西方先进的教育理念渗透到了日常教学之中。

(1)浙东中学,最早由美国长老会麦嘉缔于1845年(清道光二十五年)创办,当时称"崇信义塾"(也称圣经书房),聘请萨墨马丁牧师为校长,开设"四书"、"五经"、作文、书法、算术、天文、地理、唱歌等科目,以后演进为崇信中学。1860年由英国循道公会在宁波竹林巷(现解放北路北端)创办私塾,于1867年委派阚斐迪任主事,取名"斐迪书院",1874年迁至江北盐仓门,1906年再迁至江北泗洲塘。1923年美国浸礼会和长老会协商,将各自的学校合并,取名"四明中学"。1935年,美国浸礼会、英国循道公会等协商,为充实办学力量,组织联合董事会,把四明中学、斐迪中学合并为"浙东中学"。1947年,金廷荪把他的仁济医院全部房产捐赠给学校,浙东中学迁到新马路136号。1949年,由毓才中学改名而来的益三中学并入浙东中学。

浙东中学曾培养出许多优秀人才,有中国科学院院士、国际著名遗传学家、我国遗传学奠基人之一谈家桢,中国科学院院士、著名生态学家、博士生导师孙儒泳,青岛大学原校长、航天力学专家竺苗龙,双博士学位获得者、生物工程专家黄萌珥,原监察部副部长、教授级经济师冯梯云,民革中央常委、著名红学家蔡义江教授,人民解放军高级将领朱意达等。

1952年,浙东中学改名为宁波第四中学。2003年,宁波市第四中学初中部与宁波市第二十中学合并,取名宁波市三江中学。2012年,三江中学易地而建,更名为宁波市江北中学。

(2)正始中学是浙江省宁波市鄞州区历史最悠久的一所省一级重点中学,原校址位于宁波江北岸泗洲塘,现坐落在鄞南山明水秀的横溪镇。1931年至1934年为宁波高级工科学校(浙江工业大学前身之一)附设初中部,1934年正式定名为鄞县私立正始中学,1956年和1958年先后更名为鄞县第二初级中学和鄞县横溪中学。

其间，著名文学家、书法家郭沫若曾挥毫题写校名。1994年恢复正始中学原校名。建校以来，历尽坎坷，几经迁移。

建校以来，正始中学为社会培养了数以万计的人才，桃李芬芳，遍布全球。他们中有历经抗日战争、解放战争炮火洗礼的老一辈革命家，有参与原子弹、氢弹、人造卫星试验并立功受奖的高级科技工作者，还有众多的大学校长、博士生导师、主任医师、研究员、教授级高级工程师、画家、企业家、将军、政界名人以及各条战线的英雄模范，等等。

（二）精神要素

1.宁波帮精神起航地

鸦片战争以后，随着外国资本的入侵，商人都涌向经济较发达的城市经商，形成了商帮，当时较著名的商帮有粤帮、徽帮、闽帮等，但有些商帮逐步衰落，销声匿迹，而宁波帮历久不衰，不断发展壮大，尤其是在我国港、澳、台等地的宁波帮企业家，更是举世闻名。江南靖士《宁波帮》诗："多俊生东浙，去来天下通。帮帮经济竞，代代绩荣隆。捐献酬孙总，称扬忆邓公。综先览陈展，志作岂人同！"

宁波商人足迹几乎遍布天下，以"无宁不成市"而闻名遐迩。他们对清末上海、天津、武汉的崛起和二战后香港的繁荣都作出了贡献，其中不乏世界级的工商巨子。

宁波帮是在明朝后期到清朝初期形成的。其形成的主要标志是，宁波商人在北京创设鄞县会馆（商人会馆是一种同乡商人组织，其功能主要是通过同乡聚会、祭神以及各种公益活动，联络感情，促进互助，排忧解难，增强对外帮商人的竞争能力）。鄞县会馆创立的时间为明朝万历到天启这一时期，创办者是鄞县在京的药业商人。稍晚于鄞县会馆的是清初创立的浙慈会馆，即"浙江省慈溪县成衣行业商人会馆"。

宁波帮形成后第一个重要的发展时期是清乾嘉时期。这一时期，宁波帮海商获得迅速发展。宁波帮的活动区域不仅在长江和南北洋，而且延伸到更远的海外，经营着合法而颇有规模的对日贸易。由于这一时期宁波帮的大发展，一个普通的中国沿海地域商帮一跃成为国内著名商帮。到1840

年鸦片战争爆发前后，中国已由十大商帮演变为晋帮、粤帮、闽帮和宁波帮四强争雄的新格局。

宁波帮形成后第二个重要的发展时期是鸦片战争后的数十年。鸦片战争后，宁波帮凭借自身特殊的有利条件，迅速介入新兴的对外贸易领域，并形成了以买办商人和进出口商人为代表的宁波帮新式商人群体。近代宁波帮买办商人，首先在上海获得发展，上海的第一个宁波籍买办是定海（时隶属宁波府，1841年升为直隶厅，隶属宁绍台道）人穆炳元。19世纪80年代以后，上海的宁波帮买办已超过粤帮而居于买办集团的首位，直到买办制度被废除。通过这一时期的发展，宁波帮在近代最重要的经济中心上海确立了霸主地位。

宁波帮是中国近代最大的商帮，中国传统十大商帮之一，为中国民族工商业的发展作出了贡献，推动了中国工商业的近代化。1843年上海开埠，中外贸易的中心逐渐从广州转移到上海，让早期的宁波帮商人看到了新的商机。他们在金融、贸易、航运、制造等行业崭露头角，宁波帮由此创造了百余个中国"第一"：第一艘商业轮船、第一家机器轧花厂（通久源轧花厂）、第一家商业银行（中国通商银行）、第一家日用化工厂、第一批保险公司（华兴保险公司）、第一家由华人开设的证交所（上海证券物品交易所）、第一家信托公司（中易信托公司）、第一家味精厂、第一家灯泡厂等等，宁波帮新式商人群体确立了在近代中国的产业主导地位。

2. 新旧文化观念融合交替

在2021年公布的江北精品路线、特色街区和亮点工程中，老外滩入选特色街区，同时也是精品线路姚江历史文化长廊的起点。能够成为精品线路姚江历史文化长廊的起点，是老外滩的荣幸，老外滩现在要做的是如何利用好精品路线的起点这一优势。自2020年老外滩入选国家级步行街改造提升试点以来，老外滩就开始了对街区内景观提升改造及丰富业态的工作。

宁波帮博物馆

宁波美术馆

老外滩宁波美术馆至外滩大桥段的断点区域正式贯通，实现了老外滩沿江段1640米纯步行贯通。沿江漫步，百年老外滩的风貌尽收眼底。同时，让码头、待泊区都成为景观的重要组成部分。集新老建筑、码头景观和文化产业于一体的老外滩北岸已开街。邮政局旧址、英商洋行、朱氏旧宅、江北堂等反映宁波历史文化的建筑，以及码头等港口特色建筑，经过建筑更新、景观整治和功能调整，再现老外滩百年前的风采。

3. 老外滩的酒吧文化

酒吧作为城市休闲空间的代表，近年来迅速地在中国城市中扩散。

说到"外滩"这个地名，很多人首先会想到黄浦江畔的上海外滩。它是最具上海城市象征意义的景点，也是最经典的城市景观区域，十里洋场又有万国建筑的上海外滩确实很美。但是，浙江宁波的老外滩当时也是国内少有的"外国人聚居地"，如今宁波老外滩是宁波著名的观光街区，同时也是宁波的地标。

老外滩位于宁波市的中心——三江口的北岸，与宁波市的CBD一江之隔。宁波市的酒吧街发展，在一定程度上可以代表中国非北上广三大城市的酒吧街发展情况。首先，宁波市作为商贸港口城市，与外国交流频繁，境内外

宁波邮政局旧址新貌

老外滩酒吧

国人众多，以通商工作的外国商贸人士为主，宁波酒吧街首先出现在外国人聚居的地方。老外滩地处宁波市 CBD 附近，交通流、信息流、人流均在此汇聚，往来消费者较多，外国消费者相对集中。同时，老外滩毗邻宁波市出入境管理局，几乎所有从宁波入境的外国人都会经过老外滩，这一定程度上造成了老外滩外国游客聚集的现象。其次，老外滩的改造（2005 年前后）发生在中国城市一系列旧城改造项目开展的时期，有一定的典型性。最后，老外滩地处宁波市老城区附近，位于市政府着力打造的"三江六岸"风光带上，无论中外消费者均不在少数。

（三）语言和象征符号

1. 国际民俗文化活动

老外滩"奔跑吧，亲爱的"彩色定向跑，首次融合了城市定向运动、彩色跑、单身交友等元素，倡导健康快乐，彰显自我，提供了前所未有的交友体验。在活动中，主办方在老外滩各小巷、商户门口、墙上设置了 50 个二维码，其中 10 个为与活动相关的二维码，扫描成功后即出现主办方 LOGO 和一个任务指令，其余均为老外滩文化介绍。

参加活动的 50 对单身男女穿梭在老外滩街区，感受外滩文化气息，参与彩色定向跑。每接到一个任务指令，他们就需赶到指定的彩色站点，完成双人跳绳、爱的抱抱、快速问答、七巧拼图等任务。每完成一个任务指令，就可获得相应颜色的色彩块，集齐 5 个色彩块即为胜利。

和《奔跑吧，兄弟》融入民俗特色一样，作为中外文化融汇之地的老外滩，也在彩色定向跑中融入了国际民俗文化元素，吸引了不少外国友人驻足欣赏和积极参与。在启动仪式上，来自印度的8名女留学生身穿印度服饰，表演了独具异域风情的印度舞。"我特别喜欢参加各种聚会和活动，没想到参加这次活动还能欣赏到祖国的舞蹈，太高兴了。"报名参加彩色定向跑的印度籍一名留学生激动地用手机录下这难忘的一刻。

在紫色任务站点，来自泰国的一名留学生身穿泰国传统服装，和伙伴们一起向现场游客展示水果雕刻。从7岁开始学习雕刻的她，来到宁波留学后，很少有机会展示自己的雕刻天赋。得知老外滩举办国际民俗文化活动，她第一时间报名参加。哈密瓜、西瓜、雪梨……各种水果在她的巧手雕刻下，变化成玫瑰花等栩栩如生的图案，引得现场游客纷纷拿起手机拍照合影。

作为宁波发展"月光经济"的重要商业特色街区，老外滩侧重酒吧、餐饮经营，主打国内外民俗风情。下一步，老外滩将结合特殊节日等时间节点，开展多种形式的国际民俗文化活动，打造国际化的城市公共空间，进一步集聚老外滩人气商气。

2. 朱仁民艺术馆入驻宁波美术馆

20世纪80年代，朱仁民创立了一个全新的学科——人类生态修复学，提出"用艺术拯救生态，拯救人类"的学说。他曾把舟山的莲花岛从一个荒岛修复成艺术公园，曾把杭州的"垃圾河"胜利河打造成大运河边的美食街。他被联合国官员称为"中国的达·芬奇"。

在古色古香的艺术馆里，收藏了朱仁民各种工艺、书法等作品，集中体现了他历年来的艺术成就和学术思想，其中不乏他对生态环境的重要贡献。朱仁民秉持以艺术来改造人类的心灵生态、自然生态、艺术生态的理念，投身于裸崖、荒岛、荒沙、湿地、荒滩、运河等受人类破坏的自然与人文景观的修复工程中，倾力创造了一个个令人震惊的大地艺术杰作。意大利艺术家协会主席称他创造了"文艺复兴以来没有出现过的艺术表现形式"，上海世博会、浙江大学等为他建立个人艺术馆。

朱仁民艺术馆不仅是收藏朱仁民艺术精品的一个载体，更是宁波文创人才交流碰撞的平台。作为引导国际艺术潮流的风向标，其通过注入最新的文化时尚元素与理念，可以吸引世界的目光来关注和了解宁波，推进宁波现代高端文化走廊的建设。

宁波朱仁民艺术馆开幕

3.传统文化与现代时尚的舞台

"星期六·相约老外滩"活动，每周六如期举行的大型文艺演出、极限运动挑战赛、摇滚音乐节、传统节庆文化展、街舞挑战赛、外滩寻宝嘉年华等特色文艺活动，打造出时尚新江北的都市文化品牌，并努力将老外延塑造成名副其实的宁波第五张城市名片。

（四）制度要素

老外滩的发展和改造，必须在保护的基础上展开。根据这一原则，老外滩的改造将在原有基础上，达到三个目标：①打造沿江通道，塑造城市开场空间。②保护历史建筑，多方位展现宁波老外滩文化。③更新建筑功能，复兴城市区域活力。作为城市稀有滨江地段、三江六岸的组成部分，老外滩延伸段沿江通道统一划定为15米，为市民提供连续的滨江空间，同时利用原有的水上设施，加强"水陆一体化"的理念，改造整合码头、航道等设施，使之成为市中心的水上娱乐活动基地。

老外滩的互动体验式市集将结合沉浸式互动体验、优质产品现场销售、人气主播现场直播、特色文艺演出等形式，打造集展示、演绎、体验、消费于一体的模式，诠释老外滩特有的国际人文街区潮流生活文化特色。

三、文化元素核心基因提取

　　宁波老外滩文化是宁波中西文化交融的典型代表，它的基因根植于"三江汇源、包容开放"的宁波通商港口历史文化中，与近代被开放为通商口岸之一、宁波港口文化水运、"宁波帮"商文化有关，核心文化基因是"应港而生的包容而开放、创新而传承的城市文化地标"。

四、文化元素核心基因评价

评价项目	评价因子	评价依据（特点）	是否
生命力评价	文化基因存续的时间	自出现起延续至今，未曾明显中断	√
		自出现起延续至今，但多次衰微、中断后复兴	
		曾明显衰败，改革开放后开始复兴或历史溯源关键环节缺失，难以考证	
		文化形态主体已灭失，现存部分痕迹	
	文化基因的稳定性	在发展过程中保持相当稳定的状态	√
		在发展过程中存在明显的精神内涵、表现形式剧变	
凝聚力评价	文化基因的凝聚力及社会动员效果	曾广泛凝聚起区域群体的力量，显著推动过社会经济文化的发展	√
		曾部分凝聚起区域群体力量，对社会经济文化的发展产生过影响	
		凝聚过力量，创造过实际的发展动能，但未见对社会经济文化发展产生显著改变	
		仅在历史文献或口耳相传中存在，未见实际介入社会经济发展	
影响力评价	辐射的范围	具有全国性、世界性影响力	√
		具有长三角区域、浙江省影响力	√
		具有市县、乡镇影响力	√
	提炼的高度	已经被古代文人士大夫和当代学者提炼为精神符号和理念理论	√
		单纯的样式、造型、工艺技术规范	

续表

评价项目	评价因子	评价依据（特点）	是否
发展力评价	与当代精神追求和价值观念的契合	传统文化基因得到创造性转化、创新性发展；区域革命文化基因被完整继承、广泛弘扬；区域社会主义先进文化基因成为与浙江"三个地"相适应的文化高地	√
		部分转化、部分弘扬、部分发展	√
		难以转化、难以弘扬、难以发展	

说明：基因特点评价是对解码出来的基因，根据本《导则》表2的要求，围绕"四个力"逐一对表打"√"，进行定性表述

（一）生命力评价

从存续时间来看，宁波老外滩"包容而开放、创新而传承"的文化基因始终贯穿宁波老外滩历史文化中。老外滩于1844年开埠。唐宋以来就是最繁华的港口之一，也是著名的宁波帮的发祥地。宁波老外滩，通过保存历史建筑和街区风貌，植入新都市文化，将厚重的历史与发展的愿望完美结合在一起。由文物、旧、渐旧、新的建筑物构成了不同历史时期的见证和载体，着意打造着20世纪30—40年代的韵味。如今的老外滩骨子里透出现代意味，是一个集吃、住、行、游、购、娱于一体的时尚消费中心。

如今随着网络信息化、经济全球化、文化多元化的世界新趋向发展，老外滩文化将有着更广阔的发展前景：

1. "水陆一体化"多维度发展模式

宁波老外滩的整治规划借鉴上海外滩、伦敦金丝雀码头、多伦多港口区等世界知名港口、外滩的改造经验，同时结合老外滩自身蕴藏的历史文化背景，因地制宜，通过引入相关文化产业，使之成为历史与现实、传统与现代共生的特色街区。

同时，其与对岸的天一广场、和义大道等互补形成独特的城市产业带，焕发新的生机。老外滩也将极力成为集滨水公共空间、历史文化长廊、中西文化融汇、城市活力于一体的世界级新地标。

2."一核一带一轴"模式

形式创新，多功能多业态同步发展。改造提升后的老外滩街区南起三江口新江桥，东临甬江，北至白沙公园，西沿人民路，占地面积22公顷，主街长度1640米。在空间上规划为"一核一带一轴"，其中，宁波美术馆部分作为老外滩空间组织核与文化精神内核，沿江商业部分作为商业发展带，外滩公园城市景观、文化商业景观、甬江水景、交通、泛老外滩商圈的串联共同成为延伸轴。

利用滨水空间以及码头遗存，老外滩街区主动延伸，改造甬江沿岸废弃码头，发挥三江口滨水景观优势建设码头遗址公园与沿江步行系统，打造为老外滩多样的滨水街区形态。同时，扩展延伸后，老外滩也将建设酒吧休闲与品质餐饮、复合型文化空间、下沉式公园购物、艺创主题零售、海事金融主题街区等五大功能区，差异化发展。

3.打造时尚文化街区

夜间文化活动好戏连台，用集装箱改装成的"24小时书店"全天候为往来游人提供精神食粮，江边的外马路世界电影区域每周两次播放露天电影，五辆不同颜色、造型的小花车展示销售中外学生制作的手工皮具、首饰等创客作品……

江北区以月光经济建设为契机，着力挖掘文化创意、时尚休闲等消费热点，以外滩大商圈理念，着力将外滩区域打造成为富有想象力、充满吸引力、极具文化特色的"城市客厅""文化沙龙""时尚商圈"。随着世界风情街开街，这里正高规格、高品质、高水平地引进文创产业，"腾笼换鸟"优化产业业态，加快时尚产业的建设速度，全方位展示宁波的时尚以及创意理念，同时改变过去"晚上门庭若市、白天门可罗雀"的状况，搭建"文化夜市""公益集市""创意街市"多元化展示平台。老外滩文化夜市陆续推出了舞蹈、绘画、古玩、手工等主题活动，进一步丰富夜市内容。

人流孕育市场，人气蕴含商机。除了打造老外滩文化夜市品牌以外，老外滩管委会还曾以"政府搭台、民资唱戏"的方式探索经营，先后打造了"星期六·相约老外滩"、特色音乐节等一系列主题时尚活动，通过每周举办文化艺术、时尚发布及休闲娱乐等活动，打造外滩"日日有活动、周周有亮点、月月有高潮"品牌，实现"创名片、聚人气、兴商圈"目标。

（二）凝聚力评价

"大气开放，勇创大业，报效桑梓"是"宁波帮"精神的体现。"宁波帮"作为宁波精神的缩影，仍然在当代宁波人民生活的方方面面中发挥着重要影响。

大气开放。开放，是海纳百川，是取长补短，是社会发展的必然。一方水土养育一方人，宁波地处东海之滨，宁波人世世代代面对浩瀚的海洋，历来有出海作业航行、出门做工经商的传统，对外开放的意识强烈。宁波港是我国古老的对外交通贸易港口之一，对外开放的历史可以追溯到唐代，是"海上丝绸之路、瓷器之路"的起点和通道之一。1984年5月，宁波成为全国14个进一步对外开放的沿海城市之一。宁波人的足迹遍及世界，他们在各地艰苦创业，形成了闻名海内外的"宁波帮"。现在，宁波人民正在为建设现代化滨海大都市贡献自己的智慧和力量。

勇创大业。有一句话说："无宁不市。"这说明宁波人很有经商头脑和创业精神。创业，既要有宏大长远的目标，又要有坚忍不拔的实干。如同创建一座大厦，目标便是构建大厦的总体设计，实干则是建造大厦的钢筋沙石。宁波地处海滨，田少人稠，在长期外出的经商者中，涌现出一大批实业家，他们根在宁波，创业在上海、天津、武汉、香港、台湾，还有的走向海外，诸如虞洽卿、盛丕华、吴锦堂、王宽诚、包玉刚、邵逸夫、应昌期等等。从这些宁波商帮代表人物的人生经历中，都可以发现宁波人自强不息、吃苦耐劳、勇闯大业的精神风貌。在上海的发展历史中，宁波人创造了50多项第一，比如近代第一家银行、第一家证券所等等，他们的事业从无到有、从小到大、从弱到强，为当地的经济和社会发展作出了重要贡献。

报效桑梓。这是一种爱国主义精神。凡是有宁波人在外地从事实业的地方，几乎都有宁波同乡会的组织，这些同乡会都有一个共同的宗旨，扶助乡亲，报效桑梓。这种理念在宁波商帮当中体现得尤为明显。当他们离别故土，走南闯北，艰苦创业，取得成效之时，不忘报效国家，不忘为故乡父老乡亲造福。以邵逸夫的乡情为例，可以从他珍藏的"三件宝"中得到证明：一块银元大小的泥土制品，周围镶嵌着一圈稻谷，正中是谷粒镶成的两个字"乡土"，反面是一个"寿"字；一把银制的古式钥匙，上面刻着四个字："桑梓钥匙"；一块石头镇纸，上面有邵氏先人的手迹。至于邵逸夫的人生格言更为明确："我要为国家富强多做些事情。"他捐赠了数以亿计的资金，用于祖国各地的科教事业。

大气开放，勇创大业，报效桑梓，这也是从"自强不息、坚韧不拔、勇于创新、讲求实效"到"求真务实、诚信和谐、开放图强"的与时俱进的浙江精神的重要内涵，也是浙江精神在一个区域的具体体现。

（三）影响力评价

在唐朝，明州（今宁波）为中国四大港口之一，并成为鉴真东渡的起点之一；在南宋为中国三大港口之一，并设立市舶司，专门负责管理对外贸易。而老外滩正是当时重要港口所在，从中可见其深厚的文化底蕴。近代，老外滩是被迫开放的宁波港的代表。

如今，老外滩的文旅价值更加凸显。它的建筑风格呈现中西合璧的特征，生活方式混杂着东方的韵致和西方的浪漫，形成了有别于传统中国社会的文化现象，是近代宁波港口城市的缩影，是研究西方建筑以及中国近代史的珍贵样本。

（四）发展力评价

宁波老外滩位于三江口的繁华地带，地理位置十分优越，有着浓厚的文化底蕴以及生机勃勃的年轻动力。它的发展力蕴藏于以下六个方面：

1. 欧陆风情的建筑长廊

江北外滩一带的建筑有着浓郁的欧陆风格。此外，还有一些民房，如严氏山庄、朱宅、老商铺"宏昌源号"等。这些建筑具有中西合璧的风格，与中国传统民居形成鲜明对比，极具观赏价值。

2. 宁波近代商帮的起航地

宁波的近代商帮利用老外滩这一

通商口岸所带来的发展机遇，利用身处当时中国对外开放前沿地带及对外贸易的先天优势，纷纷创办轮船公司，从事宁波至上海等地的运输，特别是从事当时颇有风险的对外经济活动，从而大大促进了宁波商帮的近代化进程。据查，宁波老外滩的54处文物建筑中至少有31处与宁波商帮有关。

3. 近代商业文化的展示区

20世纪20—30年代，老外滩是宁波的商业中心。这是一个围绕港口而兴起的特色商业区。整个老外滩区块大致可以分为三层：第一层是外马路生产作业区，第二层是中马路消费区，第三层是后马路居住区。

4. 新事物、新观念的实验场

近代，宁波老外滩是新事物、新观念不断萌芽，新旧观念不断碰撞的地方，吃穿住行玩乐等方面都浸润了西化的色彩，西式糕点、西洋电影、夜总会、舞厅等进入了当地百姓的生活，住洋楼、吃洋菜、点洋灯都成了时尚。宁波的老百姓正是从老外滩这一窗口看到了外面的世界，接触了西方文明。

5. 富有开创性的教育中心

近代，宁波老外滩还是一个教育中心。像斐迪、斐德、正始、毓才等学校都是当时最好的学校，教会为了笼络人心，在外滩一带相继办起了一批公益性教育机构。这些学校不仅吸纳了一批外国人充当老师，还把当时西方先进的教育理念渗透到了日常教学之中。当时许多生动的教育活动即使在今天看来，仍然有相当的借鉴意义。

6. 外来宗教的集聚地

1844年1月1日，宁波"五口通商"开埠，指定江北岸为外国人通商居留地。1860年前后，外国领事、商人、教士、外侨侨眷等多数居住在江北岸槐花树下至桃花渡天主教堂沿江一带。宁波老外滩附近的宗教基本上是外来的，在这块区域内，修道院、耶稣堂、天主堂较多。尚存的外来宗教的一个实物标志就是建于1872年的法国哥特式建筑——天主教堂，建筑面积4380平方米。

2002年，经过改造的老外滩，基本保持了当初"十里洋场"的风貌，成为宁波新的时尚地标，成为新的商业区，和天一广场彼此呼应。

未来，老外滩将极力成为集滨水公共空间、历史文化长廊、中西文化融汇、城市活力于一体的世界级新地标。

五、文化元素核心基因保存

（一）节庆类活动

圣诞节、万圣节之际，老外滩会举行系列活动。

（二）实物留存

1. 天主教堂（建于1872年，全国重点文物保护单位）。

2. 浙海关大楼（建于1861年）。

3. 巡捕房（建于1864年）。

4. 英国领事馆（建于1880年）。

5. 侵华日军水上司令部旧址（建于1905年）。

6. 中国银行宁波分行旧址。

7. 宁波邮政局旧址（建于1927年，位于中马路172号）。

8. 中国通商银行宁波分行旧址（建于1903年，位于外马路29号）。

9. 教堂用房（位于江北白沙码头部队宿舍内）。

10. 英商洋行（位于中马路176号）。

11. 宏昌源号（位于中马路47号）。

12. 太古洋行（位于外马路43—45号）。

13. 宁绍、三北轮船公司。

14. "恒裕坊"石库门建筑群。

15. 戴祠巷5—7号刘宅。

16. 中马路180号朱宅。

17. 鄞慈镇路17号徐宅。

18. 原火车站站长室。

19. 德记巷3、12—14号严宅。

（三）文献中的留存

1. 张传保、陈训正、马瀛等修纂：民国《鄞县通志》，民国二十二年始修，二十六年完成，1951年全帙出版。

2. 俞福海主编：《宁波市志》，中华书局1995年版。

3. 陈志华：《外国建筑史》，中国建筑工业出版社2004年版。

4. 张复合主编：《中国近代建筑研究与保护》，清华大学出版社2001年。

5. 师兵：《宁波老外滩》，《国际市场》2005年第10期。

6. 杨立锋：《宁波老外滩历史风貌及其发展》，《宁波广播电视大学学报》2005年第3期。

7. 陈宏雄：《潮涌城北》，宁波出版社2008年版。

8. 王瑞成、孔伟：《宁波城市史》，宁波出版社2010年版。

9. 宁波市政协文史资料委员会、宁波港务局：《宁波文史资料》第九辑（宁波文史资料专辑），1991年。

10. 武汉华中科大城市规划设计研究院：《宁波老外滩延伸段城市设计》，2012年。

慈孝文化
港源城始　宁波江北文化基因

慈孝文化

一、文化溯源

慈城始建于公元前473年,古名"句章",是古越国最早的故都,也是宁波城市的发祥地。自唐开元二十六年(738)建县至1954年的1200多年间,此地一直是慈溪县城,因县城建此得名"慈城"。

作为中国慈孝文化之乡,从古至今,慈城以其底蕴深厚的慈孝文化而闻名。从汉代大儒董仲舒的六世孙董黯与其母的经典慈孝传说开始,慈城的山山水水就与"慈孝"结下了剪不断的渊源。如今,慈城、慈江、慈湖这些以慈为首的地名,昭示着江北这块土地上慈孝文化的深厚与悠远。作为慈孝文化原始母本的董孝子传说,源自江北慈城。远在1700多年前,董孝子传说就在今浙江省宁波市城北的慈城生发、衍化、流传,其间不断糅合进世代江北民众的世俗生活内容及其文化价值理念。

全国现存最早的董孝子传说,见于三国虞翻的《孝子董公赞》。之后,晋代虞预的《会稽典录》、唐代崔殷的《纯德真君庙碣铭》、宋代张津的《乾道四明图经》等典籍先后都记载了有关董孝子的传说。

"慈"和"孝"是进入家庭生活最早的伦理道德范畴,是中华传统文化之一。在历史上,慈城以孝传家,形成名门望族;

或望族之中，孝子辈出，形成一门皆孝的家族文化，产生了广泛的社会影响。慈城张家有孝子张无择、孙家有孙之翰，此二人与董黯并称"三孝"。此外，慈城的冯家、钱家等名门望族，也是代有孝子，他们的孝行代代相传，表率乡里。

受慈孝文化的影响，慈城渐渐形成了子孝母慈的民风。根据记载，被历代皇帝旌表的孝子（女）就有30多个。这些孝子（女）的孝行都以文献或民间故事流传于世。除上述所提孝子外，还有清代王孝女等等。

二、文化要素分析

（一）物质要素

1. 以"慈""孝"为名的宁波慈城

慈城是第一批浙江省历史文化名镇，也是第二批中国历史文化名镇，目前保留着完整的慈孝文化遗址，如张孝子祠、慈湖董孝子溪、节孝祠、孝子井、三忠墓、慈溪桥、慈溪巷。在慈城除慈湖、慈江、慈溪等以慈为命名外，还有一些街巷包含慈孝文化的意蕴，如慈溪巷、董溪、孝溪、慈水、忠孝桥、礼桥、义桥、高义桥、孝子池等。

2. 与慈孝文化相关的文旅产业

宁波江北区打造慈孝文化主题景区，与200多所国内高校建立合作，通过创意设计，让慈孝文化变成"慈孝产品"。江北区以慈城古县衙尤其是清清堂为切入点，建设全国首个以反腐倡廉为主题的综合性文化园——清风园。该园主要分"慈溪清风馆"和"中国清风馆"两部分，借助文字、图片、壁画、雕塑、实物模型以及音视频等表现形式，揭露历朝贪官污吏的丑行，展现传统清官廉吏的精神风貌。清风园建成后，冯骥才先生题写"激浊扬清"四字牌匾。随着"慈孝文化园""慈孝广场""慈孝馆""慈孝大道""慈孝林"等一批城市人文景观的建成，宁波江北的慈孝文化气息更加浓厚，孝德教育、慈善事业、养老和文旅产业等更加深入，在全市乃至全国产生深远影响。

3. 社会体系保障与政策支持

新的生活方式和家庭结构的变化促进了社会养老产业的发展。2016年8月，江北区印发《江北区养老服务业综合改革试点方案》，坚持保障基本、注重统筹发展和完善市场机制的思路，健全养老服务体系，满足多样化养老服务需求，推进江北区养老服务业快速发展。随后，江北区开始引进培育"慈爱嘉""民生养老""养安享"等国内知名居家养老品牌，并推出"丰收慈孝借记银行卡"，联合商家给老年人在便民设施使用、餐饮、日用品购买等方面给予优惠让利。宁波市和江北区于2001年做出"保护开发慈城古县城"的部署，成立了慈城古县城文化挖掘委员会。2019年，成立宁波市慈城古县城保护与开发管理委员会。江北区秉承"古为今用"思路，提炼总结慈城的文化脉络和慈孝精神，让优秀传统文化涵养当代城市文明。

4. 慈善基金建立

江北区推出了"百村慈善帮扶基金工程"。该工程以改善困难农户生产和生活条件、促进农村社会公益事业发展为目的，在农村建立村级慈善帮扶基金。2010年5月，宁波市慈善总会推广江北区经验，在全市11个区县（市）推广实施"千村慈善帮扶基金工程"。很快，全市三分之一的农村建立慈善帮扶基金。而作为"百村慈善帮扶基金工程"的发起者，江北区荣获了全国慈善工作领域最高奖项"中华慈善突出贡献奖"。2011年，江北区部分企业出资建立总额5000万元的"中华慈孝基金"。该基金计划每年拿出增值资金300万元，用于资助贫困病难等弱势群体和慈善公益项目。江北区在全国率先成为村村有慈善基金的地区。

（二）精神要素

1. 与慈孝文化有关的历史故事传承

阚峰巍巍，慈水涟涟。穿越千余年的历史文脉，翻开浙江省宁波市江北区的慈孝长卷，静静流淌的慈湖水将那些慈风孝行的故事娓娓道来，"汲水奉母"的董黯、"引兵救母"的张无择、"割肝救母"的孙之翰……慈孝之道，一桩桩一件件，如春风轻抚两江北岸，如细雨润泽了代代江北人。

一千多年来，董黯汲水奉母的孝行风范及其人格魅力深深影响了江北大地，江北人以孝为本，孝子孝女以及推孝及人、慈孝惠众的感人事迹层出不穷，形成了具有鲜明地域特色的慈孝文化。时至今日，江北慈孝文化的外延不断扩大，内容更加丰富，已逐渐上升为和谐相处、互敬互爱互助的新型人际关系，由局限于亲情的小爱向面向全社会的大爱发展。

2. 中华慈孝节的精神熏陶

2008年，宁波江北抓住"中国慈孝文化之乡"授牌这一时机，紧锣密鼓地筹办中华慈孝节。2009年10月26日，首届中华慈孝节在江北慈城举办，当代中华最感人的十大慈孝故事（人物）颁奖、中华慈孝论坛等活动相继举行。活动期间，共收到海内外慈孝故事投稿1529件。中华慈孝节也成为江北每年一度的金秋盛会，现代慈孝文化的影响力不断扩散。2019年10月19日，第十一届中华慈孝节开幕。此时，作为宁波江北慈孝文化建设"标志性作品"的中华慈孝节已走过十个年头。与以往不同的是，此次活动同期推出了"千年慈孝·家国情怀——用艺术讲道德公开课"，为宁波市民呈现了一场震撼的慈孝文化视听盛宴。

此后，江北区继续举办中华慈孝节，深入挖掘慈孝文化底蕴，全面推进扬慈孝、推慈孝、行慈孝，在培育践行社会主义核心价值观的过程中，拓展延伸出了爱岗敬业、爱心公益、诚信友善、文化认同等现代人期许的慈孝新内涵。

3. 慈孝文化进机关、进校园、进社区

江北区在积极开展慈孝文化进机关、进校园、进社区等主题活动的同时，着手申报"中国慈孝文化之乡"的前期筹备工作。2008年1月，江北区通过了中国文联、中国民间艺术家协会专家组的实地考察和测评，被正式授予"中国慈孝文化之乡"称号，成为全国首个获此称号的区（县、市）。由此，江北区慈孝文化建设工作进入新的发展阶段。

江北区与200多所国内著名高校开展合作，通过创意设计，让慈孝文化变成"慈孝产品"。随之，慈孝歌曲《慈母爱孝子情》、长篇小说和广播剧《和你一起走》、首部慈孝主题电视剧《孝心孝道》等一系列作品在江北区相继诞生。"慈孝江北"的故事搬上荧幕、编进广播、现身网络，传播到千家万户。

受慈孝产业和慈善事业发展的影响，江北区的孝德教育也发生着由点到面、由浅入深的变化。自中城小学、慈湖中学等学校相继开发慈孝特色教育课程以来，宁波市百余所中小学的师生乃至家长都积极参与到慈孝文化建设中，孝亲尊长的典型事迹不断涌现，学生思想道德教育取得长足进展。

（三）语言与象征符号

1.学习孔子的文明礼仪

宁波市江北区委宣传部、区文明办、区教育局等联合举办了文明礼仪进校园活动。让学校三年级的全体小学生身着灰色汉服，拜孔礼，来表达对先师孔子的尊敬，对圣贤先哲的礼敬。首先是覆手礼，两手交叠，之后是高揖，然后是垂手礼，即双手下垂，立正站好，鞠躬拜三次，礼成。随后是"点朱砂"仪式，长者手持毛笔，将朱砂点在小朋友的眉心。

江北作为全国首个"慈孝文化之乡"及全国首个"慈孝文化研究基地"，有着深厚的慈孝文化渊源，慈孝传统文化广为流传。百善孝为先，慈孝要从小抓起。近年来，江北区将未成年人思想道德建设作为工作重心，大力推进文明校园创建工作，以传承与创新中华慈孝文化。通过以慈孝文化教育为切入口，用青少年乐于接受的形式陶冶情操、规范行为，引导学生传承和弘扬中华优秀传统文化，让慈孝文化传承"从小抓起"，深化文明校园创建。

2.水井的象征

据本地老人回忆，慈城多水井，这与昔日嫁囡嫁井有关。原来，在一些望族谈婚论嫁时，女方往往会出一笔钱专门用来替出嫁的女儿打井，这寓意他们家的女儿会像董孝子一样孝敬公婆，也是为了让女儿少受苦。众所周知，旧时过门的新媳妇必定要迎来"三日入厨下，洗手做羹汤"的日子，而水是生活必需品，有了冬暖夏凉的井水，就会给生活带来许多便利。慈城多望族，或是亦官亦商的世家。这样家庭的男主人要么离乡做官，要么出门经商。在交通不发达、信息不灵通的年代，有的男人一去杳无音信，而女主人常常能放下架子，走家串户，做一些类似像梳头娘姨的活儿赚钱养家糊口。因而，慈城一些望族家谱的前言，对含辛茹苦养育儿女的慈母多有浓重的笔墨加以赞颂。

3. 与慈孝文化相关的食物

最出名的是慈孝面。垂面在当地还被叫作"慈孝面"，慈城至今仍流传着一种风俗：新娘子嫁到婆家，第二天早上要亲自烧一碗垂面送给公婆吃，以示孝敬。孝娘糕与孝娘桶同样体现了慈孝文化。还要每逢三月三，出嫁的女儿要送炒粉糕给娘家的习俗，以示女儿对娘亲的思念、尽孝之心。原来，先前农村生产落后，民间有"三月芜荒"之说，即在春季三月时家里就面临断炊之危。已出嫁的女儿生怕娘亲挨饿，省下自己吃的，用炒糯米粉、红糖、生姜粉等做成炒粉糕，装在陪嫁过来的朱红飞金的提桶里，送到娘家。那个装炒粉糕的提桶叫"炒粉桶"，又俗称"孝娘桶"，也是当年"十里红妆"中少不了的婚嫁器皿。

（四）制度要素
1. 慈孝文化的内涵

慈溪有悠久深厚的慈孝传统，历代孝子孝女层出不穷。慈溪的慈孝文化内涵由本能流露的孝亲之情扩展至睦邻、助人、惠众的层面，是四海之内皆兄弟直至民胞物与的博大之爱。改革开放四十多年来，政府相关部门积极倡导慈孝文化，营造良好氛围。弘扬慈孝文化，有利于家庭关系的和睦、社会的安定发展、人际关系的融洽、和谐社会的构建、时代精神的培育和城市品位的提升。

2. 与慈孝文化相关的婚嫁民俗

在婚嫁习俗中，"肚痛担（包）"和"公婆被"，也与慈孝文化有关。旧时，新郎前去丈母娘家接新娘时，要挑一担礼物，一屉一屉的篮匾里装满果茶烟酒糖等各色礼品，俗称"肚痛担"；或者塞给丈母娘一个红包，俗称"肚痛包"。这种习俗意即感恩丈母娘养育女儿的艰辛付出。新娘要在陪嫁的被褥中抽出一条被子送公婆，以示对公婆的孝敬，这被子俗称"公婆被""孝敬被"。以前还有一种颇有特色的风俗叫"哭嫁"，即女儿出嫁当天，母亲带着哭腔告诫女儿嫁入夫家要恪守做儿媳、妻子之道。此外，新娘子过门第二天，要给夫家所有长辈一一跪拜敬茶……

三、文化元素核心基因提取

慈是对下，孝是对上。江北的民风不仅继承了"子女孝"，还融入了"父母慈"，是家庭美德的弘扬发展到促进职业道德和社会公德提升的表现。由本能流露的孝亲之情扩展至睦邻、助人、惠众的层面，是四海之内皆兄弟直至民胞物与的博大之爱。

四、文化元素核心基因评价

评价项目	评价因子	评价依据（特点）	是否
生命力评价	文化基因存续的时间	自出现起延续至今，未曾明显中断	√
		自出现起延续至今，但多次衰微、中断后复兴	
		曾明显衰败，改革开放后开始复兴或历史溯源关键环节缺失，难以考证	
		文化形态主体已灭失，现存部分痕迹	
	文化基因的稳定性	在发展过程中保持相当稳定的状态	√
		在发展过程中存在明显的精神内涵、表现形式剧变	
凝聚力评价	文化基因的凝聚力及社会动员效果	曾广泛凝聚起区域群体的力量，显著推动过社会经济文化的发展	√
		曾部分凝聚起区域群体力量，对社会经济文化的发展产生过影响	
		凝聚过力量，创造过实际的发展动能，但未见对社会经济文化发展产生显著改变	
		仅在历史文献或口耳相传中存在，未见实际介入社会经济发展	
影响力评价	辐射的范围	具有全国性、世界性影响力	√
		具有长三角区域、浙江省影响力	
		具有市县、乡镇影响力	
	提炼的高度	已经被古代文人士大夫和当代学者提炼为精神符号和理念理论	√
		单纯的样式、造型、工艺技术规范	

续表

评价项目	评价因子	评价依据（特点）	是否
发展力评价	与当代精神追求和价值观念的契合	传统文化基因得到创造性转化、创新性发展；区域革命文化基因被完整继承、广泛弘扬；区域社会主义先进文化基因成为与浙江"三个地"相适应的文化高地	√
		部分转化、部分弘扬、部分发展	
		难以转化、难以弘扬、难以发展	
说明：基因特点评价是对解码出来的基因，根据本《导则》表2的要求，围绕"四个力"逐一对表打"√"，进行定性表述			

（一）生命力评价

从存续时间来看，江北区慈孝的文化基因始终未曾中断。慈孝在中国文化中具有特殊的地位和作用。在传统中国人的精神生活中，慈孝不仅是自然的感情，而且被提升为重要的伦理原则，小至家庭关系，大到社会政治，莫不与之息息相关。慈城虽然地处东南海滨，与内陆相比，各方面开发都比较迟，但慈孝文化的渊源却颇为久远。历经数千年的传播发展，慈城慈孝文化的内涵不断充实，外延不断拓展，尤其是改革开放以来的新时期，社会各领域得到了前所未有的发展。在当前的社会进程中，弘扬传统慈孝文化的精神内核，对继承尊老爱幼的传统美德，完善代际人伦关系，构建和谐家庭，建设和谐社会具有十分重要的现实意义。慈城悠久而深厚的慈孝传统，在千百年来的社会发展进程中，潜移默化之间如风行水上，形成了丰富的内容和特定的外延，渐渐化成为一种心理情感，成为一种永恒的人文精神、普遍的地域风俗，成了慈城人日常生活中习以为常的组成部分。

当下，慈城经济正蓬勃发展，但不管人们的思想观念、价值取向及家庭结构发生怎样的变化，中华民族传统的伦理道德依然是维系人们正常生活的基本准则。弘扬慈孝文化是慈城社会在转型期的客观需要，它不单单要解决个别家庭问题，还要解决带有普遍性的社会问题，对于我们构建社会主义核心价值体系、建设和谐社会具有长远的现实意义。

当代社会的慈孝文化，具有人格平等性和义务并行互益性，是子女孝与父母慈的有机结合。尊老敬老是子女应尽的责任和义务，父母对子女也有慈爱与教育的义务。亲子关系是双向良性互动的，父母应以慈养孝，子女应以孝养慈。在互爱、互尊、互重、互敬的关系中，慈与孝才能有效运作，良性循环，从而促进和谐家庭伦理关系的形成。加强慈孝文化建设，不仅对实现家庭养老产生保障作用，促进社会稳定与经济发展，而且对建立和谐融洽的家庭人际关系、维护社会安定具有重要的现实意义。

（二）凝聚力评价

每年，江北区慈善总会和爱心企业都会从共同建立的中华慈孝基金中拿出300万元，用于贫困病难等弱势群体救助和慈善公益项目。江北区还建立了各级"慈善村（社区）"，引导民众主动参与慈善捐款，共享慈善丰硕成果。被誉为浙江"慈善村"发源地的江北庄桥街道李家村，有九成村民参加过"慈善一日捐"活动。在社会化养老方面，江北区积极建设"五星级"养老机构，推出了国内首张丰收慈孝卡，让老年人在便民设施使用、餐饮、日用品购买等得到优惠。在慈善文化产业发展方面，江北区推出了"慈孝文化之旅"专线等精品活动，让全民共享产业融合发展的成果。这些项目增强了民众们的幸福感，让民众们切实融入慈孝文化的氛围中，从而使慈孝文化在凝聚力方面具有强大的作用。

江北人众志成城扬慈孝、推慈孝、行慈孝，赋予了"慈孝"更多内涵，实现了由家庭美德的弘扬到促进职业道德和社会公德的提升，为构建和谐、富裕的江北区注入了不竭的精神力量。慈孝文化对江北区经济文化的发展，也起了更好的促进作用。

（三）影响力评价

一曲慈孝水，哺育千秋人。慈城

历史上那些出仕为官的士大夫，将慈孝与儒家的忠孝节义融会贯通，继而奉为自己的行为准则。慈城的五位状元，他们不但忠厚旷达、事亲极孝，而且不甘浊世、不畏权臣、取义舍利。宋代状元姚颖，在其母生病卧床之时，日夜侍候床前，衣不解带，就连为母亲熬煎的中药也是他先尝试一下……当人们读到这位状元郎的行状时，入目的先是"敦德孝行"四个字，之后才是"过人才华"的评价。

受着董孝子遗风影响的慈城人，无论是文人还是官宦，他们还崇尚忠君保国。这方面最具有代表性的是冯若愚的三个儿子，他们是冯元飏、冯元飆和冯元飂。明代末年，清军不断侵犯明朝边陲，当北方大片土地被清兵占领以后，冯氏三兄弟南下，誓死保明朝江山。但明朝的疆土一一沦陷，元飂、元飆俩郁闷而卒。老三元飂告慰两兄长亡灵之后，献出全部家产作军饷，参与浙东抗清斗争。

江北区连续多年接送"重症肌无力"同学的陈吉，被选为"2007年度真情人物"。陈吉当时是慈城妙山中学803班的学生，多年来，他每天风雨无阻地背着患"重症肌无力"的同学上学，感动了许多人。

慈湖中学有一爱心接力站，这个站的同学们义务帮助慈城一孤寡老人已约十年。三年一届，爱心站的人员换了一茬又一茬，但爱一直在慈湖畔的校园传递着……

就这样，生活在慈城这块土地上的本地人，抑或工作生活在这块土地上的异乡人，他们中有许许多多的人用不同方式延续着小城的慈孝文化，传承着中华民族传统美德。时至今日，慈城慈孝文化的外延不断扩大，内容更加丰富，已逐渐上升为和谐相处、互敬互爱互助的新型人际关系。

（四）发展力评价

传统文化的基因得到创造性转化、创新性发展，主要体现在两个方面：

1. 结合慈孝主题旅游，打造美丽文化景区

江北区打造了慈孝文化主题景区，加大了"慈孝文化游"宣传力度，传统文化资源已成为文旅产业发展的有力抓手。江北区充分利用当地独具特色的慈孝文化资源，推出"慈城慈孝文化一日游"产品，吸引了成千上万的游客前来旅游体验，感受慈孝文化的魅力。为了让更多的游客感受慈孝文化游带来的快乐和收获,江北区对慈城景区作了整体布局:以慈孝文化为核心,以两千年慈孝文化传承为主线,把传统文化、民俗文化、朝圣文化、旅游文化等像珍珠般地串联起来,还集合孔庙、节孝祠、慈湖、慈江、慈孝牌坊、慈孝碑林、孝子祠等富有江北地方特色的景观,并配上具有时代特色的各种文化活动,让江北的慈孝文化游更具有文化性、知识性、趣味性、可看性,力争把慈城打造成独具魅力的慈孝文化主题景区。

2. 发展文创产业,优化产业结构

慈孝文化也成为文创产业的核心元素和创意动力。江北区与200多所国内高校建立合作,通过创意设计,让慈孝文化变成"慈孝产品"。随之,慈孝歌曲《慈母爱孝子情》、长篇小说和广播剧《和你一起走》、首部慈孝主题电视剧《孝心孝道》等一系列作品在江北区相继诞生,"慈孝文化园""慈孝广场""慈孝馆""慈孝大道""慈孝林"等一批城市人文景观相继建成,宁波江北的慈孝文化气息日益浓厚,孝德教育、慈善事业、养老服务、文旅产业等不断发展。

五、文化元素核心基因保存

（一）民俗类活动

1. 六十六吃肉习俗

给年满66岁的人做寿，称为"六六寿"。每逢父母66岁生日，要做六六寿，届时要有出嫁的女儿为父或母祝寿，将猪腿肉切成六十六小切，形如豆瓣，俗称"豆瓣肉"。六六寿何时起始已不可考，在江北仍延续这一习俗。

2. 破孝习俗

死者眷属裁制孝服，谓之"破孝"。给来吊唁的亲属分发白布裁制的孝服，谓之"散白"。该习俗延续至今，特别是在农村比较盛行。

3. 做七习俗

死后每隔七天，须由亲人为其摆一次宴，前后共七次，至七七四十九天为止。民间相传，做七习俗始于唐初，沿袭至今。

4. 传统节日中的慈孝

（1）重阳：九月初九，慈城等地又叫"重娘节"，出嫁的女儿回家吃重阳糕，"吃了重阳糕，永世记娘好"。除此之外，慈城重阳节还有裹九月重阳粽的传统。（2）清明：裹青团，插杨柳，三月节里常思青（亲）。携酒菜，上祖坟，清除杂草，碑头旧字重上色。（3）元宵：正月十三"上灯夜"，十五"正灯夜"，十八"落灯夜"。吃完了元宵，别忘了到"灯市"买花灯，和着锣鼓闹秧歌，还要做上灯羹饭迎祖宗进城观灯。（4）春节：除夕守岁压岁包，喜神案上供祖先。过年一定要吃年糕，来年才能年年高。拜岁莫忘"拜庙岁"，拜完分发"元宝茶"（茶碗盖上放两枚青果）。

（二）实物留存

1.孝子庙：（1）董孝子庙，宁波市海曙区尹江岸路279号。（2）张孝子祠，位于宁波市慈城西徐家巷慈孝坊。（3）冯孝子祠，宁波市慈城尚志路中段。

2.忠义节孝祠：位于慈城孔庙西侧。（1）冯氏贞节坊，位于宁波市民主路向家大门内。（2）邵氏贞节坊，位于宁波市民权路尚志路南。（3）刘氏贞节坊，位于宁波市尚志路东首冯氏太史第门前。（4）陈氏贞节坊，位于宁波市民权路尚志路南。（5）冯氏贞节坊，位于宁波市东镇桥下原德润书院前。

3.念母桥：位于宁波市庄桥街道居陆村居陆21号。

4.云华堂：位于慈城大西门外太平桥西南侧。

（三）文献中的留存

1.钱文华、钱之骁：《天赐慈城》，"宁波文化丛书"第二辑，宁波出版社，2017年。

2.柴隆：《千年郡庙——宁波城隍庙的前世今生》，"宁波文化丛书"第二辑，宁波出版社，2017年。

3.宁波市文化广电新闻出版局：《甬上风物——宁波市非物质文化遗产田野调查·江北区》，宁波出版社，2010年。

保国寺

港源城始　宁波江北文化基因

保国寺

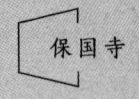

一、文化溯源

"城东二十里有山,名灵山。山上有寺,名保国,我邑之名胜也。"①这是清嘉庆十年(1805),祖籍慈溪、时任吏部尚书的费淳称赞保国寺之语。②

保国寺是中国名寺之一,1961年被列入首批全国重点文物单位。③不过如去保国寺游玩,不少人也会心生讶异:为什么寺内没有佛像,没有僧人,也没有香客?如翻检晚近《宁波佛教志》,甚至发现保国寺被列入了"著名废圮寺庵"。④

---

① 费淳:《灵山保国寺志序》,见释敏庵辑:《保国寺志》,嘉庆十年(1805)序,宁波伏跗室藏抄本。保国寺旧属慈溪,"城东二十里"是以慈溪县城而言,非指今之江北区地理位置。
② 费淳祖居慈溪,本支曾祖父时迁至杭州,后祖父掌管衢州文教,遂迁至衢州,与慈溪费氏宗族音信常通。费淳乾隆庚戌(1709)回乡祭祖时曾到过保国寺,会晤方丈敏庵上人。费氏宗祠与保国寺仅一山之隔。为保国寺题写"东来第一山"匾额的明代御史颜鲸,是费家门婿。费家与保国寺事,可详见曾楠《〈灵山保国寺志序〉碑溯源——略论清乾嘉重臣费淳与宁波保国寺的关联》(《文物鉴定与鉴赏》2017年第9期)。
③ 首批全国重点文物保护单位共180家,浙江3家,另外2家是杭州六和塔与岳飞庙。
④ 宁波市佛教协会:《宁波佛教志》,中央编译出版社,2007年,第38页。

追溯起来，保国寺首先是一座寺庙。据清乾嘉抄本及民国十年（1921）刊本寺志，保国寺可远追东汉。相传东汉骠骑将军张意与其子中书郎张齐芳曾隐居于此，后家人"舍宅为寺"，初名灵山寺。①骠骑将军一职是汉武帝特为霍去病所设，东汉沿袭。史书对张意有简要记载，谓其曾讨东瓯，"备水战之具，一战大破，所向无前"。②"光武中兴，诸将皆称大，后天下既定，武官悉省。"③张意父子也早辞节钺，归隐灵山，后人曾慨叹"东汉武臣势未艾，崇封骠骑亦非凡。将军何事甘心弃？移作青山挂此冼"。④地与物恒借人以重，而人亦借地与物以传。⑤骠骑将军久握兵符，父子退隐灵山，其能御灾捍患，为地方造福，后人将灵山称为"骠骑山"，山上也建有骠骑将军庙作为纪念。⑥

保国寺之得名则自唐始。雍正《慈溪县志》记载，保国寺"始建于唐，名灵山寺。会昌中废，广明元年赐'保国'额"。⑦县志所说的"会昌中废"，是指中国佛教历史上著名的"会昌法难"。唐代佛教盛行，唐宪宗时期迎佛骨，"王公士庶，奔走舍施，唯恐在后。百姓有废业破产、烧顶灼臂而求供养者"。⑧寺院不仅不缴纳赋税，还能够通过各种手段占有土地，"凡京畿之丰田美利，多归于寺观，吏不能制"，⑨还由于佛教介入政治过深，佛、道亦有竞争等原因，终至唐武宗会昌年间（841—846）酿成"毁佛"事件：敕令"毁拆天下山房兰若、普

---

① "舍宅为寺"的记载散见于《洛阳伽蓝记》《入唐求法巡礼记》《长安志》等书。持诵佛经，成就功德，舍宅为寺，虔诚布施，锡祉后裔是主要目的。
② 刘珍等：《东观汉记》卷一九，文渊阁《四库全书》本。
③ 李昉：《太平御览》卷二三七《职官部三十六》，文渊阁《四库全书》本。
④ 钱三照纂修：《重纂保国寺志》卷三《古迹》，民国十年（1921）刊本。
⑤ 钱三照纂修：《重纂保国寺志》卷三《古迹》。

⑥ 杨正笋修，冯鸿模纂：《慈溪县志》卷三《山水》，雍正九年（1731）刊本。其中嘉庆《保国寺志》还记载，明嘉靖时，倭奴入寇，见有并横截于骠骑山，倭奴不敢靠近，从别路去，民间传说这都是骠骑将军"阴灵之所为"。见寺志卷上《形胜》。
⑦ 杨正笋修，冯鸿模纂：《慈溪县志》卷一二《寺观（附仙释）》，雍正九年（1731）刊本。
⑧ 刘昫：《旧唐书》卷一六〇《韩愈传》，文渊阁《四库全书》本。
⑨ 刘昫：《旧唐书》卷一一八《王缙传》。

通佛堂、义井、村邑斋堂等",天下诸寺,"僧尼五十已下,尽勒还俗,递归本贯"。①

灵山寺在会昌五年(845)被毁。不过凡事过犹不及,武宗之后的宣宗在大中年间(847—859)重新恢复佛教,僖宗年间"复崇佛教",乡人恳请明州国宁寺的可恭尊者来灵山住持。后可恭前往长安。时值关东大旱,可恭"跪诵莲典,未终,淋雨大澍,未黍莳穗,民气获苏",因得皇帝召见,其奏请复建灵山寺,许之,于是赐名"保国寺"。

在保国寺历史上,除了唐朝可恭大师之外,最有贡献者是宋朝的德贤尊者。早年德贤曾出家保国寺,后外出学习佛法。大中祥符四年(1011),德贤再次回到灵山,见山寺已毁,抚手长叹,结茅不忍去,前后六年,山门、大殿悉为鼎新。可以说,自德贤之后,保国寺才殿宇日盛,保国寺之名,"几与天童、普陀相颉颃"。②

德贤之后,保国寺代有高僧住持。

惜乎清末,因为历年战争烽火,民生凋敝,寺院渐趋颓败,僧侣云散。至解放初,寺已青灯不序,香烟断灭。到1951年住持一斋去了上海,仅剩下的六名僧人落户附近村落务农。自此,曾经有僧、有佛像、有香客的保国寺渐至无闻。

保国寺的重新发现带有传奇色彩。从1954年起,浙江省开始进行建筑纪念物的调查保护工作。在这以前,由于这方面知识的缺乏,虽然也做了些工作,但没主动且有重点地开展,仅对革命纪念建筑物作了一些调查。1954年7月,浙江省文物管理委员会派员并邀请同济大学陈从周教授对全省建筑纪念物进行初步勘察。③

陈从周是具有"北梁南刘"之称的刘敦桢的学生,所以在这次调查中,南京工学院的中国建筑研究室(1953年2月5日成立,由刘敦桢主持)也加入了这项工作。1954年暑假,研究室的戚德耀和同学窦学智、方长源组成实习小组,调查杭州、

---

① 圆仁著,白化文等校注:《入唐求法巡礼行记校注》中华书局,2019年,第435、448页。
② 释敏庵辑:《保国寺志》卷下《先觉》。

---

③ 黄涌泉:《浙江省的纪念性建筑调查概况》,《文物参考资料》1956年第4期。

绍兴、宁波一带的民居及古建筑。自7月13日起程，一路调查，7月30日抵达慈城。在慈城偶然听县文教科同志介绍，山坳里有座特别的古刹，其中大殿为唐代所建的"无梁殿"。后戚德耀等人在寺院后厢房找到一位看护人，询问得知：寺内僧人已投奔他方，现仅留他一人看管，其生活费用由当地政府供给。至于"无梁殿"，则是误称。因大殿顶梁部分被天花板所遮，故当地群众误认为是"无梁殿"；此外，大殿内原供奉着"无量寿佛"，有"无量殿"之称，"量"与"梁"同音，以讹传讹，便成了"无梁殿"，而寺志则在新中国成立前已被原来寺庙的住持带到上海去了。之后，三人返回南京，刘敦桢教授听取汇报后，提出了下一步的工作要求：立刻返回搭脚手架，详细测绘，校对无误后方可返回南京。8月下旬，三人重返保国寺，其间路过上海，借阅了寺志并了解寺史。①

可以说，正是自1954年，建筑学意义上的保国寺才重见天日。"读跋千篇，不如得原画一瞥"。②唐末五代以上的木构建筑今留存极少，仅有五台山佛光寺等少数遗构。"有宋一代，宫廷多崇奉道教，故宫观最盛，对佛寺唯禀续唐风，仍其既成势力，不时修建。"③保国寺建于北宋大中祥符六年（1013），远早于北宋官订的建筑设计、施工的专书《营造法式》成书之时——《营造法式》被成书于元祐六年（1091），后由李诫重新编修，于元符三年（1100）成书，崇宁二年（1103）年奉旨"用小字镂版"刊行。保国寺虽历千年，时有重修，大殿却在江南潮湿的环境下得以保持完整，未失宋时原貌，意义非同一般。

更为重要的是，保国寺还有一层特别的文化自信层面的意义。中国传统文化的保存，首在文章诗词，次者金石书画，但建筑常为人忽略。中国

---

① 陈朝霞：《揭开千年保国寺沉淀的历史故事》，《宁波日报》2013年4月18日《文化视点》版。

② 梁思成：《蓟县独乐寺观音阁山门考》，见《梁思成全集》第一卷，中国建筑工业出版社，2001年，第161页。本文原载于《中国营造学社汇刊》1932年第3卷第2期。

③ 梁思成：《中国建筑史》，见《梁思成全集》第四卷，第90页。

金石书画素得士大夫之重视，各朝各代对他们的重视，并不在文章诗词之下，此为中国文化精神悠久不断之原因。惜数千年来，建筑完全在技工匠师之手，其艺术表现大多数是不自觉的师承与演变之结果，却因理论上缺少解析和跨越，常为人忽略。

1951年梁思成发表的《敦煌壁画中所见的中国古代建筑》一文，在对敦煌壁画和窟檐考察时曾得出一个重要结论："中国建筑所具有最优良的本质就是它的高度适应性。我们建筑的两个主要特征，骨架结构法，和以若干个别建筑物联合组成的庭院部署，都是可以作任何巧妙的配合而能接受灵活处理的。……这些壁画告诉了我们，古代匠师对于自己的建筑传统的信心，虽在与外来文化思想接触的最前线，他们在五百年的长期间，始终以主人翁的态度迎接外来的'宾客'。既没有失掉自主的能动性，也没有畏缩保守，即使如塔那样全新的观念，以那样肯定的形式传入中国，但是中国建筑匠师竟能应用中国的民族形式，来处理这个宗教建筑的新类型，而为中国人民创造了民族化、大众化的各种奇塔耸立在中国的土地上。"[①]

梁思成认为："数千年来，中国建筑的平面部署，除去少数因情形特殊而产生的例外外，莫不这样以若干座木构骨架的建筑物联系而成庭院。这个中国建筑的最基本特征同样地应用于宗教建筑和非宗教建筑。我们由于敦煌壁画得见佛教初期时情形，可以确说宗教的和非宗教的建筑在中国自始就没有根本的区别。"他认为原因有两点：其一，是功用使然，佛教不似基督教或回教，没有固定聚集数十、百人的集体祈祷或听讲仪式，佛教建筑是供养佛像的，是佛的"住宅"；其二，最初的佛寺是由官署或住宅改建的，汉代的官署多称"寺"，传说佛教初入中国后的第一所寺庙是白马寺，因西域白马驮经来，初止鸿胪寺，

---

① 梁思成：《敦煌壁画中所见的中国古代建筑》，见《梁思成全集》第一卷，第158页。本文最初发表于《文物参考资料》1951年第2卷第5期。与梁思成相似，刘敦桢也认为，以木构架为主要的结构形式和组群布局，是中国建筑的主要特点。此外，刘敦桢也特别看重古代建筑的艺术处理和工官制度。详见刘敦桢：《中国古代建筑史》，《刘敦桢全集》第九卷，中国建筑工业出版社，2007年，第3—21页。

遂将官署的鸿胪寺改名成宗教的白马寺,以后凡佛教用的建筑都称寺,就是沿用了汉代官署之名。

可以说,保国寺是梁思成这种观点的最佳印证。随着朝代的更替,保国寺的建置虽经多次变化,但其基本建筑格局仍保留至今。寺志中所记载的寺院建设活动在清代尤为频繁。其主要变化有三点:一是大量的建筑新建,寺院的平面格局开始"脱宋入清",最为显著的变化是把宋时的老山门改造成天王殿;二是大殿两侧的建筑发生了改变,形成了钟鼓楼与楼对峙的建筑格局;三是藏经阁被置于中轴线的末端。但概其要者,保国寺不脱骨架结构与组群布局。

二、文化要素分析

（一）物质要素

1. 得天独厚的地理位置

保国寺位于宁波市西北，坐落于江北区洪塘街道灵山与马鞍山之间的山岙中。它背枕邓峰，左辅象峰，右弼狮岩，地势幽深。寺院平均海拔 85 米，占地面积 13280 平方米，建筑面积 7000 平方米，寺外为绵延 400 亩的山林生态风景区。东、西分别与灵山村、鞍山村接壤，相距各 0.5 千米。

经过测量，发现保国寺内的风速要明显小于保国寺外的风速，这得益于保国寺得天独厚的地理位置。处于山麓中的保国寺，外有层层小山阻挡，削弱风势。这使得保国寺能够躲过一次又一次台风天气的侵蚀。除此之外，古寺隐匿于深山丛林之间，自是形成一种静谧神秘、庄严肃穆的氛围。

保国寺古建筑所处的位置还是隐蔽性和开阔性的集合体。保国寺周边的山发迹于四明大岚山，其北有丘陵，一路逶迤向海，南有余姚江支流慈江，其从澥浦大闸至丈亭三江口（其中江北区段为从化子闸至慈江大闸）。保国寺东西两侧的山峰又形成缺口，令人生出"藏寺于山"之感。这里虽无广阔豁达的观感，但有包揽盘固的趋势。伫立于寺院中，依山傍水，极目远眺，可将宁波海口尽收眼底。

保国寺的古建筑文化，与其所处环境的多样性、复杂性是分不开的。正是由于地处山麓，保国寺能在一定程度上免受人迹的损害。周围参天古木的庇护，也在一定程度上降低了风蚀水渗的破坏性。在自然环境以及人文要素的多重保障下，保国寺的木结构建筑得以较为完整地保存下来。

2. 良好的地质条件

保国寺所处的灵山，其地质构造单元属于华南褶皱系中的华夏褶皱带，其地表被侏罗纪火山岩所覆盖，岩性以灰白、灰黑色的晶屑熔结凝灰岩为主。土壤为棕黄土。除了西侧的土壤层较薄外，其他土层厚度均在3—50厘米之间。植被以松树为主，间有枫树、樟树、桂树、银杏等。经过勘测，保国寺内建筑所用木材主要为杉木、松木（硬木松）、龙脑香、云杉、锥木、黄桧、板栗、水松等八种。[①] 灵山原有植被中有相符的树种，在建造或修葺之时提供了可供参考以及使用的木种，方便建造工程的开展。

3. 繁荣发展的经济条件

经济条件是建造业发展的基础。宋代的商业空前繁荣，经济水平得到了显著的提升。在此基础上，土木工程等施工组织的分工日渐细化，使得建筑工艺水平也随之大幅提高。自古北方文明的发展水平都要略高于南方，直到唐中期，南方农业逐渐超过北方。及至安史之乱，大批士大夫南下，极大地促进了南方经济文化的发展。等到宋代，南方人已是政权的主导方，其中宁波人更是一支不可忽视的力量。宁波经济之所以能够长盛不衰，得益于发达的水路。宁波水网密布，水运发达，与各地经济往来的成本大幅降低，因而宁波经济发展迅速。同时，经济上的联系往往伴随着文化的沟通与技术的交流，这为建筑业的发展提供了物质保障。

（二）精神要素

1. 因地制宜，建筑与环境相协调的思想

陈从周论佛寺建筑文化时曾说："隐中有显，显中有隐，是佛教建筑的典型特征。名山之中，一寺隐现，远观不见，近则巍然。僧人结茅山间，

---

① 汤众：《保国寺大殿木构件数据库建设》，《2016年中国建筑史学会年会论文集》，2016年。

详查地形、水源、风向、日照、景观、交通等,然后定址。"①这段话其实讲的就是寺庙的选址。

这其实是中国先民在长期生产与生活实践中所形成和发展起来的人居环境学。其核心是在人居环境的营造过程中,对自然环境和社会文化作出基于民间信仰的生态分析、地形分析、区位与方向分析,以实现人与自然、人与社会、人与文化之间的积极互动。

据嘉庆《保国寺志》卷一《形胜》记古灵山谓:"推其发脉之祖,乃从四明大兰而下,至陆家埠,过江百余里凸而为石柱山,为慈邑之祖山。转南折东,崔嵬而特立者,鄮山之顶也。顶之下复起三台,若隐若状,起数百丈,为寺基。虽无宏敞广豁之观,而有包涵盘固之势,千百年来,香灯悠远,法系绵延,其他名山巨刹,莫有过于斯者。又名八面山,堪舆家谓是山乃西来之结脉处。"

民国寺《保国寺志》卷一《山水考》云:"有山必有水,山如骨干,水如血脉。人身血脉畅则骨干强,寺院水路顺则刹宇安。况养命之物,水为第一,无水之处,不能安众。"保国寺之水路则有古井一口、荷花池、洗菜池,另有八支水脉。

此外,寺院布局严格按照中轴线布设建筑空间,在形式整体上表现为中心化和中轴化。

2. 海纳百川、取长补短的精神

保国寺建筑,虽然历经千年,没有因朝代的更替而被摧毁,反而展现出能融尽融的精神。一个原本易腐易损的木构建筑在如此潮湿的江南气候中还能永葆青春,其秘诀正是宁波人一贯的传承与融合思想。

保国寺海纳百川、取长补短的精神主要表现在两方面:一是掌权者与当地民众对于保国寺的态度。这从建筑本身与藏品便可窥一二。保国寺历代的修葺与改建大多遵循了前代的格局与规制,一些建置的增减,也都更好地扩充了寺院的配置,在容纳前代文化的同时,去其糟粕,整合成新的文化。二是建造保国寺大殿的匠人在建造过程中对于建筑"官方话"与"地方话"的巧妙结合。作为江南地区保存最为完好的木构建筑之一,保国寺

---

① 陈从周:《僧寺无尘意自清——漫谈佛寺建筑文化的作用》,《陈从周全集》第11册,江苏文艺出版社,2015年,第233页。

大殿的建造技术不是孤立的，而是综合了南北方特点，这是北方先进建筑技术在南方的体现。其建筑技术在具备"官方话"恢宏之"构"的同时，又融合了"地方话"灵动之"巧"，在根本上实现了两者的"取长补短"。这使得保国寺大殿能够在符合大趋势规定的前提下，拥有区别于其他建筑的独特性，也使得其能够更快更好地被当地文化所接纳。

3. 精益求精的工匠精神

江南地区气候湿润，多阴雨天气，空气含水量大，湿度指数高。宁波又属于沿海地区，水汽更为充足且大风天气多。保国寺所在的灵山山岙，地下径流纵横交错，生物品类繁多，木质结构不宜保存。通常自然环境下的木质结构60年左右就会坍圮损坏，保国寺大殿却"千年不倒"，得益于当地人在建造与修缮时始终秉持着建筑与环境相协调的思想。比如大殿的"瓜棱柱（因形似南瓜而得名）"，是由多根木材包镶拼合代替独木雕刻建造而成的。这一改动，降低了柱子的建造成本，实现了"小材大用"的同时，又因柱子与地面构成一定的夹角，实现了更好地承重支撑的作用。除此之外，柱子在拼合时会留有一定的缝隙，促进潮气的挥发，使得柱子在潮湿环境中的防潮防腐能力大幅上升。保国寺的建筑既展现了自身木质结构的精巧，更是展现出宁波人民自古以来与环境相适应、相协调的思想，进一步推演出建筑工作应当因地制宜的宝贵经验。

保国寺内现存的瓜棱柱、藻井、斗拱等构件，其复杂精美程度无不彰显了中国古代建筑的保护成果和精益求精的工匠精神。保国寺木构造之和谐，则体现出中国建筑工匠专注与坚守的品格。

（三）语言与象征符号

1. "七朱八白"阑额彩画

早在6000多年前的河姆渡遗址第三文化层中，发现了使用朱砂漆涂饰的木碗。墙壁刷白，木构刷朱，是我国建筑历来的悠久传统。"七朱八白"彩画则是在此传统基础上的进一步延伸。在保国寺大殿现存的梁架阑额上，均匀地分布着一条条白色的条状色块。这种在红色的木头上画有大小一致的白块，白块中间的七个红色间隔和八个白块组成的装饰，被俗称为"七朱八白",是《营造法式》彩画作制度中记录的赤白装类型中的一种。

根据《中国古代建筑史》可知,"七朱八白"彩画源自唐代重楣(也就是双重阑额)结构。阑额作为连接柱子与柱头的承接结构,对于加强柱列的稳定性起到重要作用。《定明堂规制诏》中记载的"重楣",是自南北朝以来,阑额由柱上降至柱顶,分成上下两层,中间连有多个短柱而形成的支撑结构。相较于一层阑额,重楣的稳定功能更强大。然而到了中晚唐,由于铺作层逐步完善,双重阑额逐渐简化成单层。"七朱八白"彩画的存在则使得其看上去仍为重楣之形,反映了先民存古革新的精神,以及对装饰美学的独特品味。

2. 佛台壶门图样

根据保国寺北宋大殿内佛台上的铭文可知,这座佛台由供养人于北宋崇宁元年(1102)五月捐建,佛台上清晰可见壶门造型的花纹。

壶门,在宋代李诫编纂的《营造法式》中写作"壸门",是一种佛教建筑中的门的形制,也是一种镂空的装饰样式。壶门图样常常雕刻在佛塔须弥座的束腰部位或门窗部位,也应用于桌椅、床榻等家具或日用器具上。自宋代开始,壶门图样的风格由唐代的圆润丰满转向简洁素雅,描绘的内容也由早期以宗教人物为主逐渐转变为蕴含生活气息的山水、花草、人物、文字等各种广泛题材。保国寺北宋大殿内佛台壶门式样即在壶门造型的内部描绘了简洁素雅的植物图案,体现了当时宗教哲学被倡导世俗哲学的宋儒理学所替代的思想形态特征,也反映了当时社会的审美特征。

3. 大殿藻井

藻井是传统建筑室内顶部呈穹隆状的天花。据《文选·西京赋》李善注:"《尚书传》曰:'藻,水草之有文者也。'《风俗通》曰:'今殿作天井。

井者,东井之象也;菱,水中之物,皆所以厌火也。'"它代表主水的星宿,既象征天宇的崇高,又取以水伏火的含义。保国寺大殿前槽横置三个斗八藻井,是我国现存木构建筑中唯一按《营造法式》中规定的大木作作法施工的孤例,既极具艺术水准,亦体现了人本思想。

保国寺北宋大殿的大藻井由平棋枋围合成方井,然后于四角加四条抹角构成八角井,于八角井各角置一小栌斗;自小栌斗口出隐刻于木枋上的泥道拱及华拱一跳,此华拱被其下一条更短的假华拱承托,插于平棋枋的八个交角处。上一条华拱跳头承令拱,令拱身长向作圆弧形,以承圆井,令拱的齐心斗承阳马(即角梁),八条弧形阳马汇于明镜,阳马上置环形肋八道。大藻井圆井直径185厘米,穹窿部分高90厘米。

两个小藻井做法相似,只是阳马上环形肋五道,圆井直径128厘米,穹窿高度75厘米。

三个藻井是能够代表北宋大殿建造技艺、艺术特色、空间布局特征的极具独特性的符号要素之一。

(四)制度要素

1. 藻井的使用位置

《营造法式》中关于藻井的使用位置,共记述了两种情况:一是藻井常施于佛像的正上方;二是当殿庙前廊开敞时,施用于前廊下。其中第二种情况,与保国寺大殿的复原结果完全吻合。

2. 藻井铺作的用材

关于藻井铺作用材,《营造法式》前后记载用大木材和小木材两种截然不同的情况。保国寺大殿藻井铺作用材广五寸六分,与大木材广之间呈4:5的简洁比例关系,且以绝对材广值计,仍属于《营造法式》大木作用材范围,此在现存遗构中是藻井铺作用大木材的唯一实例。

铺作所用材不是一个孤立的问题,而会带来形制、构造等方面的诸多变化。小木作加工的成熟、结构性能的退化以及装饰化程度的提高,皆有可能是藻井铺作用材迅速减小的原因。

《营造法式》同时记载了数值跨度很大的两种藻井铺作用材尺度,很可能是来自两个差异显著的原型的结果。保国寺大殿的藻井与苏州报恩寺塔中之砖砌藻井形象十分近似，说明应系江南藻井的典型样式，且在跨越两宋的时段内始终稳定传承，有可能是《营造法式》藻井做法的重要原型之一。

3. 藻井铺作的构造差异

《营造法式》所记小木用材藻井，以斗槽板围合藻井空间并作为承载上部重量的主要构件。藻井铺作具有以下的显著特征：用材显著减小，补间铺作数大为增加，铺作华拱皆为半拱，整朵贴附于斗槽板之上，其装饰性增强而结构作用大为退化，故此式可称为小木铺作藻井。北方宋代藻井实例无存，然现存辽金藻井做法皆与《营造法式》此式藻井颇为相近。相比之下，保国寺大殿藻井铺作用材仍属于大木范畴，其构造特色亦与小木铺作藻井区别显著：其栌斗坐于算桯枋之上，由拱枋交叠在算桯枋和井口枋之间形成完整的构造层，以之对应于斗槽板围合的藻井空间，其华拱后尾皆过铺作中线，悬臂出挑作用明显，以其藻井铺作层的整体，替代了斗槽板的构造作用，其结构作用明确，显示出与大木做法相同的构造形式。

4. 形制与装饰

《营造法式》所记小木铺作藻井的装饰样式，铺作昂拱构成繁复，装饰性强烈，更有与天宫楼阁的相互组合。由实例比对来看，此式藻井的装饰特色应以北方样式为基础。相比之下，江南藻井形象更加简约质朴，直观反映构造做法的特色。关于斗八藻井穹窿部分的装饰样式，《营造法式》以平整背版上绘制彩画为主。而保国寺大殿则阳马隆起较高、穹窿饱满，与北方藻井之常见形象大不相同。保国寺大殿藻井以阳马之间的数圈肋条作为装饰，苏州报恩寺塔内藻井亦同此样式，其应属江南特色。保国寺大殿现状肋条背面皆有平整加工的痕迹，据此可以推认原状应有背版的存在。

三、文化元素核心基因提取

  坐落在江北灵山上的保国寺根植于浙东地理与文化的土壤上，是中国木构建筑文化最典型的代表。一方面它是中国建筑处理文化与自然关系的典范，这使得保国寺能够流传千年，成为江南现存最早的木构建筑；另一方面它也是建筑匠师应用中国的民族形式来处理宗教建筑新类型的典范，其"精益求精"的工匠精神背后体现的是在面对外来文化时的文化自信。

四、文化元素核心基因评价

评价项目	评价因子	评价依据（特点）	是否
生命力评价	文化基因存续的时间	自出现起延续至今，未曾明显中断	√
		自出现起延续至今，但多次衰微、中断后复兴	
		曾明显衰败，改革开放后开始复兴或历史溯源关键环节缺失，难以考证	
		文化形态主体已灭失，现存部分痕迹	
	文化基因的稳定性	在发展过程中保持相当稳定的状态	√
		在发展过程中存在明显的精神内涵、表现形式剧变	
凝聚力评价	文化基因的凝聚力及社会动员效果	曾广泛凝聚起区域群体的力量，显著推动过社会经济文化的发展	
		曾部分凝聚起区域群体力量，对社会经济文化的发展产生过影响	√
		凝聚过力量，创造过实际的发展动能，但未见对社会经济文化发展产生显著改变	
		仅在历史文献或口耳相传中存在，未见实际介入社会经济发展	
影响力评价	辐射的范围	具有全国性、世界性影响力	√
		具有长三角区域、浙江省影响力	
		具有市县、乡镇影响力	
	提炼的高度	已经被古代文人士大夫和当代学者提炼为精神符号和理念理论	√
		单纯的样式、造型、工艺技术规范	

续表

评价项目	评价因子	评价依据（特点）	是否
发展力评价	与当代精神追求和价值观念的契合	传统文化基因得到创造性转化、创新性发展；区域革命文化基因被完整继承、广泛弘扬；区域社会主义先进文化基因成为与浙江"三个地"相适应的文化高地	√
		部分转化、部分弘扬、部分发展	
		难以转化、难以弘扬、难以发展	

说明：基因特点评价是对解码出来的基因，根据本《导则》表2的要求，围绕"四个力"逐一对表打"√"，进行定性表述

（一）生命力评价

保国寺就其存续情况而言，一直延续至今，在历史上未曾有过明显的断层。保国寺自兴建之始，历经汉、唐、宋、明、清、民国等多个时期，时间跨度达到了千年。从保国寺现存的建筑以及展品中可以找寻出不同朝代独特的建筑风格巧妙融合与吸纳的痕迹。这都是建筑匠人在广泛吸收了前代以及其他地区的建造工艺精华后形成的，已有建筑糅合了各方面的先进文化与思想，是广泛接收文化熏陶，突出其中优势的集大成之作。

保国寺大殿经历多次建置的改制以及修葺，但其主体架构仍保存了宋时的基本形制。主体架构的完整性可从民国《保国寺志》中得到验证："本殿自始建以来，至今民国八年己未，已历九百零七年矣，其间修葺虽不乏人，而终不改其原制。"清康熙年间，殿身四周增扩了下檐，外檐装修有所更改，但实现了中心宋构部分的作用。

木构建筑相较于砖石建筑本就不易保存，再加上保国寺位于潮湿多雨的江南地区，保存难度更大。但保国寺突破了种种

不利因素的限制，保有汉代的骠骑井、唐代的经幢、宋代的"无梁殿"，明代的迎熏楼、清代的钟楼、鼓楼、天王殿、观音殿以及民国的藏经楼，屹立千年不倒，成为江南保存较为完整的木构建筑群，这反映了保国寺文化基因的强劲生命力。

除此之外，保国寺还在不断地吸收与传播优秀的建筑文化内涵。其建筑是兼顾"官方话"恢宏构造和"地方话"灵动之巧的典例，为工匠更好地修造建筑提供了可参照的范本。

（二）凝聚力评价

保国寺"精益求精"的工匠精神能够广泛凝聚起区域群体的力量，并且推动社会经济持续性发展。保国寺因其精湛绝伦的建筑工艺为人所熟知，其背后凝聚的是无数个工匠的心血，承载了不同时期的文化内涵与印记。

（三）影响力评价

南方早期木构建筑遗存的数量极少，因此为数不多的几座南方古代建筑遗存具有很高的研究价值，能够填补建筑学某些领域在南方的实证空缺。作为江南地区现存年代最早且保存较完整的木构建筑，保国寺大殿自发现之初便受到学界的高度重视。

保国寺大殿作为建造年代确凿的代表性遗构，为建立我国古代建筑谱系提供了一把精确的样式和技术标尺，为深化南方建筑史的研究、充实中国建筑史研究的整体性提供了直观且可靠的实物认知资料，除此之外，还与《营造法式》相印证，提供了一个可供互证的典型实例。保国寺早在1961年就被国务院公布为第一批全国重点文物保护单位，其影响力之广之深远，不言而喻。

（四）发展力评价

"精益求精"的工匠精神与当代主流的价值观念具有内在的一致性，因此具有较大的发展空间。

保国寺的精巧木构诠释了"行行出状元"这句话的内在含义。秉承"工匠精神"，专业专注，精益求精，一丝不苟，一以贯之。剖析保国寺藻井、斗拱等构件，可以感受到古时工匠对自己的工作慎重、负责、精益求精的态度。这正是现在这个时代所大力倡导的，因此具有无限的可能性与较大的发展空间。

不管做什么事情，"精益求精"都应当成为人们不容质疑的行事准则。这对保国寺建筑文化的传承与发扬具有重要意义，同时也是激发其他技艺能够得到重视与传承的关键精神理念。

五、文化元素核心基因保存

（一）实物留存

1. 石地栿内侧刻字，现存于保国寺大殿前檐现有门扇的地栿内侧。

2. "七朱八白"阑额彩画，现存于保国寺大殿阑额。

3. 保国寺古建筑博物馆，位于宁波市江北区洪塘街道鞍山村。

（二）文献中的留存

1. 清华大学建筑学院郭黛姮、宁波市保国寺古建筑博物馆：《东来第一山——报国寺》，上海科学技术出版社，2018年。此书有两个版本，版本一为一册，是清华大学建筑学院与保国寺古建筑博物馆合编的保国寺"新志"，另一版为两册，册一收上述"新志"，册二为保国寺两志书之资料汇编：一为嘉庆十年敏庵辑修本，一为民国十年钱三照重纂本。

2. 保国寺古建筑博物馆：《保国寺新志》，文物出版社，2013年。

3. 窦学智、戚德耀、方长源等调查，窦学智著：《余姚保国寺大雄宝殿》，《文物参考资料》1957年8月。

4. 张十庆：《宁波保国寺大殿勘测分析与基础研究》，东南大学出版社，2012年。

5. 浙江省文物考古研究所、宁波市保国寺古建筑博物馆：《2013年保国寺大殿建成1000周年系列学术研讨会论文合集》，科学出版社，2015年。

6. 余如龙主编：《保国寺砖雕与石刻》，文物出版社，2001年。

7. 保国寺古建筑博物馆：《灵谷光影——保国寺摄影集》，中国民族摄影艺术出版社，2013年。

8. 邱枫：《宋式华范——宁波保国寺与浙东地域建筑》，浙江大学出版社，2017年。

9. 许敏：《宁波保国寺风水文化与地理环境研究》，宁波大学硕士论文，2014年。

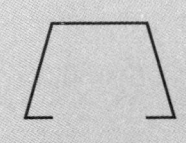

宁波文创港

港源城始　宁波江北文化基因

宁波文创港

一、文化溯源

宁波文创港位于甬江北岸，曾是宁波近代工业的发祥地，是宁波港航运输和工业经济的中心，比较完整地保存了全市最早的港区（码头）遗存和20世纪50年代以来大量的工业遗存，拥有鲜明的港口工业经济特征和港口文化独特记忆。火车北站、宁波海洋渔业公司、港埠三区、白沙粮库、宁波粮油食品加工公司在这里汇聚。甬江北岸见证了宁波港从内河港到河口港再到海港的"三级跳"，同时也承载着无数宁波人的共同记忆。但历经时代变迁，随着城市的发展，工业轨道搬迁，曾经繁荣

甬江北岸原貌

一时的河岸渐渐废弃，这个被遗忘的角落不仅影响百姓生活，延缓城市化步伐，变成了城市发展的"低洼地"，更成了阻碍城市品质提升的"短板"。如何为这片工业老区谋求新发展，成了一个难题。

随着长三角一体化发展上升为国家战略，浙江省拉开了大湾区建设的序幕，宁波深入推进"六争攻坚、三年攀高"部署。甬江北岸也再次走入人们的视野，它不再是一个民生问题了。文创港的开发建设事关提升城市形象品质、完善中心城区功能，事关集聚高端创意人才、带动产业转型升级，将为宁波"246"万千亿级产业集群建设提供强大的科创与智力支撑。

在宁波市委市政府的积极谋划和推动下，宁波文创港作为宁波甬江科创大走廊的重要组成部分，得到了新的建设发展。加快甬江北岸开发，积极推进文创港规划建设，是贯彻落实中共宁波市委"六争攻坚、三年攀高"决策部署的必然要求，也是建设现代化滨水品质城区、推进城区均衡发展的重要举措。文创港作为宁波中心城区三江六岸的重要组成部分，同时也是宁波市三江六岸沿线的滨水休闲区、历史文化展示区，宁波市按照高品质设计与建设，塑造一流滨江水岸，带动提升城市建设品质和发展能级，是城市生活的"黄金岸线"，也是未来宁波中心城市建设的潜力所在、亮点所在。

今日文创地块（林文浩摄影）

二、文化要素分析

（一）物质要素
1. 科技大走廊推动创新发展

2020年11月26日，宁波市自然资源和规划局发布了《宁波甬江科创大走廊空间规划（2019—2035）》批后公告，提出了要将宁波打造成"长三角地区具有全球影响力的引领性科创策源地"。

甬江科创大走廊位于宁波市中心城区东部，包括甬江两岸地带、东钱湖及其周边地域，涵盖宁波北高教园区、中官路双创大街、宁波国家高新区、东钱湖区域等主要功能板块。其核心区136平方千米，北至镇海大道，南至甬台温高速公路复线，西至三江口余姚江河岸线、南高教园区学士路，东至320骆霞线北仑段，共占宁波主城区面积的38%。此规划提出了"一廊双片"的概念。"一廊"是指甬江两岸，重点是以高新区为主体，串联起文创港、东外滩、滨江新城等板块。

宁波甬江科技大走廊是浙江大湾区规划的三大走廊之一，是湾区经济的核心载体。建设甬江科创大走廊，是推动宁波融入全球创新网络、提升在全球城市体系中发展能级的重大举措，对提升宁波应用研究和科技成果转化能力、培育"246"高端产业生态圈、打造促进动能升级的核心引擎具有重大意义。

宁波文创港是科技大走廊的核心部分且处于走廊的核心地带，也是最先启动的部分。以"宁波题眼"为战略定位的宁波文创港，将成为宁波市文创、科创的新高地。

2. 宁波文创港核心启动区引领发展

北至宁波市江北区大庆北路，南至甬江，西至人民路，东至江北大河，总规划面积约1平方千米的文创港核心区，是宁波文创港的核心价值、产业集聚的示范先导区，更是推动宁波文创港建设的主战场，由浙江省海港集团和江北区共同开发建设。

宁波文创港核心区以运河为界，形成了两种不同的开发建设思路。运河以西的区块是文创港核心区的先行启动地块位。该区块由政府主导，将实施"筑巢引凤"计划，做强配套和物理空间，为文创、科创企业的落地打好夯实基础。运河以东区块实施"引凤筑巢"计划，将引入地产商和产业集团实施产城发展新兴布局。

宁波文创港空间规划发布活动，向全世界生动形象地展示了宁波文创港未来的模样——"打造世界级滨水岸线，让世界听见文创港浪潮"。根据"城市创享平台"定位，未来宁波文创港将在空间上形成"一廊、六波、十二节点"和"五组团、六层级"的格局，通过打造"资本聚集地、智力创新地、精神传承地"，实现中心城区滨江区块产业人文回归和高效综合利用，从而更好地建设且发展好社会主义先进文化。

3. 工业遗存为发展奠定基础

（1）火车北站。它曾经是浙东沿海最重要的货运集散地之一。最鼎盛时期的北站，每天有将近三百车次的车皮进站，每趟车装载四五十吨的货物，日均进出货量可达到一万五千余吨。

经过多年发展，北站货场在宁波大市的水路转运、公铁联运方面起到了无可取代的作用，渐渐成了宁波经济高速发展时期的发动机。宁波的经济，曾经深度依靠着炼钢厂、发电厂等重工业。因此，每天运到宁波的煤

宁波文创港实地图

和焦炭、黄沙等生产物资，数以万吨计。这些重要物资，全部依靠火车输送，而全宁波的火车货运，核心地点，就在货运北站。更重要的是，北站当时连接着宁波地区各地的物流交通，除了境内的货物，还有数不胜数的境外进出口物资也是通过北站进行运输。

火车北站也成为联系宁波市民情感沟通的纽带和桥梁。旧时每当逢年过节，建设宁波的外地人、有亲朋好友在其他城市的宁波人，想要运送大件货物、特产和年货，都需要通过北站进行运输，钢筋铁骨的北站货场也充满了柔情。

（2）宁波海洋渔业公司。它成立于1956年1月。20世纪60年代，是宁波海洋渔业公司的成长期，它依靠技术创新开拓了新局面。1969年，宁波海洋渔业公司技术员利用双曲线定位仪数据绘制出全国第一张"双曲线定位仪海图"，而后这张图推广至全国。

20世纪60年代中后期开始，宁波海洋渔业公司不断创新开发新技术。20世纪80年代初，仅靠传统的在东海、黄海捕鱼，已经无法满足市场的供应。这时，宁波海洋渔业公司规划了大洋性远洋渔业和过洋性远洋渔业。

远洋渔业真正发展是从20世纪90年代开始的。1983到1988年，该公司的渔船数量达60多艘，辅助船20多条，1987年12月，该公司利润达到2100万元，是公司经济效益的顶峰期。随着公司改制，以及渔业产量的减少，宁波海洋渔业公司逐渐退出了历史舞台。

码头遗迹（夏霞芬摄影）

（3）白沙粮库。1954年，为缓解缺粮问题，建设一个大型粮食储存中转仓库迫在眉睫。而位于甬江北岸的下白沙路，以独特的区位优势进入选址规划，也造就了后来全国闻名的白沙粮库。

白沙粮库区位优势得天独厚。面朝甬江、背靠铁路，区域内还有河道穿流而过，交通极为便捷。从建成到20世纪90年代中后期，是白沙粮库的"黄金年代"。其闻名全国的一张名片就是"白沙粮库13道口"。曾经，每月都会有源源不断的大米、小麦、玉米等各种粮食和饲料粉等物资，通过白沙粮库13道口运来。高峰时每月有200到300车皮，每车皮粮食多达60吨。

不论历经多少风雨变迁，"粮人"和白沙粮库都会一直默默地站在那里，就像国家划定的18亿亩耕地红线一样，守住中国人的饭碗，守住每个老百姓的命脉。所有"粮人"心中都有一根弦："中国人的饭碗要牢牢掌握在自己手里。"

宁波人才之家

4. 人才之家打造更优人才生态

宁波人才之家依托宁波文创港，持续引入人才中介平台，打造宁波人才服务总部园区。此外，人才之家推进人才服务标准化、信息化、一体化，实施"一站通办"清单服务、"一本集成"优化服务、"一人一策"精准服务，着力提升人才服务质量、效率和满意度，致力于打造宁波市人才工作的集中展示窗口，着力打造精准化、全链条的集人才招引、培育、扶持、服务等功能于一体的人才工作网络闭环，致力于为人才创业创新提供全周期、一站式服务，构筑"近悦远来"的人才生态。

总面积约1800平方米的宁波人才之家内设有科技大市场、企业家学院、人才银行、第二人事部、海外人才俱乐部、青春加油站、锋领服务岗、智谷共享秘书处、人才管家专窗和梧桐咖啡等一系列实体化服务平台。针对企业用工急、招工难问题，宁波人才之家还联同然诺科技推出"智慧聘·北岸行"数字招聘和"顶岗实习"专场招聘。同时，与宁波通商银行等金融和投资机构合作，为重点人才企业提供无抵押信贷。

项目孵化、创业辅导、融资对接、科技转化、人力资源……宁波人才之家以人才创业创新综合需求为导向，能够提供10大类126项全要素全周期闭环式服务，推进人才链、创新链、产业链、政策链、资金链深度融合，力争形成综合服务"旗舰店"。

宁波合纳文化有限公司

国以才立，政以才治，业以才兴。人才是党和国家的宝贵财富，是发展的第一资源。当今时代，综合国力竞争的广度和深度前所未有，城市与城市之间的竞争达到"白热化"，谁掌握了人才这个关键因素，谁就能赢得发展主动，从而长盛不衰。对宁波来说，项目争速、产业争先、科技争投、城乡争优、服务争效、党建争强，每一"争"，无不需要人才来引领与支撑国。

5. 超强招标建设未来宁波新地标

一是十里红妆文创体验中心。民俗特点尽显文化印记，十里红妆这一极具宁波文化特色的古老风俗，有助于构建文创港精神文化长廊。

二是字节跳动。字节跳动旗下综合的数字化营销服务平台巨量引擎坐落在这里，它整合了今日头条、抖音等多元产品的营销能力。可激发创造，驱动生意，依托字节跳动创新的用户产品生态所给予的规模化注意力数据。巨量引擎以领先的智能技术不断激发人们的内容创造力，并将创造力转化为企业的生意驱动力，为企业客户创造更高的商业价值，成为企业的有力引擎，驱动生意的有效增长。字节跳动的品牌使命契合文创港发展态势，有助于文创港发展。

（二）精神要素

1. 敢为人先，勇于担当

江北区仅用两个月完成了规划文本初稿，仅用三个月完成了江北征拆史上最大体量的港埠三区地块征签和挂牌出让工作，仅用56天建成了首个项目——原火车北站站长楼……一场没有硝烟的全员战役在甬江北岸轰然打响。按照"一年出形象、两年见成效、三年成规模"的目标，江北广大党员干部以

建设（陈俊摄影）

梦想启程，与时间赛跑，创造了令人羡慕的"文创港速度"和"文创港模式"。

江北区第一时间成立文创港开发建设指挥部，由区长任总指挥，区委常委、副区长先后任副总指挥，为文创港建设出谋划策，勾画蓝图。文创港开发建设中心负责人踏勘文创港，踩着泥泞打着手电筒连夜排摸一个又一个待拆、改造建筑情况；区指挥中心临时办公点的灯常常亮到凌晨，成员们反复推敲、倒排时间表；宁波市自然资源和规划局江北分局挑灯夜战，细化分解各阶段工作任务，通过多路并举、带概念方案出规划条件等创新方式，确保项目建设的品质，同时也确保产业方向。

20多项前置工作同步推进，10多天实现任务"清零"，如期完成规划条件的正式出具。这一切都离不开江北党员干部们不畏艰难、勇于进取的精神，离不开全心全意为人民服务的数十年如一日的身体力行的坚持，无不体现了共产党员敢为人先、勇于担当的责任与使命感。

2. 众志成城，匠心独具

2016年"工匠精神"首次出现在国务院《政府工作报告》中，从此工匠精神更是成了业界的一个热词。如今，追求卓越品牌、倡导匠心营造已经蔚然成风。

2019年6月30日，当大型机械的轰鸣声在甬江北岸响起，一个崭新的城市梦想被点燃——这条曾经的"铁锈地带"焕然新生，成为未来甬江科创大走廊上一颗璀璨的明珠。百舸争流，奋楫者先。在大力推行转型升级、提质增效和走出去战略的大背景下，我们更需大力弘扬和倡导工匠精神，只有这样，才能逐步培育和彰显我国建筑业的品牌效应。大到国家行业层面，小到一个具体施工企业，都要把坚持弘扬工匠精神作为己任，真正使弘扬工匠精神成为全员共识和时代的主旋律。

3. 攻坚克难，创新突破

文创港的顺利开工来源于誓破楼兰的攻坚精神，里面凝聚着很多同志的心血。大家紧盯着目标，倒排节点，攻克了一个又一个的堡垒，形成了强大的凝聚力。启动和推进如此浩大纷繁的工程，碰到的矛盾和问题之多之复杂可想而知，而各项工作的推进速度之快、效率之高，让人不由得感叹：破难攻坚，要有激情、有干劲，更要有思路、有办法。

拆迁进度突破、审批模式突破、

建设模式突破、决策突破：从拆迁到环评，从控规调整到土地出让，从勘察设计到工程招标，所有环节一个都不能省，但可以"提前做"，可以"齐步走"，可以"空缺预审"，可以"并联推进"，可以"联合作业"；为了加快项目建设，可以模拟审批，可以EPC（设计、采购、施工组合的工程总承包）审批，可以前置条件审批，可以带方案出让，可以带产业出让……宁波文创港"锈带"重生说明：对于工作，认知清醒而到位，有了激情和干劲，做起来就会主动积极、无惧无畏。

4. 兼容并蓄，海纳百川

文创港建设追求"产、城、人、文、旅"的一体化，"城"包括空间风貌，而其他四个要素则构成其变迁的基本动力。文创港往往以某一特色产业为核心，以旅游产业为推动力，结合其他配套产业，形成新的产业结构；在此过程中，使文创港成为包括从业人员、旅游者及普通居民聚居在内的新型环境；与此相对应的是文化的多元化，经济文化、特色文化、旅游文化

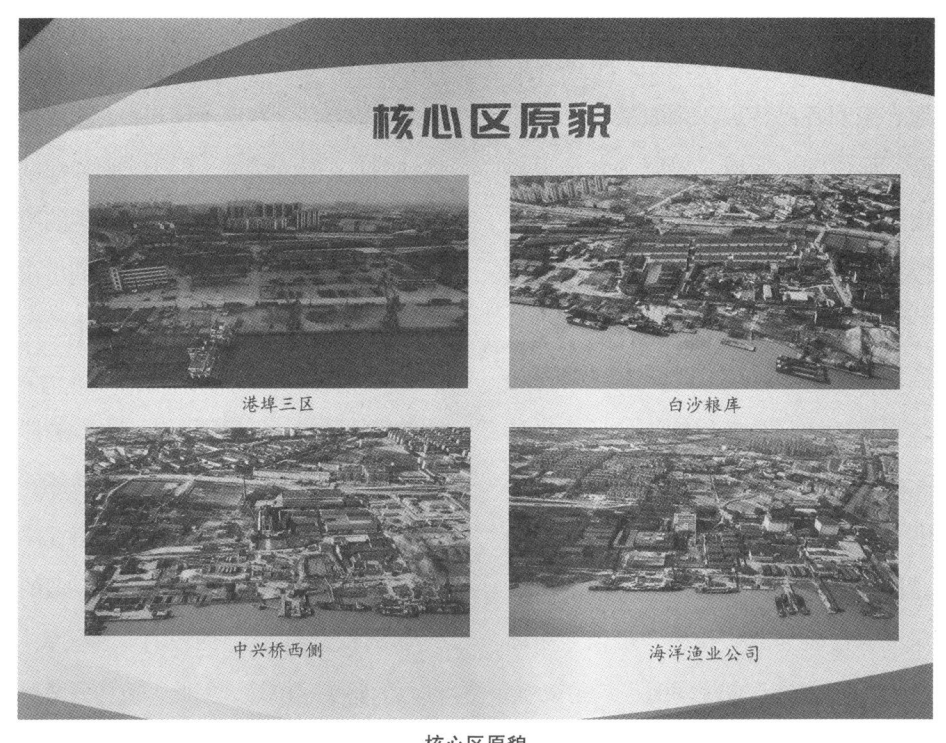

核心区原貌

| 港埠三区 | 白沙粮库 |
| 中兴桥西侧 | 海洋渔业公司 |

核心区原貌

与生活文化逐渐融合，成为促成其空间风貌变迁的动力。总的来说，文创港的空间风貌以文化智能产业为统一方向，兼收并蓄不同群体的多元文化，逐步实现现代化、审美化，最终建设成为宜业、宜游、宜居的人居环境。

（三）语言和象征符号

1. 工业文化符号的使用

北岸基地按生产单位集群特征，形成三大段，即西段——铁路货站区、中段——码头堆场区、东段——冷冻仓库区，分别代表宁波市的铁路物流业、码头运输和海洋渔业。依据片区遗产空间各自特点，采取最小干预原则，形成三个区域。根据场地情况，由于中段的堆场基本没有保留价值，以拆除重建为主，规划重点选择一东一西两个单元作为特色街区进行重构。西段主题为"1957·时光站场"：通过将20世纪50年代铁路站场中极具行业特色的仓库与站台转换为现代商业服务设施，形成新旧结合的时空穿越感，不仅可构建起一种怀旧的历史氛围，也极具商业和旅游价值。东段主题为"1954·冻藏岁月"：在冷库片区遴选五座最具行业特色的冷冻仓库，结合城市功能，对主体建筑进行适度改造，并完整保留铁路卸货平台—冷库—运冰道—渔船码头这一生产过程的硬件，将宁波市五十年的渔业形态进行"冷冻"，并通过艺术化加工"解冻"，成为一组特色商务空间。

2. 生产文化符号的使用

城市发展和用地变更使基地中的工业设施失去了原有的功能，当烟囱不再冒烟、吊机不再卸货时，这些生产要素成了一个个象征性符号。按照单体要素的景观价值，保留部分工业建筑和设施作为历史纪念物，以节点空间的形式延续历史，这是工业用地更新过程中普遍采用的方法。在这一模式中，构成整体性的方式是连续性，即历史要素在城市空间中有规律地布局，不断出现的历史信息，在知觉层面上将遗产空间重构为相互关联的一个整体。相对以上的线性空间和片区空间，节点空间则是一个零散化的形式，但只要历史纪念物的形态标识性强，空间限定度高，仍然能够成为城市景观的核心元素。甬江港北岸工业基地中，这类特色建筑包括东段的大型冷库、卸货台，西段的异形仓库，滨水的码头吊机等。因此，重构方案保留若干工业建筑和设施，通过象征性手法和场所环境的景观化改造,使之转化为历史纪念物,并成为未来城市空间的节点。

工业记忆(黄云丽摄影)

(四)制度要素

文创港位于城市核心区,是宁波市谋划多年的重大功能区块,要确保"一年出形象、两年见成效、三年成规模",让甬江北岸重现昔日繁华,让宁波百姓乐享亲水生活。

一要优化规划设计。学习借鉴上海西岸等著名滨水区块的开发理念,按照科创文创融合、生产生活生态融合的功能定位以及集约发展、高质量发展的要求,进一步完善地上地下空间规划,优化整体布局,明确主导产业,加强城市天际线管控和单体建筑设计,完善商业和生活配套设施,建设一批亲水慢行系统、景观系统和游乐系统,确保文创港建设品质达到一流水准。

二要做好资金平衡。动态测算投入产出,发挥国资国企主导作用,创新投融资方式,严格加强预决算管理,千方百计保障文创港开发建设的资金需要。特别是要坚持边开发建设边招商引资的方式,引进一批科创、文创领域的大企业和大项目,尽快实现预期经济效益,使文创港成为"流金淌银"的都市经济高地。

三要完善组织架构。成立指挥部和项目公司负责文创港开发建设,市级有关部门要服从大局,加强协调指导,及时研究解决开发建设中遇到的困难和问题,确保文创港开发建设的进程。

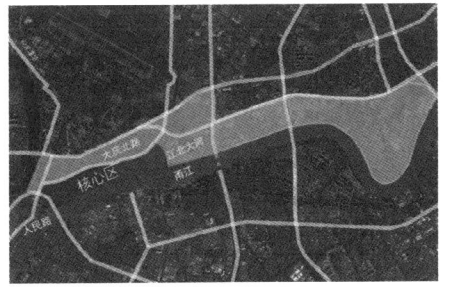

江北文创港遥感定位示意图

三、文化元素核心基因提取

宁波文创港是宁波市创新发展的一个重大举措，它秉持着建设"城市建设的新地标、创新研发的新平台、都市经济的新引擎、百姓生活的新社区"的理念，坚持现实性与理想性的有机统一、科学性与人文性的有机统一和民族性与开放性的有机统一的社会主义先进文化，核心文化基因是任贤举能、与时俱进、改革创新。

四、文化元素核心基因评价

评价项目	评价因子	评价依据（特点）	是否
生命力评价	文化基因存续的时间	自出现起延续至今，未曾明显中断	
		自出现起延续至今，但多次衰微、中断后复兴	
		曾明显衰败，改革开放后开始复兴或历史溯源关键环节缺失，难以考证	√
		文化形态主体已灭失，现存部分痕迹	
	文化基因的稳定性	在发展过程中保持相当稳定的状态	√
		在发展过程中存在明显的精神内涵、表现形式剧变	
凝聚力评价	文化基因的凝聚力及社会动员效果	曾广泛凝聚起区域群体的力量，显著推动过社会经济文化的发展	√
		曾部分凝聚起区域群体力量，对社会经济文化的发展产生过影响	
		凝聚过力量，创造过实际的发展动能，但未见对社会经济文化发展产生显著改变	
		仅在历史文献或口耳相传中存在，未见实际介入社会经济发展	
影响力评价	辐射的范围	具有全国性、世界性影响力	
		具有长三角区域、浙江省影响力	√
		具有市县、乡镇影响力	
	提炼的高度	已经被古代文人士大夫和当代学者提炼为精神符号和理念理论	√
		单纯的样式、造型、工艺技术规范	

续表

评价项目	评价因子	评价依据（特点）	是	否
发展力评价	与当代精神追求和价值观念的契合	传统文化基因得到创造性转化、创新性发展；区域革命文化基因被完整继承、广泛弘扬；区域社会主义先进文化基因成为与浙江"三个地"相适应的文化高地	√	
		部分转化、部分弘扬、部分发展		
		难以转化、难以弘扬、难以发展		

说明：基因特点评价是对解码出来的基因，根据本《导则》表2的要求，围绕"四个力"逐一对表打"√"，进行定性表述

（一）生命力评价

2020年1月5日，"创·无极限"宁波文创港空间规划及产业招商发布会举行。宁波文创港客厅正式开门迎客，7幢建筑改头换面，9幢楼房拔地而起，腾讯、滴滴、颐高等项目已经入驻运营；规划运河西区块，酒店项目建设正在火热进行中；规划运河东区块，已启动相关控规调整批前公示……一座城市的文创科创高地正在崛起。

建设（陈俊摄影）

真正坚持文创与科创并重,开展招商引资,引进集聚一批带动能力强的好项目、大项目。文创港现已建成包括北岸智谷、文创臆想港、人才之家、型色文创港、新兴之地等在内的15个区块,打造成六层级的多维城市界面,即公共岸线、滨江公共设施、上盖开发空间、跌落式商业综合体、点状商业建筑和高层景观住宅,始终坚持生产与生活并重,配套一批现代时尚的服务设施,同时不断加强同周边区域的资源共享,使文创港真正成为宜业宜居宜游的发展高地。

（二）凝聚力评价

文化创意产业园区往往能发挥产业空间集聚效应,不仅可集中城市的一批有实力的文化企业,为培育新型文创产业提供良好的成长环境,还将吸引人才、资金等资源,通过规模集聚效应加速城市丰富的文化资源的产业化转化,从而辐射带动整个城市的文创产业发展。

文创港整合市内外文化资源,建立文化产业发展平台服务体系,校企联合,宁波工程学院与南璟文创（文创港客厅投资运营商）、众信人力校企战略合作签约授牌。阿里云宁波市工业互联网中心落户其中,不仅使宁波文创港增色,也为宁波产业迭代和城市升级助力赋能。

通过招商引资、资源嫁接、氛围营造等途径,加大文化旅游资源开发力度。打造宁波市区网红建筑风景点,充分利用绿皮火车、小白塔、花车以及老厂房留下来的工业风基因,重点开发文旅项目。

（三）影响力评价

在全球一体化的背景下,科学技术日新月异,各种思想文化交流交融交锋更加频繁,文化趋同化趋势在不断加剧,文化在综合竞争中的地位和作用更加凸显,维护和增强城市自身文化软实力的要求越来越紧迫。将文化基因的延续和创新伸展到城市规划与建设进程中,可使得城市地域的扩展沿着文化脉络发展,必将成为未来城市地域空间演化的核心。

"文化+""互联网+"的融合效应凸显,实现了产业跨界互联,为城市发展文创产业拓展了新思路。当前,"文化+""互联网+"的模式已成为宁波发挥文化优势、打造文化强市、吸引外界瞩目的"利器"。

当前，不少传统的文创产业与信息产业相结合，带动文创产业的资源整合，以信息化带动内容产业化，以产业化带动内容信息化，重塑了文创产业价值链，催生了文创产业新业态。"互联网＋文物""互联网＋影视动漫""互联网＋旅游""互联网＋休闲娱乐"……网易云、阿里巴巴、故宫文创、字节跳动等企业落户文创港，无疑推动文创港创新智能发展。

在数字赋能时代，大数据、物联网、人工智能等新技术都有可能成为城市发展的新机遇，数字文创产业迎来了更为强劲的变革，以"互联网＋""文化＋"为切入口，加速文创产业与科技的全面融合，将改变文创产业内部的产业结构，加速传统文创产业转型升级。江北区也在推动"文化＋""互联网＋"更好更快发展，促进文化产业与金融、科技、旅游等产业的融合发展。

（四）发展力评价

文创港在明确开发与保护等重大原则性问题的基础上，邀请了两家国内知名设计单位，并行规划、取长补短，学习借鉴上海西岸等滨水区块的建设理念和思路，在未来的开发建设过程中，将贯穿传承历史、展示未来的理念，以港口文化展示为特色，以宁波城市发展为立足点，塑造地标、营造人气、创造价值，努力打造城市品质发展的示范工程。

根据"城市创享平台"定位，未来，宁波文创港将在空间上形成"一廊、六波、十二节点"和"五组团、六层级"的格局，通过打造"资本聚集地、智力创新地、精神传承地"，实现中心城区滨江区块产业人文回归和高效综合利用。

宏大的格局之下，细节处尽显"精致"。为了更完美地呈现江景、体现共享，文创港的岸线建筑分为六个层级，相互没有视线遮挡，并把天气状况结合其中，所有的设计都将借助人工智能、大数据和虚拟现实等技术，架设若干应用场景，逐步优化。

在产业上，作为甬江科创大走廊的重要节点，文创港"创"字当先，并与金融、科技、人工智能、数字经济等多元融合，有专家称："这不仅是产业经济考量，也是为了吸引青年人，吸引人才回宁波创业。"在这方面，文创港与德勤咨询公司合作，已达成一定数量的储备意向项目。

五、文化元素核心基因保存

（一）实物改造

1. 火车北站站长楼：改造为文创港客厅

"文创港是省级重大战略——甬江科创大走廊的重要组成部分。这不是传统意义上的港，而是宁波剑指长三角的重要科创策源地；这也不是传统意义上的客厅，而是宁波向外展现未来城市模样的一扇窗。"有关人士表示，江北区第一时间成立了文创港开发建设指挥部，吹响了奋战冲锋号。

火车北站站长楼

2.白沙粮库：改造为宁波人才之家和诺丁山艺术中心

诺丁山艺术中心

3.火车：改造为"怡乡春竹"餐厅

火车头

（二）口述资料整理

作协开展历史文献资料汇编、历史实物的收集、核心人物采访及口述资料整理，形成《潮起北岸——宁波文创港历史遗存口述史》。

（三）作品展现

1.摄影家协会负责历史老照片汇集、区域现状摄影征集工作，负责专题纪录片拍摄和制作。2019年6月30日，宁波文创港老月台仓举行"启新·回归"作品展，进行江北文创港"工业遗存影像"的留存创作。美术家协会分别负责美术作品征集工作，2019年8月20—30日宁波市扬帆美术馆展出"文创港历史遗存写生作品展"。宁波合纳文化有限公司根据"童车"牌火柴盒设计了一整套漫画，并以此开发了杯垫、杯子等一系列文创产品。

2.舞蹈家协会及当代舞团负责以文创港为主题进行现代舞创作。宁波

写生优秀作品

当代舞团将聚焦宁波江北的句章文化。句章城历史悠久,是宁波最早的城池。句章故城,听起来令人富有无限的想象力。传说中句章是越王勾践建造的城池。在历史上,句章港曾是一个重要的港口,还是一个军港,是军队打仗回来休息调整的地方。军队驻扎时间一长,买卖交易就随之而来,慢慢就形成了城市。句章文化是宁波市、江北区力推的,也是宁波舞协和当代舞团今后创作的新起点。

3.音乐家协会负责主题歌曲创作工作。2021年7月13日,"颂歌献给党——宁波市庆祝建党100周年主题音乐优秀作品发布暨展演活动"在江北文创港新乡村音乐发展中心举行。

4.作家协会组织开展"春天送你一首诗,走进文创港"诗歌朗诵会。

宁波大运河文化

港源城始　宁波江北文化基因

宁波大运河文化

一、文化溯源

宁波,中国大运河南端唯一入海口,作为大运河历史上文化灿烂、影响深远的一个节点,它不仅在地理上沟通了中国南北,还在文化上辐射东西。宁波"因运河而生,因运河而兴"。追溯大运河在宁波境内的历史,早在7000年前河姆渡文化时期,宁波段大动脉已初具雏形。浙东运河过曹娥江后,在上虞和余姚交界处,分两脉进入大运河宁波段:一脉从上虞的四十里河经通明坝,汇入姚江上游的干流——四明江,在安家渡北侧余姚云楼一带进入宁波段,另有十八里河并行;另一脉从上虞百官的上堰头(现改道为赵家坝)起,经驿亭到五夫的长坝,接余姚的马渚横河,过斗门曹墅桥后汇入姚江干流。此后主河道进入自然河道,在余姚丈亭镇分出支流,称"慈江";在鄞州高桥镇大西坝分出支流,称"西塘河"。此后干流经姚江与奉化江在宁波三江口汇合成甬江,最后在镇海招宝山东面汇入东海。慈江自西向东,在慈城南面分出支流,称"刹子港",在小西坝连通姚江。慈江干流经过化子闸,改称"中大河",此后从江北区进入镇海区,最后汇入甬江。西塘河向东到达宁波老城望京门,连接护城河和城内水系,并与奉化江相连。在自然河道形成内外江平行的格局,是为了避让外江潮汐并截弯取直。

大运河（宁波江北段）有着自己的特色，其在利用自然江河的基础之上开凿人工河塘，农业水利与水运交通一体开发，可谓"天工人巧，各居其半"。现在保留下来的河道多开凿修缮于宋元期间。经历朝历代的整治与疏浚，浙东运河（宁波段）成为集灌溉、防洪、运输多种功能于一体的水上动脉。

唐时，借由隋代开凿的运河，明州（今宁波）城内的越窑青瓷、粮盐美物直达长安，而长安、洛阳、扬州等地的货物通过运河从明州出口海外。南宋时，运河航运条件和繁荣程度均达到极盛，成为王朝对外贸易的重要通道。瓷器等出口产品通过浙东运河运往明州，再通过海上丝绸之路运往海外。元时，实施漕粮海河联运，庆元（今宁波）设立漕粮海运管理机构，浙东运河运输的漕粮经由庆元港转为海运。元末天下大乱，"至正十四年，漕弗克达，诏江浙行省参知政事方公（方国珍，元末浙东沿海割据势力）兼总漕事，岁董舟师，以卫达之。十六年二月，秦邮袭吴……遂令迁署于鄞江西……乃辟庆、绍所为都漕运府"（见元代《移建海道都漕运万户府记》）。宁波成为当时南方漕粮北运的重要转输港，这种功能后来成为宁波航运业的支柱项目。"吾郡回图之利，以北洋商舶为最巨。其往也，转浙西之粟达之于津门。其来也，运辽燕齐莒之产贸之于甬东。"（见清代董沛《甬东天后宫碑铭》）浙东运河与宁波港的组合作用显而易见。明时，宁波成为官方接待日本朝贡的唯一港口，贡品沿浙东运河运往京师。

早在南宋，大运河（宁波江北段）沿岸便有了村庄。例如以大西坝命名的大西坝村，外形如船，村内许多设施的建造也都与船有关，并设有专门的管理机构。清末民国时期，运河沿岸涌现出众多民居，以及由运河衍生的衙署、官仓、会馆、寺庙、驿站等场所，产生了附着于大运河的民俗风情、民间艺术等文化。运河沿岸有很多聚落遗产，其中运河古镇有三个，为马渚镇、陆埠镇和丈亭镇；运河古村有两个，为半浦村和大西坝村；运河历史地段六个，为望春历史地段、高桥历史地段、贵驷老街、骆驼老街、长石老街和南郊路—南塘河历史街区，孕育了藏书文化、祠堂文化和商帮文化。

2008年，宁波被纳入中国大运河联合申遗城市之列。2013年，大运河（宁波江北段）"二段一点"与其他运河申遗城市的遗产点一起，被列入中国大运河申遗文本，正式提交联合国教科文组织世界遗产中心。2014年6月22日，在第38届世界遗产大会上，中国大运河被成功列入《世界遗产名录》，标志着宁波跻身于世界文化遗产城市，极大地提升了宁波在国际上的知名度、影响力与美誉度，宁波依靠大运河拥有了一张世界级文化名片。

二、文化要素分析

（一）物质要素

1. 与水文条件息息相关的运河工程

这是根据宁波港和浙东运河（宁波段）"江、河、海"交汇的自然条件而采取的独特的人工技术。这种江河水网格局典型地体现为：每一条自然江河都有一条或多条、一段或多段人工塘河与之相配，巧妙地解决了潮汐、水位对航运的影响问题。在宁波三江水系中，山溪湖泊水源、江河潮汐动力、水工技术管理、人文习俗环境等运河与航运文化要素，都得到了充分的结合与体现。这种自然江河与人工塘河并行结合、复线运行、因势取舍的设计、构筑理念与航运方式，是宁波古代江河航道水运的一个重要特征。

2. 舟船文化的重要发祥地

宁波是中国舟船文化重要的发祥地。唐代，明州是全国重要造船基地之一。宋代，三江口设有官营造船场，年造船额居全国之首。明州港曾两次受朝廷指定，打造四艘"万斛"神舟，专门用来通使高丽。造船业的兴盛、独特的地理位置和历史上的政治因素，把宁波推上了海上丝绸之路始发港的宝座，让宁波成为我国唐宋以来著名的对外交通贸易港口，向世界传播了中国的文化和技术。

宁波先民在开辟海上丝绸之路的历史过程中，创造了灿烂的物质文化。这里虽经千余年沧桑，但至今仍较完好地保存着东汉晚期至清代中期的遗存120余处。这些遗存较集中地分布在以宁波城为中心的近海和江河两岸。其数量之多、分布之密集、内涵之丰富，均为古代港口城市所罕见。

3. 成熟的通航技术

早在南北朝时期，船只过坝通航技术就已非常成熟，过坝处常设有专门的管理机构。在宋代，像宁波西渡已经非常热闹，而且官方出钱雇人、买牛管理过坝。河岸上还有纤道，用青石板铺路，有的纤道还筑于河中贴近水面处，如同水上长桥，称之为"水上塘路"。拉纤的人都能自觉遵守大船让小船、重船让轻船这一规矩，后船如欲超越前船，纤夫必须放低纤绳从内侧快行而过。

4. 精密的水利系统建造

工程以堰坝为主，并在历史上长期使用，成为浙东运河的鲜明特点。在某些时期还修建小闸、斗门等水量调节工程，配合堰坝使用。正常情况下，人工运河水位较为稳定，水位比自然河流水位要高，建堰坝隔断运河与自然河道，使自然河道水位剧变对运河的影响得以最大程度地减少。

如光绪《余姚县志》中所称："坝以过船，闸以蓄水。"明代之后，浙东运河上出现了闸坝并联设置的节制工程型式，即横截运河的控制工程一段为闸、一段为坝，其功能仍以闸蓄水、以坝通舟，如马渚横河堰。

（二）精神要素

1. 尊重自然、利用自然的科学精神

尊重自然、利用自然、因地制宜，在大运河沿线创造出的水工智慧工程中比比皆是。运河（宁波段）的一个特色是人工运河与天然河道并用。余姚江、奉化江、甬江虽然水面宽阔，但是受到潮汐的影响，航运的安全性得不到保障。欲成就一番宏图伟业，必要讲究天时地利人和，方能取得事半功倍的效果。大运河在宁波境内流经之处大多是水网密布、湖泊众多的区域，如余姚斗门、余姚城区、丈亭、慈城、宁波老城区、镇海等。当年开挖宁波运河的人，凭借聪明才智，在人工干预的基础上较多地利用了天然水系。这既减少了开挖河渠的工程量，也大大减少了人力和财力方面的支

出,成为因地制宜开发利用运河的一大举措。

2. 依靠运河的商帮精神

作为浙东运河天然水道的姚江、奉化江,汇流后入甬江奔向大海,三江汇合之地便是三江口。这里既可通悠悠大运河,又可达茫茫东海,河海运输方面兼而有之。这般优越的地理环境,让宁波聚集了来自全国各地的商人在此开设商号,也让宁波的商人涌向了全国各地,一时间"宁波商帮"声名显赫。宁波地处东海之滨,是中国最早开放的贸易口岸之一,唐宋以来,宁波商人与海外就有了贸易往来。开放带来的商业文明使宁波人拥有了闯荡天下的雄心。一个多世纪以前,当鸦片战争的硝烟还未彻底从上海滩头消散的时候,一水之隔的宁波人便背井离乡,来到了上海这片新天地。他们在黄浦滩前结营搭寨,建立起最早的棚户区,凭借着手中的理发刀、菜刀和裁缝剪刀,开始了他们闯天下的创业之路。宁波人依靠着运河航运,发展了流传至今的商帮精神,为宁波留下了浓墨重彩的商帮文化。

3. 生生不息的运河精神

包括大运河(宁波段)在内的运河文化的根本精神应该从大运河对中国的历史所产生的重大影响中去追寻,大运河自开凿之始到南北贯通,始终对中华大地上的自然生命、城市生命和文化生命的衍生发展产生着深远的影响,使中华民族的历史呈现出"生生不息"的状态。因此,可以说,动态的"生生不息"的精神就是大运河文化的根本精神。这既体现了中国大运河在长达2000余年历史潮流中的根本特征与价值,与中国传统文化中儒学理解世界的方式相融通,也符合中国大运河申报世界遗产过程中所倡导的可持续发展的原则。

"生生不息"在词源上所表达的意义就是事物动态的变化的过程。在传统文化中,儒学家们认为,"生生"就是变化,就是创造生命,就是生意盎然。生生不息,循环往复,革故鼎新,是万事万物变化的本貌。《周易·系辞下》说"天地之大德曰生","生生"是为"大德"。儒学所追求的目标就是"大德",就是创造生命、养育生命、保护生命和成就生命。中国儒学传统的这种根本理念恰恰就是大运河文化精神的旨归。

大运河的开凿意味着新的生命的

创造。作为一个规模巨大、历史悠久的系统工程，无论是时间的持续还是空间的延展，大运河在人类历史上都是独一无二的，因为它的出现，在沿运河带的荒野上又呈现出具有崭新特质的自然生命、城市生命和文化生命，同时也使宁波地区的自然生命获得了新生。除了对自然生命的影响，大运河也造就了文化生命的新生，孕育出了自己独特的文化形态和景观。从自然和文化上来看，大运河（宁波段）都将生生不息的精神发挥到了极致。

（三）制度要素

世界遗产中的浙东运河（宁波段）西起丈亭，通过基本人工化的慈江、刹子港河段，经慈城，向南抵小西坝，渡姚江至大西坝、高桥，进入西塘河，到达宁波府城。

1. 先秦两汉时期：大运河（宁波段）的开凿与修建

中国大运河始建于春秋时期，由隋唐大运河、京杭大运河、浙东运河三部分组成。浙东运河最初开凿的部分为位于绍兴市境内的山阴故水道，始建于春秋时期。晋惠帝时，为满足灌溉需要，由会稽内史贺循主持，修建从钱塘江东岸的西兴至会稽城的西兴运河。此后，这段运河与上虞以东运河以及姚江、甬江的自然水道形成了浙东运河。

南北朝时，经过官方和民间的经营，运河的形制已经基本成型。

2. 隋唐五代宋元时期：运河的突出地位与宁波的地区繁荣

自隋唐以后，随着江南的开发，雨水充沛的东南地区逐渐成为我国主要的产粮区域，而当时我国的政治中心处于北方，故而朝廷十分迫切地需要把南方的粮食运输到北方，这就是所谓的"漕运"。漕运是古代中国集权政治和农耕社会结合的产物，全国性统治中心的确立、中央到地方官僚体系的形成、庞大军事体系及全国性社会秩序的建立，促使王朝必须建立一个有序的、有保障的、以粮食为主体的物资供应体系。然而，以农立国的经济特性，使得统一的集权王朝在建立物资供应体系时，不得不面对广泛而分散的小农经济。

浙东是中国古代重要的漕粮征发地区，因而浙东运河承担了漕运的重要任务。运河设施即纳入官办，漕粮自浙东运河到达西兴之后，渡过钱塘江，经由京杭大运河运抵京城。随着江南运河沿线航运的日益繁忙，开始增设堰碶设施，开挖新河道并疏浚鉴湖，使之成为运河重要的水源。宁波三江口是海上丝绸之路的起点之一，从三江口沿甬江一路向东，很快就到达了宁波的出海口。

唐宋时期是明州农业水利和水运交通工程建设的重要时期，当时的农田水利与内河水运共兴同举，在兴修水利的同时，平原各乡河道也得到整治。当时鄞西的它山堰、南塘河、中塘河、西塘河，鄞东的后塘河、中塘河、前塘河，江北的颜公渠、慈江、中大河，宁波城市中心的月湖与城河系统等等，形成了灌溉蓄泄、通航水运一体发展的河网格局。宁波三江平原的核心水系，被形象地归纳为"三江六塘河，一湖居城中"，它们是明州港城与腹地之间货物集疏与商旅往来的重要水运交通网络。

北宋政和七年（1117），明州知州楼异奉宋徽宗旨意，在明州设置高丽司，管理与高丽国往来的有关政务，并在月湖东岸"菊花洲"上创建了国家级迎宾馆——高丽使行馆。使馆是北宋时期明州接待高丽来使的住所，也是宁波海上丝绸之路与外埠政治、商贸往来的一处重要文化遗存。后来，杭州湾发生北坍南涨的现象，钱塘江入海口反复变迁，海船进出钱塘港口更为凶险，海外商船就鲜少经钱塘江入海。南宋迁都临安（今杭州）后，钱塘江入海航道因沙滩密布而被大型海船弃用，宋金对峙使得大运河北部与江南联系中断。浙东盐米和各种物资大量由浙东运河运往临安，福建所运漕粮也自海路登岸，经由浙东运河运往临安。浙东运河成了沟通首都临安与经济发达的绍兴、明州及明州海港的生命线。军队与军需品、皇室御用物资、海外贸易货物的运输，都依赖这条运河进行。加之南宋重视对外贸易，而庆元府（今宁波）是当时重要的对外贸易港口，因而南宋政权格外重视对浙东运河的整修。此时，运河航运条件和繁荣程度均达到极盛，成为王朝对外贸易的重要通道。瓷器等出口产品通过浙东运河运往庆元，再通过海上丝绸之路运往海外。

凭借得天独厚的地理优势，加上当时陆上丝绸之路阻塞、航海技术和造船业逐渐成熟以及政府鼓励民间海外贸易等因素，庆元迅速发展，一跃成为当时中国最成熟的商业城市之一，同时也是当时世界上大型城市之一。

元世祖忽必烈统一了中国。元初的北方，历经多年战乱，一片残破萧条，急需南方向北方输血。故，元廷在统一之后就着手准备漕运。元代开始借鉴前代的经验，采用的方法也是疏浚修葺大运河。大运河的贯通，促进了南北的交通，给北方提供了大量的粮食物资，但在运河还在修筑的过程中，漕粮运输不得不要经过陆路中转，耗费巨大，效率极低。于是，元朝就在至元十九年（1282）开始试行海运，经过几次试验，终于于至元二十八年（1291），合并海运四府为都漕运府，形成稳固的海运漕粮制度。海运漕粮不仅快捷，而且运量巨大，安全性较高。据《大元海运记》载，在成熟阶段，一年最多可运输粮食达350余万石，共运输47次，运输量超过8290万石，中间损耗不大。于是，快捷方便的海运就和河运一道成了元代漕运的主要方式，而且以海运为主，河运为辅。

元代实施漕粮海河联运，在宁波设立漕粮海运管理机构，浙东运河运输的漕粮经由宁波（时称庆元）港转为海运。元末天下大乱，宁波成为当时南方漕粮北运的重要转输港。这种功能后来成为宁波航运业的支柱项目："吾郡回图之利，以北洋商舶为最巨。其往也，转浙西之粟达之于津门。其来也，运辽燕齐莒之产贸之于甬东"（清代董沛《甬东天后宫碑铭》）。位于三江口的庆安会馆与安澜会馆，是宁波古代港口航运管理及行业信仰的重要文化遗产。浙东运河与宁波港的组合作用显而易见。

3. 明清时期：宁波大运河作用逐渐衰落

明朝初年漕运方式延续了元代河海并行的模式。但由于都城在南京，所以北运漕粮主要是供给北方戍边的军队使用的，而且朱元璋就搞军屯制度，让军队自己种地生产粮食，所以海运漕粮的规模大大减少。到了永乐年间，皇帝计划迁都北京，对于漕运的需求量急剧上升。朝廷发现运河通畅可以绰绰有余地解决北京粮食供应问题，于是就在1415年宣布停止海运漕粮，全部采用河运。

自此以后到晚清400多年的时间里，河运彻底替代了海运，但在河运进行过程中，各种弊端逐渐显现出来：成本高，运输慢，受洪涝灾害影响。故而断地有人提出来恢复海运，但始终受阻。

由于河运积弊甚多，道光五年（1825），皇帝终于重新使用海运。其速度快，成本低让朝廷尝到了甜头，道光二十六年（1846）海运漕粮成为常例。进入近代后，海上有了蒸汽大轮船，内陆又通了铁路，南北物流变得便捷，不需要如原来那样搞大规模漕运了。运河漕运功能衰落。由此，浙东运河也日渐衰败，运河沿线的驿传多有撤并。据记载，此时的浙东运河较大的船只不过数十石，与南宋以百石记已不可同日而语。清末，随着轮船和杭甬铁路的出现，浙东运河的作用也逐渐被取代。

4. 改革开放至今：宁波大运河进入复兴时代

20世纪末，由于宁波港的开发，港口运输成本日渐提高，重建浙东运河被提上议事日程。2000年10月，杭甬运河改造工程启动，2013年底全线开通。改造后的杭甬运河分为杭州、绍兴、宁波三段，终于宁波甬江入海口，全长239千米。

改造前，杭甬运河宁波段只能通行40吨级以下的船舶。从2016年1月16日起，杭甬运河宁波段开始常态化通航500吨级船舶，杭甬运河宁波段货运量由此逐年攀升，实现"井喷式"增长。内河集装箱运输具有运量大、经济性好、装卸效率高、货物损耗少、运输保障性好等多方面优势。由于宁波市区三江口段通航条件受限等原因，此前，杭甬运河宁波段以散货运输为主。

2009年，浙东运河改建工程完工。

（四）语言和象征符号

1. 宁波大运河与聚落文化

宁波大运河沿线促生了很多聚落文化遗产，包括运河古城4座、运河古镇3个、运河古村2个、运河历史地段5个。其中风貌保存较好的有大西坝村，大西坝村的百姓世代以坝为业，大西坝村建造成船形，村内许多设施的建造也都与船有关，现村内保存有大量的传统建筑。高桥老街是保存较为完好的运河历史地段。东依宁波城区，南眺栎社国际机场，西濒河姆渡古文化遗址，北枕黄金水道姚江。镇域面积53平方千米，境内"三山二水五田"和谐分布，西部山区盛产茶叶花果，中东部为平原地区，土地肥沃，水网密布，是宁波重要的蔺草、蔬菜基地，享有"中国蔺草之乡"之美誉。

2. 宁波大运河与藏书文化

宁波大运河沿线还有私人藏书楼，如宁波的天一阁。范钦根据郑玄所著《易经注》中的"天一生水……地六承之"之语，将新藏书楼命名为"天一阁"，并在建筑格局中采纳"天一地六"的格局，楼外筑水池以防火，"以水制火"。1665年，范钦的曾孙范光文在天一阁前修造园林，用假山石形成"九狮一象"等动物形态，改善了天一阁周围的环境。据考证，当时天一阁藏书达到5000余部，70000余卷，此后直到1949年，藏书几乎没有增加。1773年，乾隆帝诏修《四库全书》时，范钦八世孙范懋柱进呈天一阁珍本641种，数量上名列全国第二，但质量一流，包含大量珍本、善本。所呈藏书中，七分之五收入《四库全书总目》，六分之一全本抄入，但所有藏书未归还，使得天一阁藏书下降到4819部。乾隆三十九年六月，特颁谕旨，恩赏天一阁《古今图书集成》一部，以示嘉奖，天一阁是中国现存最早的私家藏书楼，也是亚洲现有最古老的图书馆和世界最早的三大家族图书馆之一。现藏各类古籍近30万卷，其中珍椠善本8万卷，尤以明代地方志和科举录最为珍贵。

3. 高桥之"高"

高桥为一座单孔石拱桥，以高大得名，为鄞西平原最雄伟之古桥。洞高，孔大是它的特点，有"船舶过往而风帆不落"之说。桥洞上方两侧各有石匾一方，两面桥额各镌刻一个"高"字，北刻"指日高升"，南刻"文星高照"。在南北两边各有对联一副："巨浪长风，想见群公得意；方壶圆峤，都从此处问津。"桥间置双覆莲花望柱，桥埭两侧设有云彩纹抱鼓石，整个桥体中心窄，两头宽，呈菱形透视，给人以稳重雄伟之感。

高桥是当时州通向京城和中原都会的要津，对北上赶考的举子来说当然是"文星高照"，对做了官回乡的人来说自然是"指日高升"。高桥镌刻的文字对其传达了美好的祝愿，也体现了高桥在当时起到联通东西的重要作用。

4. 水则碑之"平"

在运河建设中，最为杰出的水利功臣之一，当数南宋吴潜（1195—1262），宣州宁国（今属安徽）人。对鄞西平原，他继续推进水利系统建设的发展，在府城南门奉化江西岸，重建澄浪堰。为规范鄞西平原诸碶闸启闭，在月湖平桥之下，建水则亭，亭中立碑石，刻"平"字于石上；规定城外所有碶闸均视"平"字的出没，为启闭潴泄的标准：涨水淹没"平"字，即开沿江海各泄水闸放水，以免农田受灾；落水露出"平"字就关闭闸门。水则亭为保庄稼丰稔、州郡平安发挥了重要作用。水则碑之"平"足以彰显当时人们的水利智慧。

三、文化元素核心基因提取

大运河（宁波江北段）在江北主要的文化遗产为慈江——刹子港河段，它的基因根植于"三江六塘河，一湖居城中"的宁波河道中，是集灌溉、防洪、运输多种功能于一体的水上动脉，沿岸分布着众多由运河衍生的历史景观，附着于大运河的民俗风情、商帮文化等，核心文化基因是自强不息、革故鼎新。

四、文化元素核心基因评价

评价项目	评价因子	评价依据（特点）	是否
生命力评价	文化基因存续的时间	自出现起延续至今，未曾明显中断	
		自出现起延续至今，但多次衰微、中断后复兴	√
		曾明显衰败，改革开放后开始复兴或历史溯源关键环节缺失，难以考证	
		文化形态主体已灭失，现存部分痕迹	
	文化基因的稳定性	在发展过程中保持相当稳定的状态	√
		在发展过程中存在明显的精神内涵、表现形式剧变	
凝聚力评价	文化基因的凝聚力及社会动员效果	曾广泛凝聚起区域群体的力量，显著推动过社会经济文化的发展	√
		曾部分凝聚起区域群体力量，对社会经济文化的发展产生过影响	
		凝聚过力量，创造过实际的发展动能，但未见对社会经济文化发展产生显著改变	
		仅在历史文献或口耳相传中存在，未见实际介入社会经济发展	
影响力评价	辐射的范围	具有全国性、世界性影响力	√
		具有长三角区域、浙江省影响力	
		具有市县、乡镇影响力	
	提炼的高度	已经被古代文人士大夫和当代学者提炼为精神符号和理念理论	√
		单纯的样式、造型、工艺技术规范	

续表

评价项目	评价因子	评价依据（特点）	是否
发展力评价	与当代精神追求和价值观念的契合	传统文化基因得到创造性转化、创新性发展；区域革命文化基因被完整继承、广泛弘扬；区域社会主义先进文化基因成为与浙江"三个地"相适应的文化高地	√
		部分转化、部分弘扬、部分发展	
		难以转化、难以弘扬、难以发展	
说明：基因特点评价是对解码出来的基因，根据本《导则》表2的要求，围绕"四个力"逐一对表打"√"，进行定性表述			

（一）生命力评价

从存续时间和稳定性来看，大运河（宁波江北段）在江北区的现存遗址主要为压赛堰、慈城镇慈江大闸两处文保建筑和刹子港河道，虽部分旧址有出现损毁现象，但经管理，遗存保护工作得以贯彻落实，其"自强不息、革故鼎新"的文化基因自出现起延续至今，但在"文化大革命"时期衰微后终于复兴。大运河（宁波江北段）聚落历史久远，至今仍保存了完整的运河城镇格局、历史街区、传统街巷，历史价值突出、保存类型多样。

天行健，君子以自强不息。"这种特征具体到人的品格就是"自强不息"的精神，整个中华民族的精神和中国人的品格是基于这种精神建立起来的，而大运河（宁波江北段）对这一精神的具体表现分为水利智慧与商帮文化两个方面。

慈江——刹子港段是一条充分体现人工智慧的航道：由于姚江是潮汐江，涨潮浪大，退潮水急，皆不宜行船，且由于大运河是人工开挖和利用自然水道共同作用的结果，与大运河通航相伴的是与水灾水患、泥沙淤积等进行的各种斗争，于是这一段的水利工程以堰坝为主，并在历史上长期使用，成为浙东运河的鲜明特点。在某些时期还修建小闸、斗门等水量调节工程，配合堰坝使用。

宁波帮商人是有着冒险、闯荡精神的人：由于历史上经历的三次人口大转移，地产难以糊口，以慈溪人为主体的成衣匠去北京谋生，形成了"红帮裁缝"，在苦难中开启了宁波帮的辉煌。

苟日新，日日新，又日新，就是对革故鼎新文化基因的另一种表达。如今，在经历了大坝大闸损坏以及古民居建筑长年失修、住户违建后，宁波政府重拾对其的管理与保护：一方面，展开大运河保护的研学活动，颁布一系列管理办法与保护协定，成为文化遗产保护的模板；另一方面，积极展开运河沿岸文化的宣传活动，积极发展旅游业。宁波运河文化正在保护中复兴。

（二）凝聚力评价

大运河（宁波江北段）曾广泛凝聚起区域群体的力量，显著推动过社会经济文化的发展。宁波段运河沿线促生了很多聚落文化遗产，包括运河古城4座，运河古镇3个，运河古村2个，运河历史地段5个。

大运河（宁波江北段）有着自己的特色，其在利用自然江河的基础之上开凿人工河塘，农业水利与水运交通一体开发，可谓"天工人巧，各居其半"。刹子港经南端的小西坝，隔江与鄞县的大西坝对接。刹子港的打通对海上丝绸之路和漕运发展也都起过重要的作用。现在保留下来的河道多开凿修缮于宋元期间。经历朝历代的整治与疏浚，浙东运河（宁波段）成了集灌溉、防洪、运输多种功能于一体的水上动脉，沿岸分布着众多由运河衍生的衙署、官仓、会馆、寺庙、驿站等历史景观，以及附着于大运河的民俗风情、民间艺术等。

大运河（宁波江北段）为宁波地区人民带来了新生活。首先，在保证运河航运的前提下，运河两岸人民把大运河与农田水利建设联系在一起，使沿线农业逐渐发展起来，推动农业经济的稳步发展；其次，借助各种南北通航带来的商机，积极发展工商业，极大促进了宁波工商业的发展，并带动了城市的兴起。这都是宁波人民砥砺奋进、追求美好生活的收获,是大运河精神培育出的不惧风浪艰险的成果。此后形成的浙江模式,也是在艰苦的创业过程催生的,坚韧不拔、自强不息、勇于变革的运河文化基因正是浙江精神形成的文化基因。

(三)影响力评价

辐射范围广,具有全国性、世界性的影响力。浙东运河历史悠久,与城市融为一体,实现了内河与外海相通、陆上丝路与海上丝路相连。而中国大运河通过宁波实现了与海外的沟通,三江口自古以来就是大运河与全球经济的连接点。

从历史记载中,可以发现慈江到刹子港这段运河在宁波航运历史上所起的重要作用。虽然现在大运河宁波江北段的航运功能已经减弱,但是在防洪排涝、农田灌溉等方面依然发挥着重要作用。慈江——刹子港河段是姚江东排工程的重要组成部分,该项工程将极大提高江北平原的防洪排涝能力,同时带动沿线生态环境的改善。建成于1974年的慈江大闸是抗旱时期慈江灌区与余姚慈江段的分界闸,具有鲜明的时代特征,桥墩上仍保留着"水利是农业的命脉"几个大字。即使在现在,慈江大闸在灌溉、调节水位方面依然发挥着重要的作用,通过水闸调节调度,这里的水能保证江北西部的农业灌溉。

此外,作为大运河宁波江北段的遗产重要节点,具有较高的历史人文价值:姚江流域代出才贤,姚江文化、浙东学派于此滋发,"文献之邦"扬名于天下。历代诗人作家,无论专门来姚江旅游,还是经商、游宦行旅于姚江之上,往往见景生情,感物兴会,创作了数量众多的诗歌。比如王安石,有多首关于姚江上行船的诗歌,来时在《泊姚江》(其一)中写"山如碧浪翻江去,水似青天照眼明",用宜人江景抒发一位饱含激情、满怀理想的青年情怀;去时《离鄞至菁江东望》写"村落萧条夜气生,侧身东望一伤情",则用运河村落夜景,寄托着诗人对鄞地一片不忍别去的深情。关于运河还有许多著名的画作,最为人们熟知的是清人陈韶所绘《鄞江送别图》,描绘了万斯同、万言叔侄北上修《明史》,甬上证人书院学友、同谊为其饯别之事。浙东史学派创始人黄宗羲特意作诗赠别,云"四方声价归明水,一代贤奸托布衣"。来自海外的商人、传教士、遣唐使等外国人,经过宁波与中国内地进行商贸和文化交流,和由此而来的佛教、伊斯兰教、天主教等宗教和外来文化的传播,留下了天后宫、天主教堂、高丽使馆、清真寺等一批有价值的文物古迹和历史建筑,现在宁波城区还保存有古海运码头、使馆、会馆等众多体现运河与港口城市双重特色的历史遗迹。

大运河宁波江北段作为大运河的组成部分成功申遗,体现了该河段突出的历史地位和价值,反映了河段在保障沿线经济社会发展方面发挥的积极作用,其背后的文化基因逐渐被符号化。

(四)发展力评价

传统文化基因得到创造性转化、创新性发展。主要体现在两个方面:

1. 运河文化+保护宣传,发扬传统精神

近年来,宁波市贯彻落实习近平总书记"把大运河文化保护好、传承好、利用好"的重要指示精神,坚持保护优先,合理开发利用,注重生态修复,积极推进大运河文化带、旅游带、生态带建设。在运河申遗后续工作中,首要工作是加大文化遗产的保护,注重生态修复,建设大运河绿色生态带:建立运河水质及周边环境实时监控体系,组织志愿者协助政府部门展开定期、不定期的巡查工作,确保文化遗产的安全。加速绿道网建设,推进官山河、慈江慈城段等重点区域绿道建设,2020年全市建成绿道200余千米,其中交通(骑行)绿道120千米。深化水环境治理,初步实现对姚江支流水质自动监测网络覆盖,预警、防范水环境风险,全市80个市控断面水质达标率98.8%,水质优良率86.3%,13条(个)河道(湖泊)获评省级美丽河湖。持续创建美丽乡村,2020年,全市创建美丽乡村示范村42个、风景线11条、梳理式改造村300个,城郊十园美丽乡村综合体全部开园。

大运河文化承载着丰富的社会主义核心价值观文化基因,是社会主义核心价值观的土壤根基所在。挖掘并充分利用好宁波本地运河文化特色,并通过生动直观的形式展现运河文化蕴含的中国传统优秀文化价值观、红色革命文化价值观、社会主义先进文化价值观,把社会主义核心价值观入

人民群众之心脑，进而内化到日常生产生活中，为实现中华民族的伟大复兴提供不竭的精神动力。

2.运河文化+主题旅游，优化产业结构

如今，宁波正充分挖掘大运河通江达海这一区位优势，融合中国大运河与海上丝绸之路始发港两大世界级IP，打造以海丝文化、海天佛国、海湾风情和海鲜美味为代表的文旅融合精品；推进上林湖越窑国家考古遗址公园、慈城运河名镇建设项目、阳明古镇项目等运河沿线重点项目建设进程，丰富运河文旅内容；营造运河文旅氛围，联合《人民日报》在全国独家推出"行走大运河"全媒体行动公益宣传活动，推动央视大型系列专题片《大运河》在宁波启航开拍，在《中国国家地理》《世界遗产》等权威杂志中系统介绍上林湖越窑遗址，全面提升大运河文旅吸引力。打响运河旅游品牌，结合"顺着运河来看海"主题，举办宁波（余姚）阳明文化周活动、宁海徐霞客开游节等重大节庆活动，宁波运河文化影响力日益增强。同时，地方政府积极发挥大运河这一重要文化遗产的教育功能，加快发展文化旅游、休闲度假等第三产业：运河垂钓、船运观光、遗产景点观赏等。刹子港环线的徒步和骑行道路已经开始建设了，沿途设一些休息站、农家乐都已提上日程。

五、文化元素核心基因保存

（一）实物留存

1. 半浦村

位于江北区慈城西南，距慈城约 6 千米。古村处于姚江之滨，有灌浦古渡，即现半浦渡。半浦渡口是运河两岸为数不多的活渡口，现古渡口保留石柱天灯一座。半浦村传统格局保存较好，村内保存有大量的清末民国时期传统民居，历史风貌突出，历史人物众多。

2. 大西坝村

以大西坝命名，据载为南宋郡守吴潜规划而筑。大西坝村村庄外形如船，村内许多设施的建造也都与船有关。旧时大西坝百姓多以坝为业，设有专门的管理机构，官方出钱雇人、买

大西坝村上凉亭　　大西坝村下凉亭

大西坝村房屋

牛,管理边坝,非常热闹。

3. 丈亭老街

昔日街巷的繁荣在如今的丈亭依然能找到诸多印记。老街保留着四条特色鲜明的巷弄,名字分别为史家弄、集友弄、卖柴弄和三和弄,这就是当年在老街生活经商的家族、行业、店铺的一个缩影。

4. 压赛堰

压赛堰坐落于江北区孔浦街道西管小区以南的倪家堰河与余姚江故道交汇口。现存堰坝自北向南由五眼碶、船闸、郭公碶三个单体组成。河道走向由东往西汇入姚江,建筑占地约650平方米。郭公碶位于整个堰坝的最南端,民国二十年(1931)重修时碶石上刻有此名。现存碶石为单孔闸,新中国成立后重修。船闸坝体后期已有改动,但原坝体两侧仍留有当时绞索亭石柱及北侧绞索轴插孔,石柱上留有清光绪九年(1883)重修时的题刻。五眼碶重新于清道光四年(1824),为石刻五孔碶闸,闸孔上铺有条石,西侧留有制闸门插槽。压赛堰是余姚江上至今保存较为完整的水系堰坝,同时也是反映历代对姚江阻咸蓄淡、防洪排涝、合理使用水资源的一处重要水利工程。

5. 泗港闸

泗港闸又名泗港口闸、四港口闸,坐落于江北区洪塘街道鞍山村前赵自然村,今宁波绕城高速保国寺入口侧。此闸南北向横跨慈江,为二墩三孔石梁桥与东侧三孔斗门所组成。桥总长27米,两端各置台阶,桥面最高点离常年水位约1.5米,桥面每孔为三块条石并列铺设,西侧置栏板,桥面宽2.8米。桥墩采用细长石错缝构筑,中孔桥面栏板外侧阳刻"泗港闸"年款字迹不清。据光绪《慈溪县志》记载,四港口闸,宋开庆间废,明成化年改称四港闸,清道光年间"里人居兆康妻口氏重修,同治中费洼等又修"。该桥保存完好,可作为研究水乡桥、闸合体的实物佐证。

6. 压赛堰230号民居

俗称高房位于北区甬江街道压赛

压赛堰 230 号民居外景

村压赛堰自然村230号。是一处始建于清中晚期的江南民宅。高房坐北朝南，形制简单规正，建筑占地约1202平方米。现存建筑由台门、前进、后进组成，建筑两进，院落两重。台门砖砌，内侧刻"宁静致远"四字；前进为重檐硬山顶，面阔七间两弄，前置廊。主体建筑进深八柱八檩，檐柱十字斗拱支撑；后进为重檐硬山顶，面阔七间两弄，前置廊，前后间有连廊。该建筑为典型的江南民居，特色鲜明，风格简洁明了，2004年公布为区级文保点。

7. 压赛堰208号民居

俗称明房，坐落于江北区甬江街道压赛村压赛堰自然村208号。是一处清末时期的江南民宅，主体建筑坐西朝东，建筑三进，院落二重，南侧另有偏房，建筑占地约1460平方米。大厅为三开间，硬山顶，梁架采用中柱落地，前后双步梁，穿斗抬梁混合结构，前置廊，进深五柱七檩；后进三开间，穿斗结构，进深七柱七檩。南侧偏房为硬山顶高平屋，面阔五间二弄，前置廊。2004年公布为区级文保点。

压赛堰208号民居梁柱

· 130 ·

压赛堰 208 号民居窗和屋檐

8. 河西倪氏民居

俗称倪家大屋，坐落于江北区甬江街道河西村倪家自然村，是一处清乾隆年间典型的官宦宅第建筑。宅主倪氏曾为清乾隆间武状元。建筑原有照壁、旗杆台均已无存。现存建筑由前进、后堂、左右厢房和东西两侧附属房组成，坐北朝南，门前置抱鼓一对。建筑整体规模宏大，布局规整，占地约3005平方米。前进为硬山顶，五开间，后置廊，中间三间为大门；明间为抬梁穿斗混合结构，进深三柱七檩。建筑用材硕大，雕刻精细。后堂面阔三间，前置廊，建筑采用穿斗梁架，进深十柱十檩。左右两厢均为重檐硬山顶楼房，通排八间一弄，前置廊，主体为穿斗结构，进深九柱十檩。该建筑整体保存完好，局部破损、改动。2004年公布为区级文保点。

9. 河东陈家祠堂

位于江北区甬江街道河东村河东自然村西隅。是一处始建于清中期河东村陈氏宗祠建筑。祠堂坐北朝南，整体形制为前后两进，两侧厢房，呈四合院状，建筑占地约700平方米。前进为硬山顶，五开间，明间南开一大门，主体梁架为五架抬梁结构，进深四柱七檩；次、稍间为中柱落地，前后双步梁，进深五柱七檩，两厢为三开间，明间置抬梁。檐柱为方形石柱，上刻有楹联一对，字迹不清，进深二柱五檩。后进为硬山顶，五开间

陈家祠堂内景

· 131 ·

陈家祠堂雕刻

(西稍间毁)前置廊,船篷轩,明间为抬梁结构,进深五柱八檩。该建筑整体用材硕大,做工精致,具有一定的地方宗祠特色,2004年公布为区级文保点。

(二)文献中的留存

王安石,《泊姚江(其一)》的"山如碧浪翻江去,水似青天照眼明"和《离鄞至菁江东望》的"村落萧条夜气生,侧身东望一伤情"写明了这是两首关于姚江上行船的诗歌。

宋人陈造《丈亭》诗说:"小江随山巧回互,转首碧流分两股。丈亭系缆待潮生,徙倚才容一炊许。潮信曾何差顷刻,固应作意怜行客。为谁东去为谁西,酌酒殷勤酬河伯。"

陆游的《发丈亭》:"姚江乘潮潮始生,长亭却趁落潮行,参差邻舫一时发,卧听满江柔橹声。"又有一道:"玄云垂天暗如漆,舻声呕轧知船行。南风忽起卷云去,江月已作金盆倾。"

光绪《慈溪县志》称"慈溪邑东之有管山亭,有关文运而作也"。慈溪儒学训导骆培称在管山亭建成时,登临纵目,"上矗云霄,下临江渚,远山横黛,近野纤青,潮汐往来,烟霞舒卷。风景之美,于亭毕收,凭眺其间,旷然自得。"

屠隆于万历十九年(1597)秋月,与宁波知府张尚通等人泛舟江上,登上管山,遥观慈城风景,赞叹万千,写下名篇《卿云记》。

2014年,绍兴水利人邱志荣、陈鹏儿著述了我国第一部系统性的浙东运河史研究专著《浙东运河史》。

2014年,张延、周海军撰写《大运河(宁波江北段)聚落文化遗产保护措施研究》。

慈城药商文化
港源城始 宁波江北文化基因

慈城药商文化

一、文化溯源

宁波位于我国东部沿海黄金海道的中心位置，也是亚太经济区、太平洋西岸的中心，拥有极为优越的港口和海上交通条件。海陆空立体交通网络完善，交通通畅，对外对内交流便捷快速。自唐宋以来，宁波就是我国对外交通、贸易和文化交流的著名港口城市，被称为"海上丝绸之路"的起点。海上丝绸之路，让明州与海外的医药学交流处于全国领先地位，在海上丝绸之路的引领下，宁波在中外医药交流史、科技发展史上占有重要的地位。

宁波使用中医药的历史源远流长，根据河姆渡遗址出土的果实和孢粉分析表明，7000年前先民们已知用龟鳖补气，用茶叶、鹿、杨梅等适合江南水乡环境的动植物养生。在慈城，药业有着悠久的历史和雄厚的实力，几乎所有慈城的大家望族都经营药业生意，以至于慈城最终成为明清时期中国国药业的大本营和国药业经营者的"黄埔军校"，产生了数十位国药业的巨商大亨，执中国国药业之牛耳。

慈谿县（现江北区慈城镇），史称句章、慈溪，别称慈水，俗称三孝乡。是浙东地区古代名邑慈谿的老县城，是一座有着七千年文化，二千五百年历史的江南古县城。

慈城自宋朝始就有药商的记载，药商文化连绵千年，历代文人遵循"学而优则仕""不为良相,便为良医"这一古训,积极在科举之外的道路探索人生的价值,在文商并举的区域文化熏陶下,慈城药商群体应运而生。北宋年间,慈城望族五马桥冯氏就以经营药业致富,名臣舒亶在《四明杂咏》中以"药肆万金饶"之句赞之。此后,冯氏世代以经营药业为生,至明清之际,蔚为大观。药业是明清两代慈城商人的主业,几乎所有慈城的大家望族都有人从事药业买卖,自明清以来,慈城籍人士中出现了许多从事传统国药业的成功者,且世代相传,足迹遍布大江南北。以孝义著称的慈城人,其特有的平和谦顺和诚信之道获得了社会广泛认同。慈城药商的事业和影响力日益发展,终于形成了与山西平遥票号、安徽徽州盐商鼎足而立的中国三大地方专业商帮。

二、文化要素分析

（一）物质要素

1. 钟灵毓秀的风貌

慈城古县城三面环山，南面邻水，县治倚北面南而坐，地形北高南低，南北向中轴（解放路）高，逐渐坡向两侧，城区穹隆起顶，街衢坤龟成形，是典型的"龟城"。古城内至今保留了唐代的街巷格局，其南北方向为三条道路轴线，东西方向为四条道路轴线，位于南北向的解放路处于中心轴的位置，其余道路均为半路半水，十字形道路网络与十字形水路重叠，形成"三纵四横"双棋盘的格局。

慈城全城山水相映成趣，其中五磊山、太宗山等山脉丘陵构成"九龙戏珠、四灵围合"的朴素形态，姚江、城河等江河湖溪造就"四水归堂"的水系格局，生

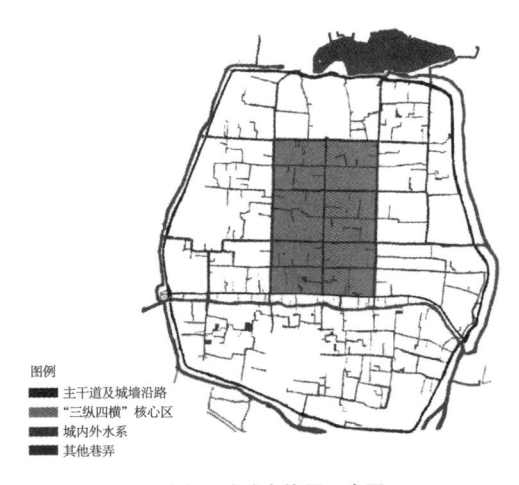

图例
■ 主干道及城墙沿路
▨ "三纵四横"核心区
▬ 城内外水系
▬ 其他巷弄

慈城古县城城内格局示意图

态环境秀丽清幽，凝聚了慈城人追求"天人合一、人杰地灵"居住环境的美好愿望。良好的生态环境使得许多村落大族聚居于此，许多名门望族更是在慈城扎根、发展。比如慈城的冯氏家族，就是个千年望族，自东汉以降，冯氏历经四十余代，在慈城有"冯半城"之说。"千年药业，百年老店，慈城冯氏，药业世家。"慈城文史研究者钱文华将冯家历史浓缩成了这16个字。

2. 甬江航海通衢，促进药业发展

宁波地理位置得天独厚，是中国南方与北方、长江与东海的贸易通道交汇点。《药皇殿祀碑》写道："甬江航海通衢，货殖都会，商皆设有会馆，以扼其纲举而目张，兹药皇圣帝殿，吾药材众商之会馆也。"

1843年，宁波被辟为"五口通商"的口岸，宁波的商人也得以走向上海、天津等贸易中心，成为商海的弄潮儿。

3. 丰厚的历史积淀

宁波中医药史辉煌璀璨，源远流长，萌芽于史前，兴起于宋元，辉煌于明代，至清代仍旧保持了不凡的业绩，在中国医学史上占有一定的位置。宁波不仅营销本地出产的浙贝、白术、麦冬等传统浙药，还是我国东南主要药材集散地，远自甘、陕、川等地的药材商帮云集宁波贩卖药材，形成了川西、洋广、禹亳等不同地域的药帮。而"三溪药帮"中的一溪就是慈溪药帮，从慈城冯氏家族经营药业的情况看，两宋时期宁波药商已成声势。北宋年间，慈城望族五马桥冯氏就以经营药业致富。之后，冯家数代人接续祖业，继续做药材生意，渐成一方巨贾、药业世家。

与苏东坡同时期的舒亶在《和马粹老四明杂诗聊记里俗耳十首》中写道："箔蚕迎豆热，江雪伴梅消。……酒罂双印贵，药肆万金饶。未觉西风远，三溪好采樵。""药肆万金饶"写的是冯氏在月湖边开的万金楼药肆。据史料记载，万金楼在卖药过程中，常向百姓义施药品，宋人周锷曾记及此举："翠槅画帘，东西相望。如云祁祁，以为湖幛。下户寒门，蔑从依傍。"诗中提及的药肆、三溪、采樵等都与传统医药业密切相关。之后，王安石变法将药业完全垄断在官府手中，宁波药商也就风光不再。沉寂之后的宁波药商，在明末清初的北京再度重振，慈溪人在北京创办了同仁堂。雍正年间（1723—1735），同仁堂获得了为清宫御药房供药的特权。此后，同仁堂一直由家族沿袭了十三代，并在北京、南京、济南等多个城市开出33个分号，成为中国第一药铺。

4. 丰富的人文资源支撑

慈城具有丰富的人文资源，人们的文化水平普遍较高，历代文化学者、名人层出不穷，自唐宋至明清，慈城一带出进士519人，素有"鼎甲相望、进士辈出、举人比肩、秀才盈城"之誉。因为药业经营需要较高的文化基础，慈城的药商和药业从业人员也因文化发达而产生了广泛的群众基础与人力资源。

（二）精神要素

1. 诚信为本，药德至上

通过对既存百年药店文化的发掘，发现所有从宁波走出来的百年药铺，都无一例外地强调了"诚信"和"药德"的重要性。

北京同仁堂历代传人以"修合无人见，存心有天知"自律，"炮制虽繁必不敢省人工，品味虽贵必不敢减物力"的古训为历代传人恪守，药材质地优良、方剂配伍独到，成为我国四大药铺之首，为世人信赖。

绍兴震元堂的历代传人以"有方皆法古，无物不藏真"立业，"配合功通圣，阴阳炼入神"之严谨的制药精神，使生意昌隆日兴，一直牢牢占据浙东第一药铺地位。

温州叶同仁堂秉持"修合虽无人见、存心自有天知""真不二价、童叟无欺"的古训，以"配方独特、选料上乘、工艺精湛、疗效显著"而载誉浙南闽北。

湖州慕韩斋采办道地药材，讲究质量，殷勤服务，信誉至上。经过20年努力日益兴旺发达，名声日隆，成为太湖南岸、苏浙皖边区较有声望的一家药店。

上海童涵春堂以"童叟无欺、涵和理中、春生万物、堂堂正正"立店，以"诚信（童）、宽容（涵）、创新（春生）、专业（堂）"治店，发展成为沪上著名的国药号，声誉远播南洋。

这样的例子在宁波药商在各地创办、壮大的百年老字号里俯拾皆是。由于宁波人重诚信、遵药德，宁波"药行街"在清末民初一度成为国药贸易中心。以真诚之心，行信义之事，是儒家为人之道的中心思想，深受儒家思想滋养的宁波药商，认真践行了诚信之道。

2. 亦儒亦商，儒商典范

唐宋以降，宁波文化发达、名人辈出。宁波人从小读书，当考不上进士和举人时，才会转向去经商，所以经商的人一般都有较高的文化水平。读书识字是宁波商人能够经营技术含量较高的国药业的基础，仕途不就即走商路，则是宁波药商务实作风的起点。

例如出身于药商世家的冯云濠，道光十四年（1834）考取举人后未走仕途而去经商，在全国各地开有药铺，到咸丰时已是朝野闻名的富豪。尽管冯云濠非常富有，但他又与其他单纯商人不同，他不但建有浙江著名藏书楼——醉经阁，搜集地方文献不遗余力。在经商读书之余，他还写书，与同府学者干梓材合作，编撰《宋元学案补遗》一百卷，是为儒商典范。

宁波药商提出的选料上乘、工艺精湛、炮制不敢省人工，更是把握了以严谨、扎实、精益求精为核心的务实内涵，通过对国药药品质量的严格把控，为百年国药老店的创建、扩展打下良好基础，是为宁波药商务实作风的存续。

3. 望族寒门，各有所出

宁波经商者有一个明显的特点，即以百年望族，传世豪族为主。这些大家族从唐宋以来都在城里居住生根。不但人数众多，经济力量强大，而且子孙各有所业，后备力量充分，可以说是读书有一群中举的学子，经商有一队致富的英才。宁波慈溪县的冯氏、王氏、陈氏、秦氏、张氏、董氏、罗氏、俞氏、郑氏等都是百年相传的巨族，代代之中竟有投入到走南闯北的商贾。加之望族之间相互联姻，姻亲成网，好比一户亲连亲、手挽手的大家庭。只要有一户经商成功，就会带着外甥、内侄去学生意，等亲戚生意学会了，又带着兄弟族人去学生意，这样周而复始，一帮带一帮，越带越多，生意越做越兴旺。

另一方面，宁波药商帮并不为名门望族垄断。学徒制、掌柜经理人制度下，家境清贫的平民子弟不断加入。他们大多因生计所迫被带往他乡做帮手、学生意，也有通过联姻、师生、同窗等关系与命运抗争，携手创业。

在追求个人未来、担当家庭责任的同时，平民子弟逐渐从学徒、帮工成长为掌柜、老板，与名门望族所出相互竞争、相互提携，使宁波药商不断得到新鲜血液的补充而长盛不衰。

4. 筚路蓝缕，商行天下

擅长商贸是宁波人传递给外界最强烈的特征信息，故有"无宁不成市"之美誉。宁波药商是从贩运药材向坐庄销售、农工贸一体转型的。对此我们可以通过对冯存仁堂的透析来了解。据其《丸散膏丹全集》介绍，这家老字号由出身于慈城医药世家的冯映斋创建于清康熙初年。冯映斋先以采办药材为业，常年奔波于盛产药材的川、陕、赣等地，历尽千辛万苦将所采集到的药材通过水陆运输发往宁波和上海等地销售，后利用积累起的办药经验和经商资本，在宁波又新街开起了冯存仁堂，一传九代，横跨近300年。以冯存仁堂为起点，宁波药商带出了中国药业三百年持续发展的一个大时代，他们从宁波出发，以开药室药行等形式把源远流长的中华医药业扩展到京、津、沪等几十个城市，先后创办的药业机构不计其数。

（三）语言和象征符号

1. 药商博物馆

慈城药商博物馆位于民权路，江北区级文物保护单位符卿第内，布置"敬仰先贤"、知名中医药堂号、名中医义诊馆、科普互动区等功能空间，于2020年5月中旬对外开放。馆内展出火罐、医用模型、脉枕、药罐、药柜、正骨器具、针灸器具、药秤等历代医疗用具，药品招贴、药房招牌、匾额，以及特色制药器具、特色中药材、中药材老标本等，通过老物件和老字号讲述慈城药商文化。

慈城药商博物馆

2. 药商博物馆建成的象征意义

药商博物馆高高的马头墙，青砖黛瓦的传统古建筑里展现的是相互帮助、勤奋刻苦、理念先进、经营有方、诚信敬业的慈城药商文化。通过药商博物馆，传播优秀的中华医药文化，发扬行业道德榜样的力量。

慈城药商博物馆的建设,以颂扬先贤、敬重行业、萃取精华、传承文脉为宗旨,把"宁波国药商帮"的优良传统发扬光大,使之成为宁波新时代社会主义文化建设的独特载体。

药商博物馆墙上的宣传文字

(四)制度要素

1.管控措施(明清时期)

历史时期药业管理和管控措施的研究具有重要的理论价值和现实意义。

药行、药店是古代制作或出售药品的专门商店,是古代药业发展的基本载体。药行、药店若要长久立足,在运营过程中必然要对自身的运营理念、发展目标、营销行为等进行管理,这一过程即是药行药店的自我监管过程。中国古代药行、药店因其特殊的行业性质,必然要求以保障药物的质量为根本理念,最重要的方面就是防止制售假药。

古代药业行会是药商为了应对市场竞争,维护自身利益,由单个经营转化为结帮经营的一种组织形式,属于民营药业的重要构成部分。明清时期,民营药业伴随工商业环境的变化有了很大发展,各地药业行会开始兴起并趋于繁荣。明嘉靖年间,北京建立的"药行商会",是国内第一个具有专用名称的药业行会组织。清代各医药商帮规模扩大,势力范围不断扩展,北京、上海、武汉等大城市及商业要地纷纷成立药业行会。药业行会兴起之后,同行内部相互监管逐步形成了一套为各药商共同遵守的行业管控规约,开始具备较为统一的管控药材成交、管控称药计量、管控药品质量等多元化功能。

明清时期,无论是药店的店规,还是药业行会的法则大都具有道德约束力,虽然辅之以不同程度的惩罚,但其贯彻和制裁的力度毕竟有限。如若药业行会内部人员以身试法,又拒绝接受处罚,药业行会即可禀告官府处理,并借助官府的权威进行管制。而明清时期政府的管理主要体现在两个方面：《大明律》《大清律例》中关于市场、商业的法律规定，对民营药业制订行规业律进行引导；中央和地方政府通过编订药品规范、审批药行资格、制裁欺诈行为、严惩造假行为等对民营药业进行管控。

2. **药业经营中的禁忌**

（1）不准销售掺杂使假、染色、增重的中药材；

（2）不准销售二氧化硫、农药残留量超标、剧毒高毒农药熏蒸的中药材；药饮片、药用空心胶囊等；

（3）不准经营提取后的中药材、中药饮片废弃物；

（4）不准未经许可经营罂粟壳、麻黄草类药材；

（5）不准未经许可经营国药准字药品（包括国药准字中药材等）；

（6）不准未经许可、备案经营医疗器械（第一类医疗器械除外）；

（7）不准经营28种毒性中药材；

（8）不准非法经营国家重点保护野生动植物及其制品中药材；

（9）不准经营直接口服中药饮片、破壁中药饮片及各类中药材经加工后的细粉、压片、胶囊制品；

（10）不准经营中药饮片（药品标准和炮制规范及相关部门允许的初加工中药材、既是食品又是药品的物品除外）。

三、文化元素核心基因提取

慈城药商文化是宁波医药文化的典型代表，它的基因根植于"四水归堂"的慈城水系格局中，与慈城良好生态环境、宁波得天独厚地理位置有关，与丰富历史积淀和人文资源支撑有关，核心文化基因是存仁济世、薪火相传。

四、文化元素核心基因评价

评价项目	评价因子	评价依据（特点）	是否
生命力评价	文化基因存续的时间	自出现起延续至今，未曾明显中断	√
		自出现起延续至今，但多次衰微、中断后复兴	
		曾明显衰败，改革开放后开始复兴或历史溯源关键环节缺失，难以考证	
		文化形态主体已灭失，现存部分痕迹	
	文化基因的稳定性	在发展过程中保持相当稳定的状态	√
		在发展过程中存在明显的精神内涵、表现形式剧变	
凝聚力评价	文化基因的凝聚力及社会动员效果	曾广泛凝聚起区域群体的力量，显著推动过社会经济文化的发展	√
		曾部分凝聚起区域群体力量，对社会经济文化的发展产生过影响	
		凝聚过力量，创造过实际的发展动能，但未见对社会经济文化发展产生显著改变	
		仅在历史文献或口耳相传中存在，未见实际介入社会经济发展	
影响力评价	辐射的范围	具有全国性、世界性影响力	√
		具有长三角区域、浙江省影响力	
		具有市县、乡镇影响力	
	提炼的高度	已经被古代文人士大夫和当代学者提炼为精神符号和理念理论	√
		单纯的样式、造型、工艺技术规范	

续表

评价项目	评价因子	评价依据（特点）	是否
发展力评价	与当代精神追求和价值观念的契合	传统文化基因得到创造性转化、创新性发展；区域革命文化基因被完整继承、广泛弘扬；区域社会主义先进文化基因成为与浙江"三个地"相适应的文化高地	√
		部分转化、部分弘扬、部分发展	
		难以转化、难以弘扬、难以发展	

说明：基因特点评价是对解码出来的基因，根据本《导则》表2的要求，围绕"四个力"逐一对表打"√"，进行定性表述

（一）生命力评价

连绵千年的慈城药业得以薪火传承、长盛不衰是诸多要素相互作用的结果。

首先，慈城地狭人众，自古以来有向外求生谋利的传统，在重仕轻商的古代都有"不为良相即为良医，不为良医即为良商"的小环境，使人乐于从商，善于经商。

其次，药业经营需要较高的文化基础，而慈城文运发达，"田家有子皆读书"，这也使得慈城的药商和药业从业人员具有广泛的群众基础以及人力资源。

最后，自宋以来，慈城冯氏家族五马桥支系即以经营药业致富，历千年而不衰。药业的丰厚回报和利润使众多乡人为之向往，因此许多家族举合族之力经营药业，如董家、陈家、缪家、叶家、王家等都是这样。其强大的家族资本和良好的望族信誉使之长袖善舞，屡战屡胜。

如今的慈城药商文化也在朝着更好的方向发展：

1. 形式创新

2021年5月1日，位于宁波市江北区慈城古县城的敬修堂

传统中药文化体验馆正式对外开业，历经230多年，慈城人钱澍田匠心传承的传统中药文化重回慈城故里。文化体验馆设有敬修堂文化展示区、非遗展示区、产品销售区、养生保健区，游客不仅可以在现场了解敬修堂传统中药文化、宫廷御药文化，还能轻松购买敬修堂经典药品、大健康产品和文创产品。敬修堂是著名的老字号企业，近两年来，慈城与敬修堂交流紧密，双方通过"寻根之旅"的形式，充分挖掘敬修堂作为中医药老品牌的文化内涵，再创敬修堂辉煌。

2. **融合发展**

作为药商故里，近年来，慈城加大了对药商文化的研究，着力弘扬和传承药商文化，并于2020年5月建成了集药商文化展示、中医坐诊、会议接待等多功能于一体的慈城药商博物馆。

同时，慈城还不断促进中医药与休闲旅游融合发展，迎接中医药老字号的回归，力打造汇聚老字号品牌、养生保健、药膳餐饮、中草药种植、生物医药研发销售等的全产业链条，通过举办中医中药院士论坛，吸引大量人才、资源在慈城集聚，开展精方、验方的研究，发展国药的当代价值，并促进中医药与休闲旅游融合发展。

3. **政策加持**

自2019年以来，慈城多措并举谋求老字号重回故里，出台了多项利好政策，如对药商文化所衍生出的健康产业制定了专门的人才政策和产业扶持政策，力争使更多的老字号回归，努力打造集观光旅游、休闲度假、文化体验、养生保健为一体的老字号品牌集聚地。2020年8月份，宁波市卫健委更是将慈城中医药产业发展纳入了全市中医药产业发展大局，支持慈城古县城中医药特色基地建设，为江北实施"健康江北"战略、挖掘中医药传统文化、打造创新中医药特色品牌，提升中医药服务能级注入了"强心剂"。

（二）凝聚力评价

慈城药商文化曾广泛起着凝聚区域群体的作用，推动着社会经济与文化的发展进步。

宁波帮的国药商帮中以慈溪商人占主体。光绪《慈溪县志》上记载："县人以贩药为大宗，川湖等省亦无不至者"。据钱文华统计，明代至民国期间，慈溪人在杭州开设的、有记载国药商铺多达270家以上；新中国成立前后，在上海从事药材经营的慈溪人有1500余人。

清康熙年间，宁波慈城鸣鹤人叶天霖就在苏、杭、闽、粤等地从事国药贸易而"积银700万两"，是江浙一带最有名的大药商。同期的慈城东乡人费志洽在吴楚等地"经营药材、木材、租船、杂货店、字号等，获利丰厚。"冯德文（冯骥才七代祖）"在楚、蜀经营药材，生意兴隆"。至清末民初，宁波城内三法卿坊街改名"药行街"，整条街上有聚兴、懋昌、源长、慎德堂、寿全斋、大乙斋、全生堂等药行共53家，相关药业从业人员500余人，是全国重要转运聚散中心，就是当时的药材交易最繁荣的地方。

"千年药业，百年老店，慈城冯氏，药业世家。"冯家数代人传承祖业，将药材生意发扬光大，在道光咸丰年间成为全国首富，已然成为慈城名声赫赫的药业世家。

明清以来，慈城本地籍人士中出现了许多从事传统国药业的成功者，国药号遍及大江南北，是近代以来"宁波帮"的重要组成部分。慈溪人乐显杨于清康熙八年（1669）在北京创办同仁堂，这种异地经营的尝试为宁波帮异地经营提供了方向。并且同仁堂在北京创办了宁波商人的第一所会馆——"鄞县会馆"，药行的"长路号"采购商建立的同乡互助会为宁波帮建立互助会开创了先河，是宁波帮最早的雏形。

此外，上海的冯存仁堂、童涵春堂，天津的达仁堂，广州的敬修堂，济南的宏济堂，沈阳的继仁堂，杭州的张同泰堂等数十家赫赫有名的百年老店，以及宁波最有名的两家中药店——冯存仁药店和寿全斋药店，都是慈城人创办和经营的。他们传承绵延、享誉内外，是当今中国传统国药业的著名品牌，从慈城走出去的国药号，现在已经遍布全国29个省、自治区、直辖市的130多个城市。

（三）影响力评价

自清代至民国三百年间，宁波药商是国药药材市场贸易的主要参与者之一，是宁波商业经济的重要组成部分，是全国国药贸易中心之一，宁波帮中的数量众多、规模庞大的国药商人经过百年薪火传承，为国药贸易昌隆、国药质量提升做出了巨大贡献，也让国药业成为宁波帮的发轫产业之一。同时，宁波药商文化也是宁波帮文化形成的源头之一，宁波药商以儒家（浙东学派）思想为指引，以中医、国药技术为载体，以资产传承为纽带、文化传承为核心，以学徒制、掌柜经理人制度为推手，形成积聚——扩张——传承——没落——再积聚——推陈出新——再传承的历史文化脉络，薪火相传、长盛不衰。

（四）发展力评价

传统文化基因得到创造性转化、创新性发展。主要体现在两个方面：

1. 呼唤药商回归，打造国家级中医药特色示范区

江北区委常委、慈城镇党委书记尤武卫牵头，邀请戴松岳、邬向东等学者共同组成慈城药商文化研究课题组，通过查阅史料、药商堂号寻访等方式，对慈城国药业历史渊源、形成、发展，国药业的代表人物进行系统梳理，并对慈城成为中国近代药商故里的成因进行归纳概况。根据前期的研究成果，2020年5月，慈城药商博物馆建成，博物馆集药商文化展示、中医坐诊、会议接待等多个功能于一体，通过影像、图片、老物件的呈现，勾勒出了慈城药商的变迁轨迹和优秀的慈城国药业商帮文化。

药商博物馆馆内陈列

为了将文化资源充分转化为经济资源，这几年，慈城正通过招商引资，引进以八大堂号为主的中医药店铺，邀请更多的中医药老字号入驻，以此建设中医药科普基地，打造中医药特色街区。

2. 中医药 + 休闲旅游融合发展

近年来，慈城进一步挖掘、弘扬慈城药商文化，从旅游和健康产业两个领域为切入点，把药商故里打造成为全国知名的健康文化体验、中医药养生保健、观光旅游、休闲度假融合发展示范区。慈城古县城将根据《宁波慈城古县城中医药特色基地建设方案》，利用三年时间通过三个阶段的工作，完成慈城古县城中医药特色基地建设。目前，慈城药商博物馆、清道观、百草园、大东门片区及民权路区域均是慈城中医药人文旅游基地创建的重要组成部分。

3. 传统中医药文化传承＋创新一体化

为进一步发挥中医药在社会发展、经济建设和提高全民科学素养中的重要作用，实现健康医疗事业的长三角一体化的国家战略部署，2021年1月22日下午，上海—宁波·江北长三角中医药传承与创新一体化共建项目签约仪式在慈城药商博物馆举行。签约仪式上，上海市中西医结合学会、宁波市基层卫生协会、宁波市江北区卫生健康局、宁波市江北区慈城镇人民政府共同签订了《上海—宁波·江北长三角中医药传承与创新一体化项目共建意向协议》。随后，宁波市江北区慈城镇中心卫生院和上海铁樵健康咨询管理有限公司还签订了《设立"王文健名医工作室"和合作建设中西医结合代谢病专科协议书》。

五、文化元素核心基因保存

（一）传承类活动

1. 慈城镇："2020年宁波·江北中医中药中国行"暨慈城古县城中医药特色基地启动仪式于2020年10月25日举行，现场还有小药童传承活动。

2. 慈城镇：药商博物馆旁有市内外中医药专家开展义诊活动、东阿阿胶现场熬胶展示、佐立医药颗粒熬胶现场展示、中医药健康讲座等活动。

（二）实物留存

1. 符卿第：符卿第位于历史文化名镇慈城镇的中心位置，2006年由古县城开发有限公司出资进行全面整修，保持原有风貌。2020年，经过多方论证，建立用于展示药商文化的慈城药商博物馆。整个展示项目于2020年4月1日进场，5月底完成验收。

2. 药商博物馆：坐落于慈城镇民权路29号的符卿第，通过影像、图片、老物件的呈现，勾勒出慈城药商的变迁轨迹，将优秀的慈城国药业商帮文化进行充分展示、宣传与传播。

3. 冯存仁堂药罐，现存于宁波慈城药商博物馆。

（三）文献中的留存

1. 魏长春，字文耀（1898—1987），著有《魏长春医案》《魏长春临床经验选辑》《中医实践经验录》等。

2. 陈厥祥，卢美芬，陈梓涛著：《药商视阈下的宁波帮研究》，宁波出版社2020年版。

慈城冯氏

港源城始　宁波江北文化基因

慈城冯氏

一、文化溯源

慈城冯氏出自东汉征西大将军冯异的颖川冯姓之后。冯异军中号曰"大树将军",众子姓恪守"大树将军后,凌云学士家"的家训,以"败落乡绅不走样"的信念,书香传家、官商并重、和衷共济,使慈城冯氏在潮起潮落的历史长河中,绕过"富不过三代"的暗礁,实现千年望族的绵绵不绝。

慈城冯氏是浙东历史上家族年代最久、人口最兴旺、文化最丰富的巨族之一。因冯家子孙财丁两旺,按居住地分已有金川、福聚、大街、西桥、柽树、大树六支族。冯氏后裔从政、治学、经商传家,使慈城成了这个姓氏影响最大的聚居地,在慈溪的老县城——慈城,有"冯半城"之说。到了明代,家族更为繁盛,本支和旁支的名堂更多,至今已传了近四十代。

慈城冯氏自汉至今历经吴越、宋、元、明、清几个朝代,共千余年,几十代诗书传家,人才辈出,名硕相望,《慈溪县志》列传卷记载,从始祖冯叔和开始,冯氏后裔有76位功名在册,累计有56位进士,108位举人,敕谕、赐封不计其数。冯氏家族的精神品格、风气面貌使其家族历经千年仍保有凝聚力,其精神传承也有独特的生命力和价值。

二、文化要素分析

(一)物质要素

1. 得天独厚的自然资源

锦绣江南,素以风光秀丽而著称。慈城北邻熔岩丘陵,南邻湖沼平原,西邻姚江谷地,东邻红土低丘。慈江、姚江及江南群山,四明山水滋养着慈城。故慈城有"慈枕山为邑,五曜归垣,九龙回合,兑位宝山,勿然翼蔽,干青霄而蔽白日,隐然室有障,车有屏也"之谓。

在县治城内,慈溪县第一任县令房琯采用传统的城池规划。东西两侧的建筑和街弄以中街为轴,相互对称。街弄建三条南北向大街和六条东西向横街。东郭、西郭都有酒楼,楼中有戏台,楼前是河道,河上商船云集。除北面是慈湖外,东、南、西三面都围着护城河,护城河之水在东南方的巽位上与慈江水合并,直通姚江。城内有一条主河道叫骢马桥河,自东门到西门穿城而过,连接主河道的则是遍布全城的小河。这些宽不过一丈、深不逾六尺的小河似全城的血脉,河道互相连接,北接慈湖,南通慈江。朝夕之间,潮起潮落,东海的波涛沿甬江、姚江、慈江直拍河岸,使慈城之水直通大海而成活水。

这样的天地人合一的江南名邑吸引了南下的北方士族落户。元朝前后,早年南下定居城外金川乡的慈城冯氏也纷纷往县治迁居。慈城冯氏居县治者，分上下宅，下宅为大街支，上宅为观音堂、西桥、大桥、释树四支。南宋时期，金川支冯氏族人也在金川乡（今慈城镇八字桥村）修家庙、立神像。慈城冯氏还有子弟被自然风光所吸引，投身自然怀抱，乐不思蜀而迁居四明山区。

2. 和平稳定的社会环境支持

中原地区农耕文明萌芽早，成熟发展也快，经济相对比沿海地区繁荣。但自魏晋以来，战乱不断，到东汉末期，中原的一些地区或多或少呈现出"白骨露于野，千里无鸡鸣"的凄惨景象。冯氏族人目睹这一惨象，想要寻求安定的生活、工作环境，忠贞公为"避董卓作乱，请外职"而来慈邑。

与中原地区相比，浙江的战祸少得多了。从现代看，发生在浙江版图上的影响全国的战役，不外乎吴越间的争霸战争、东晋的孙恩起义、北宋末年的方腊起义、宋金间的交战、清初的抗清斗争、近代的鸦片战争、太平天国起义和抗日战争。而冯氏南迁句章的年代，正是没有战争硝烟的和平稳定年代。慈城地区的社会相对稳定，是以冯氏在慈城得以繁衍壮大。

慈城冯氏祖居中冯氏始祖画像

3. 农商并重的经济实力

慈城地区是浙东农业生产较为发达的地区之一。据清康熙十年（1671）统计，慈城地区有26246户，人口为63184人，田地只有4884亩。由于人多田少，人口猛增，自给自足的小农经济已无法满足生存的需要，一部分家族成员弃农经商，慈城也就渐渐形成了特有的农商并重的经济环境。

我国古代贵土重农，以商为末，贱而抑之；而在慈城地区，却不轻视经商。其原因有：一是慈城商业开埠比较早，句章港始于秦朝，时与碣石（今秦皇岛）、转附（今烟台）、琅琊（今青岛）、会稽（今绍兴）并列为全国的五大港口。句章港移至三江口时为明州港，又为中国对外贸易的四大港口之一。港口的地域优势培养了居民的贸易能力，也养成商业的传

· 157 ·

统，乡风所及，不以商为贱而轻之。二是中国第一个职业经济学家、中国商圣范蠡的经济老师和顾问——计然安葬在慈城西面的计家山村，他对商业的推崇和经商之计，深为慈城地区的士人所钦佩。三是经商确实能迅速获得丰厚的财富。农商并重的环境下，早在北宋年间，五马桥的冯氏就以经营药业致富，被同乡赞为"药肆万金饶"。

慈城地区的经济作物生产比较发达。栽桑养蚕是慈城地区农村的主要副业，栽种茶叶、果品、棉花、花木也是当地农村耕地不足副业来补的一种办法。由于丰富的农副产品资源，慈城冯氏以屠贩为业，以酿酒为艺，以榨油为事，创出一条农工商结合的经营之道，既形成了家族经济来源的多样化，又促进形成慈城地区特殊的经济环境，如统宗祠福聚支东江沿支的冯氏族人在慈城下横街开牛行、猪行和鸡、鹅、鸭行等；惠宗祠启承支贞房季房汉房的冯氏族人利用丰富的黄豆资源，创办了冯恒大，加工酱油，成了慈城著名的百年老字号。

4. 雄厚的科举实力

"十年寒窗无人晓，科举成名天下知"，殿试是封建科举制度的最高等级考试，读书人通过殿试成为进士，也就意味着一生的荣华富贵。慈城地区自唐开元二十六年（738）置县以后，先后考出了534名进士，一邑的学风铸就了罕见的进士名城，其中慈城冯氏进士为65名。

在唐代，慈城地区进士人数只有8名，而慈城冯氏一门有5名，占一半以上，这虽得益于科举官僚世袭制度的优势，但也能说明冯氏在科场的实力。宋庆历八年（1048），慈城建孔庙设儒学，这不仅开了海边小邑官方教育的先河，而且涌现了一大批科举人物，至此慈城地区的进士数量骤然增至162名。慈城冯氏借县城县学优势，进士人数有20人之多，居慈城进士人数之首。唐宋元三代合计，冯氏进士25名，位居慈城所有家族第一。

明清两代，慈城文运骤昌，科名长盛，在明代89次科举考试中，共产生24168名进士，其中浙江省有3799名，占全国进士的六分之一。而同期，慈城地区的进士为246名，鄞县为288名，两县鼎甲相望、人才相当。明清为慈城科举的最旺盛时期，共产生366名进士（包括20名武进士）。

同期慈城冯氏考上进士40名，遥遥领先于慈城其他姓氏。大宗祠大街支24世孙冯泾与他姓等九人同科登第，成为慈城的骄傲。

自隋朝至清光绪晚期，每三年的乡试共选拔了百万举人，在这一浩浩荡荡的候补官员队伍中，慈城地区有1100多名举人，主要产生于明清时期。明代在十五朝270多年间，举行了87场乡试，慈城地区共产生了600位举人，其中慈城冯氏有51名。清代九朝250余年，举行104次乡试，慈城地区产生528位举人（含武举人70人），其中慈城冯氏有51名。慈城冯氏众子姓在咸丰年间,再创兄弟登科的辉煌。这一辉煌来自于惠宗祠西桥支启承祠存仁堂元房坤房忠房36世孙冯可黢与冯可镕兄弟。慈城冯氏科举多创佳绩，除上述65名进士、103名举人外，明清两代冯氏还出了50多名贡生。

冯骥才祖居博物馆进士榜（局部）

5. 雄厚的官场资源

根据明朝官级从正一品到从九品的18级别制，慈城冯氏官员中，有22人为从五品或从五品以上。冯岳、冯璋、冯叔吉、冯元飏、冯元飙、冯敬舒和冯成能等7人为从二品以上，其中不同官级的正二品均为统宗祠子姓，为慈城冯氏最高官级，冯岳、冯璋二人为从祖兄弟，分别官至南京刑部尚书和广西道监察御史都御史；冯叔吉和他的一对侄子冯元飏、冯元飙仨人，冯叔吉官至湖广左布政使，冯元飏官至右佥都御史巡抚天津兼督辽，冯元飙官至兵部尚书。

明代慈城冯氏五品以上官员占总官员人数的55%；同期，二品以上慈城冯氏官员占慈城地区相当级别官员总数的50%。这两个数据，说明慈城地区的官员队伍中，慈城冯氏官员人数多、级别较高，这是明代慈城冯氏出仕官职特色之一；其二是慈城冯氏任职地方的官员较多，据地方文献记载，慈城冯氏的地方官员干得比较出色，如统宗祠福聚匠支宗一房24世孙冯钢，在任湖广常德府沅江知县时，受朝廷嘉奖；同期，任直隶池州府东流县知县的冯若昌也被皇帝敕谕。明代的慈城冯氏官员，仅统宗祠福聚支有10位官员先后被历代皇帝敕谕36次。

（二）精神要素

1. 宗族观

（1）祠堂：竞争进取

慈城冯氏众子孙之间竞争进取的宗族观来源于其祠堂文化中族支分合的特色，也通过频繁的族支分合表现出来。

家族庞大、人丁兴旺的慈城冯氏具有族支分合的文化特色。祠堂、堂号是慈城冯氏家族庞大、人丁兴旺的文化记忆。慈城冯氏后裔中流传着"吵架分祠"的轶闻，可能出自"冯御史归里，再福聚桥殴辱，两相交讼"的故事，但慈城冯氏后裔表达的并非吵架结怨，而是众子姓互不服气而奋发图强的志向，以当代价值观分析，是竞争意识。这种竞争意识促使慈城冯氏保持着勇于进取的激情，而族支分合、祠堂创设频繁就是其外在表现。

俗话说：富不过三代。慈城冯氏却能绕过"富不过三代"的怪圈，而族支分合的家族文化正是其能绕过怪圈的原因之一。因为分与合的变化刺激着慈城冯氏众子姓勇于进取，继而促进宗族制度的不断完善。

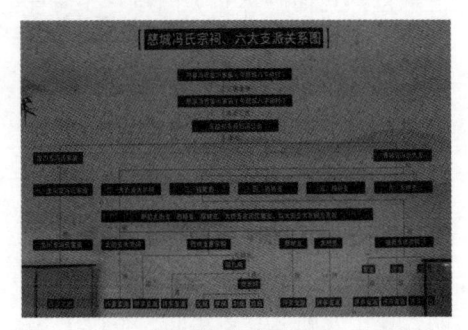

冯氏宗祠关系图

（2）族产：重视教育

慈城冯氏的族产用途，除了提供祭祀经费、赈济抚恤贫困族人、资助族中子弟就学、参加科举考试或奖励考试及第、建立善庄（为贫困不能殡葬的族人提供公共墓地）、提供宗族其他活动之外，还用于家族之外的公共之用。其中有一项是用作教育经费。族产助教，这是慈城冯氏族产制度的特色，也是慈城冯氏的文化特色之一，反映了慈城冯氏重视宗族子孙教育的观念。

（3）族谱：榜样力量

慈城冯氏在其族谱的修订中十分重视体现宗族中长辈对晚辈的榜样作用。慈城冯氏家谱特别注重先祖业绩，表彰族人中的忠臣、义士、烈士、孝子、节女、烈女等，发挥先祖先贤的示范榜样作用。慈城冯氏的后代能够通过族谱来了解先祖的荣誉和事迹，在不知不觉间受到他们的影响。慈城冯氏弘扬先祖业绩，按当代价值观分析，即以榜样力量感染人，是精神领袖的具象化，从而起到精神层面引导、激励、影响族人的教化作用。

（4）族规：注重名节

慈城冯氏家风俨然，注重名节，这是母范妇仪的传统文化内容之一。这些都能够从慈城冯氏的族规中窥得一二。如《福聚冯氏宗谱》宗训八段，对族人待人处事的行为一一作了规定，如族人职业决不可行贱业如开妓馆、赌场等，如玷辱将宗法责惩，甚至进行出名出族的处理；统宗祠议规有33条，对祭祖、祀田、祭产、科甲入泮奖赏与不遵宗规以及受到的处罚等一一作了规定。

2. 价值观

（1）农商并重

慈城冯氏农商并举的大多情形是务农安居，同时以"田家有子皆读书"的文化传统让其弟子接受教育，之后又鼓励弟子（一般年龄为十四五岁）出门学生意，学徒满师后如果能够在异地谋生，便在异乡就业；难以谋生就再回乡务农（一般这种情况很少，除因战争等时局动荡外）。冯氏子弟在异乡立稳脚跟后，再成家创业，倘若创业成功，一边带家人定居异乡，一边用创业收获再家乡置地买房屋，至晚年则落叶归根回乡养老。

苏冯村的冯云生离乡去杭州后便是如此。冯云生独闯杭州，后在那儿成家立业，一家三代皆为杭州胡庆余堂药工，最后由儿子送回苏冯而魂归故里。

不管是务农还是经商，慈城冯氏在与人交往中都秉承着和气相待的原则。冯恒大是慈城百年老字号，也是慈城冯氏投资创办的经营实业。店堂挂有草楷"鷰"，慈城方言与"和"谐音，旨在表达买卖双方的和气相待。

（2）官商并举

清咸丰初期，时任刑部直隶郎中的冯本棠拜见时任浙江巡抚的老师王有龄时，巧遇曾任慈溪县令的段光清。段光清与冯本棠谈及让慈城冯氏捐饷等事宜，冯本棠答曰："家中之事我原不知，归家比请家父写信于抚军。"

做官的儿子谈及家事均要请示经商的父亲。无论儿子官当得再大，家里的事还是由父亲做主。还有经商的冯云祥尊治学的冯云濠为长，做官的儿子尊敬经商的父亲等，乃是慈城冯氏官商并举、和衷共济的典范。

（3）药商为本

药业是慈城冯氏经商的一大行业。有研究表明，慈城望族的药店开到北京、天津、上海、青岛、烟台、包头、赤峰、沈阳、营口、大连、长春、太原、大同、西安、武汉、长沙、南京、福州、台北、香港、杭州等地，共有45家药铺（店）。异乡创业需要适应当地的地理、人文，慈城冯氏不畏艰难，努力奋发，终获成功。努力奋发是其取得望族地位和维持其望族地位的个性要素。不仅如此，他们也坚持用其平和谦顺、诚信经营之道，来获取广大的买卖市场，又以济人为务的人文关怀获得广泛的社会认同。如冯映斋名下众子姓集祖辈买卖的经验，遵循"余少好医，视人疾病如己身。兹铺之设以济人为务，不计资本盈亏，惟求无愧无心"的祖训，做大做强冯存仁药堂，在慈城又办起制膏厂，在宁波新设"冯万丰"药号，时为宁波最大的一家药商铺，还在上海开了两家冯存仁堂药店。

宁波冯存仁堂药店商标

（4）注重乡誉

从七品芝麻官到高官，冯氏子姓大多注重乡誉，造福桑梓，而且在慈城周边均有诸多美誉。如慈城孔庙所设的乡贤祠，供奉85位众姓乡贤，其中慈城冯氏有25位；孔庙的忠义孝悌祠所供的121席以"忠、孝、悌"事迹而名的木主，慈城冯氏占12席。位于县治西的城隍庙，共邑缙绅士民262人，其中慈城冯氏为27人。上述先贤不外乎是以传统伦理道德观念做人做事，从而形成人与人之间的慈风孝行，继而将这些自然之爱升华到博众之爱，而这些正是慈城冯氏注重乡誉、造福桑梓的结果。

（5）母慈子孝

慈城有董孝子遗风，是人知孝爱的中国慈孝文化之乡。慈城冯氏作为慈孝之乡的大家望族，自有"一门忠孝，千载标名"的文化传统，因为大多族人具备尊老养老，爱幼教幼的美德，母慈子孝的观念也早已烙进了子姓的心头。

慈城冯氏的母慈子孝，首先是以无私的母爱营造亲情、温暖家庭，如冯厚父亲冯默，看望刑部狱兄默，途中病死，母潘氏刚怀冯厚三个月，而潘乃自誓曰：夫既死义，妾独以贫困故，忍为不义，以污之乎？生下遗腹子后，潘氏纺绩织纴以给衣食，请老师培养儿子，于景泰七年（1456），膺荐到淮府谋事，从而改变家徒四壁之困境。

慈城冯氏的母慈子孝，还具有家庭式"前赴后继"的特点。惠宗祠西桥支启承祠存仁堂元房乾房冯云龙三子皆壮年而亡，而当时云龙子妇俱在堂，白发送黑发。云龙子妇同心协力，各竭妇道，族谱记载"冯氏一门三节，皆冯云龙子妇"。正是有这样的冯氏母亲的坚志守节、奉长育孤，她们的母慈子孝，形成了慈城冯氏"一门忠孝，千载标名"的家族风气。

（6）合族行善

捐资办学是冯氏合族行善的一大方面。据统计，明清时期，慈城冯氏8人10次参与慈城学宫设施的修建和重建；清道光年间，冯云濠、冯云祥兄弟与惠宗祠西桥支启承元房坤房35世孙冯汝霖、冯汝震兄弟合捐三万两重建慈湖书院，史载"一门独肩重建慈湖书院"。

光绪《慈溪县志》记载，旧时的慈城地区的公共建筑，如桥、亭、塔，大多由慈城望族倡议并捐资建造，慈城冯氏作为千年望族，不仅是捐赠活动的参与者，更是捐赠公益活动的发起人。

慈城冯氏的合族行善还体现在办设医馆、钱庄、悬壶济世等。

3. **人生观**

（1）以读书求功名

"以读书求功名"是慈城冯氏的书香传家之道，也是众子姓的文化追求。弘治年间，惠宗祠西桥支24世孙冯炼自西乐驿官归里，构筑谦光堂居屋，自署"一园水竹为新主，万卷读书是旧盟"楹联。

（2）高隐之风

然而，"以读书求功名"并非慈城冯氏子孙的唯一追求。如统宗祠福聚匠支宗二房26世孙冯世仁，取斯文为号，博学鸿儒，于嘉靖万历年间，两举学宾而不赴，族人称之高风可仰。

淡泊名利也是慈城的文化现象，谱记有"高隐之风"。

4. 教育观

慈城冯氏在子姓的教育中尤其注重私学和女性的教育。

私学，是望族文化链中至关重要的环节。其至关重要，是因为这一环节是望族文化链的基础，一些慈城冯氏子姓在私学的熏染下，年幼时便显现出相当的才华。女性的教育也是慈城冯氏文化长链中独特的一环。慈城冯氏比较重视女儿的教育，使她们普遍具有相当的才干和突出的见识，这是因为治国本自齐家始，理家有如治国，需要才干，这种才干不仅在处事、理家方面，也包括女性道德要求和文学艺术；其二是教育多从母训来，一般对子女的早期教育要靠母亲来完成。

5. 婚姻观

慈城冯氏的联姻以等级婚姻居多，注重婚嫁对方的门第。通过与大家望族的联姻来建立与外族的广泛联系，并通过家族制度完善宗族组织，从而巩固家族地位。慈城冯氏的联姻不仅注重门第，也注重对方的品格与学识，尤其是儿女的父母。

6. 社交观

慈城的自然风光优美，文人的文化素养优雅，社会的局势又相对安稳，这一切都促成了慈城的文人频频结社、集会。慈城冯氏往往是文人结社、集会的参与者和组织者。古往今来有"谈笑有鸿儒，往来无白丁"的说法。除文化交流外，慈城冯氏还通过撰写书序、传记资料或祝颂哀悼文章等形式，以建立、联络感情。

7. 建筑观

慈城冯氏十分注重构筑良好的居所，他们将居所营造得十分雅致，许多庭院广植花木，后花园搭亭建阁，堆山挖池，力求营造优雅闲适的生活环境。如统宗祠福聚军支绩高堂树德堂，居所门前曾有三颗槐树，故居住此地的冯氏后裔均以槐花树门头冯而称。

（三）语言和象征符号

1. 方言

慈城冯氏的方言一度很接近官话。冯家曾创造过65名进士、103名举人的辉煌，呈现了千年望族科第相继、进士辈出的家族文化特色。举人进士很多北上做官，老来回归乡里，已是带着北方口音,于是比之相距20千米的宁波市区,慈城冯氏的方言就很接近"官话"。

2. 冯岳彩绘台门

冯岳彩绘台门是冯岳故居的大门,于1610年由明神宗亲赐所建,其建筑主干上绘有各色生动活泼的图案,古色古香。

大门正南分为三开间照壁,也称影墙。石砌须弥座,上刻卷草、凤凰、牡丹。墙体由砖砌成,上部砖雕,顶端中间高,两侧约低65厘米。通高约4米,原约40厘米。全壁分三开间,一明间宽3.4米,北距台门4.9米。二次间略斜,平面各八字形。全壁长7米。瓦当圆开,有龙葵花等纹饰。以两柱将明间与次间分隔,檐下有平身科,明间四朵,次间两朵,柱头有柱头科,背为一斗三井。座斗下为伏远瓣,无出跳。

实勘在照壁之正北有台门,尚残存数间。上部留芦芯、泥沫的墙体,珠式立柱。西方中厅与厅前为天井,在左右之隔墙,其中朝里一侧上端原来也有精细的砖雕,都已砸去。右边的天井又有一堵墙,左右两端有一道拱门,这墙将天井分为南北两段,天井中有一口古井。东厅为高平屋,硬山式的两开间,宋架结构类似布政房东大厅,此东厅,前有廊,西边门前开六扇柱子门,进六往东有门可以进入中间。东门前部下有栏墙,上面开柱子门四扇,地面为石板。东间有地板铺地,柱础全部是珠形。西间天花板上油漆花卉至今还没有褪色。

3. 冯岳彩绘台门的象征意义

冯氏家族在明代时尤为注重科举,明代也是冯氏科举最辉煌的年代,其中以冯岳最为突出,最高官至刑部尚书。该建筑不仅是冯岳为官政绩卓著、

冯岳彩绘台门

清正忠义从而得到重用、嘉奖的体现与纪念，更反映出冯氏家族注重从政、治学时期科第相继、进士辈出的繁荣景象。

（四）制度要素
1. 族谱与族规

族谱是宗族制度的内容之一，是为适应宗法社会的需要而产生的。族谱也是中国历史的三个构架之一。魏晋、南朝盛行官修谱牒，以作为评定人品、拔擢人才的依据。以后的家族私修族谱，记载先祖世系、业绩、宗支分脉关系，以免昭穆辈分不清，或因族人的迁徙、五后入嗣、收养等原因而导致宗族的血缘关系产生混乱。因此，各地宗族尤重谱牒，数十年必再修，至明清宗族拥有族谱，并通过族谱维系宗族已经成为普遍现象。

今存的慈城冯氏家谱发挥了多种作用，有的慈城冯氏家谱特别注重先祖业绩，如《福聚冯氏宗谱》，分元、亨、利、贞四册十卷，载录有关先祖业绩的内容有六、七、八、十等四卷，其中卷六特传记载了60人（闺懿11人）事迹；卷七记载的是荣籍，也是先祖业绩以皇帝敕封文本的再现；卷八的征文记叙26位先人的逸事。如此大篇幅载录历代先人出类拔萃的事迹，除展示家族的荣耀外，还具有发挥先祖先贤的示范榜样作用。由于族谱族规制度是宗族制度之一，因而诸如《福聚冯氏宗谱》的谋篇布局，特别具有规范宗族运行与族人行为的功能，这是慈城冯氏的又一文化特色。

至于族规的教训，慈城冯氏与其他望族类同，如上文提到的《福聚冯氏宗谱》宗训对族人待人处事行为作了详细的规定，如族人决不可行贱业，如玷辱将宗法责惩亦做除名出族的处理。

2. 祭祖

祭祖制度由建造祠堂、祭祀宗族先祖两个环节构成，祭祖的直接功能是实现后人与祖先间的交流。以祠祭为例，祠堂是平台，祭祀是仪式，借助祠堂平台，以一定仪式实现子姓与祖先的交流。明代以后，祭祖的主要场所为祠堂。慈城冯氏的家庙（宗祠）、族祠、支祠和祖堂，一级套着一级，宗族祭祖制度（形制）严密，子姓祭祀祖先从祖堂到小祠，再到宗祠，逐级升高。冯统宗祠、冯惠宗祠分别为福聚支、西桥支的族支宗祠；冯启承祠与冯绩高堂分别为惠宗祠与统宗祠的分支祠，即西桥支与福聚支的小宗祠，小宗祠又分褒德堂、怀德堂、仲德堂，此乃一家几户的祖堂。冯存善堂、冯崇美堂虽没祠称，实是大街支、福聚支的小宗祠或祖堂的堂号。无论是族支宗祠、支祠，还是祖堂，慈城冯氏大多冠以堂号，如统宗祠的世庆堂，大宗祠的世显堂，祖堂如统宗祠福聚民支（尹一房）的观音堂、统宗祠福聚民支宗三房的崇美堂等。

斯文会是慈城冯氏合族共祭远祖的祀典。《慈溪冯氏支谱》记载"斯文会每年三月初一日，至长溪岭祭文直公墓，十月十二日祭忠贞公暨历代昭穆，午刻专祀文直公，配飨先贤衣冠、子姓入会者，轮当拜祭与胙"。于1862年起，以"念先达培植之恩，敦水源木本之意"为宗旨，开展斯文会活动，通过一年两次的聚会让子孙明白"大之于万斯年，永思无教矣，不能不深望于继起之君子"的道理。

斯文会祭祖是慈城冯氏通过宗族这一平台展示的家族活动。同时，慈城冯氏还拟定了有关崇教尚学的族规，最典型的是统宗祠议规中的"子姓有发科甲及入泮并赴任者，报单报入宗祠报房向管账处领赏，其钱公账开发"叫条文。还有将"户诵诗书"等作柱联悬挂于祠堂正厅，使众子孙明白"吾冯氏自曾祖以上数世读书，多清福德，其文章尤有名"甲等，这些皆是展示慈城冯氏的家学渊源与书香传承的文化遗存。

3. **族产**

《慈溪冯氏支谱》记载：统宗祠有族产祀田99丘，来源分别是先祖遗留、祠自主提留、有力者捐设。其中先祖遗留，如冯岱显祀、冯提领祀等；祠自主提留，有冯统宗祀等11丘；而有力者捐设，谱记"冯统宗祠军支尹四房大成房春潮助田，下列十三丘契号"。

有关祠自主提留，其中一条统宗祠议规提倡，即向祠进主者每位捐钱十千文，慈城冯氏众子姓将年庚名氏载入簿，男捐钱一百文，女捐钱八十文等，这些项目是增加祠堂积累的来源。惠宗祠西桥支启承祠存仁堂贞房季房河房38世孙冯亚奋（1913—2006，字庆圻，曾名时权）曾于20世纪60年代书写一份有关前新屋冯家的回忆材料，前新屋各房（江、淮、河、汉四房）众子孙靠祖上遗下来的冯存仁堂股份及祠堂（公堂）田（约360亩）租谷为生。上四房公堂有170—180亩田，四房子孙每数十年轮到一次；河房四子四房称下四房，有180—190亩公堂田，其中90亩送给小学校，冯家子弟可免费入学，余下的约百亩田由下四房轮收，分一年预收20—30亩，一年正收50—60亩，一年为后收20—30亩，每亩实收40—50斤（因土地税差），这样三年可收大约6000斤稻谷（已缴田税），按出米率七折算，约有4200斤大米。冯亚奋十分明确，其祖个人没有田产，全是公堂田，由子孙轮收。由此可见，慈城冯氏较为重视族产的祠堂公共性，而且强调祠堂的公共积累。正是如此，才能保障宗族的日常活动，发挥宗族职能。

三、文化元素核心基因提取

慈城冯氏是浙东历史上家族年代最久、人口最兴旺、文化最丰富的巨族之一,具有独特的氏族文化。它的发展得益于得天独厚的自然资源、和平稳定的社会环境、强大的经济实力、雄厚的科举实力和官场资源,拥有农商并重、官商并举、注重乡誉、母慈子孝等价值观,核心文化的基因是重视教育与名节,多业并重。

四、文化元素核心基因评价

评价项目	评价因子	评价依据（特点）	是否
生命力评价	文化基因存续的时间	自出现起延续至今，未曾明显中断	√
		自出现起延续至今，但多次衰微、中断后复兴	
		曾明显衰败，改革开放后开始复兴或历史溯源关键环节缺失，难以考证	
		文化形态主体已灭失，现存部分痕迹	
	文化基因的稳定性	在发展过程中保持相当稳定的状态	√
		在发展过程中存在明显的精神内涵、表现形式剧变	
凝聚力评价	文化基因的凝聚力及社会动员效果	曾广泛凝聚起区域群体的力量，显著推动过社会经济文化的发展	√
		曾部分凝聚起区域群体力量，对社会经济文化的发展产生过影响	
		凝聚过力量，创造过实际的发展动能，但未见对社会经济文化发展产生显著改变	
		仅在历史文献或口耳相传中存在，未见实际介入社会经济发展	
影响力评价	辐射的范围	具有全国性、世界性影响力	
		具有长三角区域、浙江省影响力	√
		具有市县、乡镇影响力	
	提炼的高度	已经被古代文人士大夫和当代学者提炼为精神符号和理念理论	√
		单纯的样式、造型、工艺技术规范	

续表

评价项目	评价因子	评价依据（特点）	是否
发展力评价	与当代精神追求和价值观念的契合	传统文化基因得到创造性转化、创新性发展；区域革命文化基因被完整继承、广泛弘扬；区域社会主义先进文化基因成为与浙江"三个地"相适应的文化高地	√
		部分转化、部分弘扬、部分发展	
		难以转化、难以弘扬、难以发展	

说明：基因特点评价是对解码出来的基因，根据本《导则》表2的要求，围绕"四个力"逐一对表打"√"，进行定性表述

（一）生命力评价

慈城冯氏家族作为千年望族，人才辈出、生生不息。慈城冯氏在唐、宋两代产生了26位科举人才。冯氏2世孙冯道于同光二年（924）登进士后出任兵部尚书，按唐朝官职级格，为正三品；慈城冯氏5世孙冯叔和，于吴越钱镠宝正三年（928）登进士后，任礼部尚书，同是正三品，而且祖孙俩分别晋爵太子太保与太师，时称朝廷三师级别的功臣。

宋朝虽全面开始实行开放式的官僚选拔制，然而封建的官场或多或少还受到世袭制的影响。慈城冯氏冯叔和与其家人的出仕为官便是个例。叔和弟叔瑾出仕翰林院掌书，据传兄弟俩协力效忠朝廷，双双晋爵封侯，其儿辈6人中只有3人科举有名，而进入官场却有5人，其中冯叔和的第三子冯恒栗以武举出任校尉后，升殿前都指挥使，时为四品官职，后晋爵殿帅。

明代是慈城冯氏科举最辉煌的年代。在这270多年间，慈城冯氏考出29位进士、51位举人、29位贡生，这些士子除像宋朝的冯制"遂绝仕进"外，至少有39人先后在中央各部或地方为官。冯岳、冯璋、冯叔吉、冯元飏、冯元飚、冯敬舒和

冯成能等7人为从二品以上，其中不同官级的正二品均为统宗祠子姓，为慈城冯氏最高官级，冯岳、冯璋从祖兄弟，分别官至南京刑部尚书和广西道监察御史都御史；冯叔吉和他的一对侄子冯元飚、冯元飙，伯侄三人，冯叔吉官至湖广左布政使，冯元飚官至右佥都御史巡抚天津兼督辽，冯元飙官至兵部尚书。

清代，慈城冯氏子姓有51人出任朝廷命官。冯谦亨、冯栻、冯本棠是清代慈城冯氏科举出仕，任职五品以上的官员。清代官员中，任职最高的是统宗祠福聚支冯谦亨，其为乾隆四十九年（1784）贡生，后任山西按察司副使，时为三品官。冯栻，道光二十五年（1845）进士及第后，任员外郎，时为从五品之职。惠宗祠西桥支启承祠贞房季房河房35世孙冯本棠，咸丰五年（1855）举人，后任刑部直隶郎中，时为正五品。

民国时期的上海金融界，慈城冯氏是钱银业的中坚力量、业务实力派，实业派，是指经济建设者。除此，慈城冯氏还主要从事国药业、餐饮业等，还开办米厂、药厂、印刷厂、棉纺厂等。冯友苓（1877—1953）在天津创办家喻户晓的福禄林大饭店，请法国大律师担任法律顾问，时为天津达官贵人宴请只首选饭店。出生于慈城望族之家的冯梦云，在结识了拥有士大夫传统文化底蕴的报人之后，开启了他的报人生涯，创办了《铁报》《太阳报》。另外，在市民社会的中层有专门为小报撰稿的群体，其中较有影响力的慈城冯氏有冯元祥、冯和仪、冯玉奇。民国时期，慈城冯氏还有从事文艺工作的人士，如统宗祠福聚军支绩高堂树德堂37世孙冯贞胥、冯贞用兄弟俩。清末民国初，慈城冯氏还有一学术派，代表人物有统宗祠福聚支冯一梅、冯贞群。

中国当代著名的作家、画家、社会活动家冯骥才也是慈城冯氏的后代。他的代表作品有《俗世奇人》《铺花的歧路》《灵魂不能下跪》《一百个人的十年》。其创作的文学作品的主题思想包括批判文化的弊端、批判文革、发扬人性之美，数次获得文学界的各大奖项，如全国优秀短篇小说奖、传奇文学奖、中华散文奖、百花文学奖等。他的作品广泛流传、知名度高，许多经典的佳作也被收录在语文教材之中，有着巨大的社会影响力。

（二）凝聚力评价

众所周知，中国宗族制度与经济上的自然经济、政治上的君主专制、文化上的儒家伦理纲常等，构成了封建时期的中国传统社会的基本框架，所以随着自然经济的转变、君主专制的颠覆，必定会导致宗族制度的衰亡。而慈城冯氏的"人有祖鼻如水之有源"等宗族观念绝不可能因宗族制度的消亡而完全消失，相反还可能在社会多极化、经济全球化、文化多元化的当代掀起"亲情"回归热潮，因为"线越连越近，人越离越远"抑或"网越连越近，心越离越远"往往导致人与人的感情淡漠，而血缘之亲是每个人的基因，这基因会触发本能的崇拜、怀念先人的感情……慈城冯氏的"人有祖鼻如水之有源"观念实是以寻根、联宗等形式营造家族的精神家园，去培育众子姓感恩的基因，并以此凝聚子姓之心。

慈城冯氏通过一定的仪式，培养冯氏子姓怀念祖先的情感，在受到伦理孝悌教育的同时，让众子姓理解"饮水思源""感恩苍天、感恩祖先"的道理。其中主要的仪式就是祭祖。

慈城冯氏祭祖分族祭、家祭和墓祭三类。近代慈城冯氏的族祭由族长主持，举行仪式前由族长派人通知众子姓，到祠堂回族同祭；祭祀完毕后，全体族人可宴食一餐，宴会后将祭祀用的鹅肉等按份额散分，俗称分胙。大宗祠还有族长享吃鹅头颈之俗。

还有部分慈城冯氏则是不回族祭祀。但是，无论是回族还是不回族的慈城冯氏，均在各自居住地创立分祠或祖堂，如乍山乡龚冯村建有立本堂，庄市镇冯家村建有余庆堂等。且回族或不回族，都有祠堂公祭仪式，这是慈城冯氏"人有祖鼻如水之有源"的家族传统之一，且有族规规定众子姓必须按时参加仪式，不得随意缺席，如不参加则将"停止其应享权利"。慈城冯氏的祭祖传统也延续至今，在上海成家立业的宁波人，大多是清明时回老家墓祭祖先；如果实在忙于生计的慈城冯氏，或是在工作生活的异乡做祭祀，或是委托留在慈城的亲戚族人做祭祀，以寄托对祖先的怀念。惠宗祠西桥支启承祠存仁堂贞房孟房后新屋中央大门子孙迁居上海后，亲戚们碰头大多是做祭祀的时候。

除了祭祖，续编谱系也是慈城冯氏追根寻源、增强凝聚力的方法。慈城冯氏续编谱牒几乎没有间断过。即使在20世纪60年代"文革"扫"四旧"这一极为荒唐的年代，当家谱沦为"四旧"之一被付之一炬时，仍有慈城冯氏子姓在悄悄抄写祭簿之类的简易家谱。改革开放以后，慈城冯氏续编谱系大多来源于海内外族人回慈城探亲与寻根。

追根寻源烙印于众子姓的心灵，同祖、同宗、同根众子姓互帮互助共渡难关。如嫡亲兄弟间的互帮——弟冯慈生，留学日本，其读书经费由哥冯养生帮助解决；如堂兄弟间的互帮——冯子衷一家住在其伯父冯斯仓的房子里。

慈城冯氏除了生活上相互帮助，还在就业或者工作中的各个环节上互相照应，而工作上的互相照应往往会形成一个同业同族的关系网。

宗族制度是社会发展、文化积淀的结晶，慈城冯氏历代先祖打造慈城冯氏宗教文化，尤其注重"人有祖鼻如水之有源"那些内容，至今仍有其积极意义。上述以祭祖、族谱等形式体现的追根溯源，包含了倡导爱家爱乡、尊老睦亲、扶困济贫、教育子弟、造福乡里等内容，而这些内容是中华传统文化的精髓，是具有当代传承价值的优秀文化。而这些文化也深深植根在慈城冯氏众子姓的心中，成为他们即使分散在异乡也依旧拥有的共同基因，是他们宗族凝聚力的源泉。

（三）影响力评价

南迁后的慈城冯氏家族，科举兴旺是由冯兴宗开始的。冯兴宗作为哲学家杨简的学生，受杨简的影响而谨学自持，同时继承先生心学理论，创办了象山书院。之后，慈城冯氏"以读书求功名"的传家之道，恢复家族辉煌，奠定"南省名家"的声誉。慈城冯氏以"德才兼备、忠义为本"为做人为官之道，丰富了慈城以父慈子孝为基本特征的孝慈文化内涵，影响了一邑的民风。

慈城冯氏参与家乡教育，捐资办学。冯君木等参与创办慈湖中学，1936至1937年，冯作舟、冯迈群、冯梅卿、冯友苓、冯养生等捐款5500元用于慈湖中学的教育基金；还有冯度数十年担任效实中学校长，为筹募学校发展资金而奔波于上海、宁波两地。清末民初，统宗祠、启承祠等祠堂改办现代学堂，招收异姓学子入学；

1945年12月，冯氏大宗祠、统宗祠、惠宗祠、启承祠等新老斯文会会长冯祖麟发起，用全部会产两千余亩田扩充祠堂学校教育基金，以培植子孙，为地方造福等等。当代慈城，有三所具有百年校史的学校，慈城冯氏参与创办的就有两所，即慈湖中学、尚志小学，培养的学子中，有陈布雷等政坛名人。

光绪三十年（1904），冯君木等人不顾社会非议，利用县治东廓祇园庵作校舍，创办东城女学堂，开慈溪兴办女学之先声，不仅载入《宁波近代史纲》，更重要的是引领时代新风，这是慈城冯氏捐资办学的又一影响。

慈城冯氏创办的效实中学，培养的学子走出宁波，走向全国乃至海外。效实中学是宁波人成长成才的摇篮，也是慈城冯氏走向宁波乃至全国的平台。

（四）发展力评价

慈城冯氏家族的氏族文化基因的文化精华，可以运用到社会文化的建设和发展之中。

比如在冯俞宅的场地中，展览工艺作品，举办工艺系列博物馆，进行文化融合，碰撞出新的火花。冯俞宅工艺系列博物馆是第二届中华慈孝节系列活动之一，这是宁波市江北区在文化创意产业方面的又一尝试和发展。冯俞宅是慈城最大的古建筑群，获得了联合国教科文组织亚太地区遗产保护奖。冯俞宅工艺系列博物馆内共设置了景德镇青花瓷展、服饰展、惠山泥人展、宜兴紫砂茶壶展、坐具文化展等五个主题展区，每个展区详细介绍了这些宝贵工艺的历史发展和制作手法。该展览在继承的基础上发展、在创新的过程中发扬传统文化，具有不可估量的发展力。

慈城冯氏家族拥有"悬壶济世、合族行善"的宗族观念。悬壶济世，本意是指医者救人于病痛，这里指慈城冯氏还有乐于施药施医之善心。冯元长创设的冯存仁堂的宗旨是"拯人之死生，莫重乎医，而医之重，惟药为最"。慈城冯氏创设药店出于"不为良相当为良医"之古训，因而慈城冯氏的行医卖药具有悬壶济世的仁慈之心。行医如此，开店也是如此，冯存仁堂批发兼零售药品，还有"代客煎药、接方送药"等经营业务。"合族行善"体现了慈城冯氏品性温良、胸怀宽广的家族特色，冯氏家族世世代代皆有捐资建造学校、医院等善举。这种责任与担当的精神内核是国家大力提倡的，对于中华民族伟大复兴、中国梦的实现具有重大的推广价值。另外，慈城冯氏家族还提倡"重视教育""农商并重"，以及"积极进取"的精神品质。这些观念与我国社会主义建设的可持续发展战略、科教兴国发展战略、优良家风建设、社会主义核心价值观相契合，我国的社会主义事业正在不断地发展和完善中，这些优良的观念和品质对慈城乃至浙江的文化建设具有积极意义。

五、文化元素核心基因保存

（一）民俗类活动：斯文会

斯文会是慈城冯氏合族共祭远祖的祀典。凡高小毕业、年满十六足岁的族人都可入会。每六人轮流执持一年斯文会，执持除管理日常来往外，还得承办两次重大活动。一是忠安公的生日纪念，每个男性族人都可进祠堂叩拜，领取四个吉饼；二是每年阴历十月二十日的会员相聚，会员可吃喝三天，一般族人只可吃一顿。《慈溪冯氏支谱》记载："斯文会每年三月初一日，至长溪岭祭文直公墓，十月十二日祭忠贞公暨历代昭穆，午刻专祀文直公，配飨先贤衣冠、子姓入会者，轮当拜祭与胙。"斯文会祭祖是慈城冯氏通过宗族这一平台展示的家族活动，是慈城冯氏的家学渊源与书香传承的文化遗存。

（二）实物留存

1. 旧报纸刊登的慈城冯氏消息
2. 《秦润卿日记》中的慈城冯氏人与事
3. 慈城冯氏各支部分世系表
4. 冯存仁堂
5. 慈城冯氏族谱

（三）文献中的留存

慈城冯氏众子孙在古代著书立说成果最显著的，首先是存《四库书目》，如惠宗祠西桥支 23 世孙冯厚所著的《文翰类选大成》；惠宗祠西桥支 26 世孙冯柯所著的《历代宗藩训典》（十二卷）；冯京第所著的《兰史》等。其次是成为当代珍藏的版本，《宋元儒学案》作为了解和研究我国宋元时代学术思想史的必读参考事，先后由黄宗羲、黄百家父子及弟子全祖望、杨开沅等补述完成但未刊刻。道光十八年（1838），冯云濠借醉经阁所藏，与王梓材校补完善《宋元儒学案》，并著《补遗》一百卷，现成为我国珍贵的文化遗产。此后，冯贞群收藏的善本清史荣《李长吉诗注》，成为天一阁所藏的绝版之宝。其三是慈城冯氏著述作品成为当代珍贵的地方文献。

冯定纪念馆

港源城始　宁波江北文化基因

冯定纪念馆

一、文化溯源

冯定（1902—1983），中国哲学家、教育家，浙江宁波人。师范学校毕业后走向社会，20年代中期在上海商务印书馆编译所任编辑。民国十六年（1927）赴莫斯科中山大学学习，民国十九年毕业回国，长期从事宣传教育工作。

20世纪30年代，冯定在上海《自修大学》《读书生活》《国民周刊》《文化食粮》《译报周刊》等刊物上用贝叶的笔名发表了大量有关青年思想修养的文章。其中主要的有《新哲学是科学的哲学》《哲学的运用》《谈新人生观》《论自然哲学与历史哲学》《现阶段的青年问题》等。民国二十六年（1937），他写的《青年应当怎样修养》被收入《青年自学丛书》，在上海一版再版，成为最畅销的读物之一。抗日战争和解放战争时期，主要从事文化宣传教育工作，并在《抗敌》杂志、《抗敌报》上写了不少关于论述党的政策和马列主义理论性的文章。新中国成立前夕，在大连修养期间，为青年写了一本既通俗而又有一定理论深度的通俗哲学读本——《平凡的真理》。该书在阐述哲学理论时广泛地结合了生理学、心理学、教育学、社会学、政治学等许多内容。依据列宁辩证法、认识论、逻辑三者是统一的思想，将哲学理论分作四大部分：人的认识发生的生理基础和社会基础；两种对立的认识论；唯物辩证法的基本规律和范畴；马克思主义哲学原理在其他领域的展开和应用。此书先后共印过11次，行销50万册，在中国青年和干部中，产生过广泛而良好的影响。

新中国成立后，冯定任马列学院一分院副院长、北京大学教授，还担任过中国科学院哲学社会科学学部委员、中国伦理学会名誉会长。他在哲学研究中注重哲学的实际应用，着重研究中国革命的逻辑，遵循毛泽东所提倡的把马克思主义和中国革命实际相结合的学风从中国的实际出发，用中华民族的固有的思维和表达方式，历史地辩证地阐述分析现实生活问题。20世纪50年代初，他在《关于掌握资产阶级性格和中国资产阶级的错误思想进行斗争的问题》中，对民族资产阶级的经济地位、政治态度以及它们在中国革命发展各个阶段里的历史演变，作了准确、详尽的剖析，断然否定了那种认为资产阶级只能对国民经济的发展起消极作用的错误观点，认为在新的历史条件下，资产阶级仍然存在两面性，只要它拥护共同纲领，拥护工人阶级的领导，奉公守法，那么，资产阶级对全国工业化的方针，仍将起到帮助作用，对国家仍能有所贡献。此文受到党中央和毛泽东的肯定，并发给全党高级干部进行学习。1956年，冯定又写了《关于我国当前阶级矛盾的性质和斗争形式》的文章，在《大公报》发表，引起学术界的讨论。在总结中国革命经验方面，写了《中国共产党怎样领导中国革命》《工人阶级的历史任务》两书，由上海人民出版社出版。在他生命的最后几年，还写下了《树立无产阶级世界观，走历史必由之路》《哲学工作者的历史使命》《学习刘少奇同志关于党的建设的理论》《让共产主义道德深入人心是理论工作者的神圣职责》《汲取人类思想文化中一切有价值的东西》《怎样学哲学》《精神文明在社会主义建设中具有特殊的重要地位和作用》等论文。他的其他著作还有《共产主义人生观》（1956年）、《人生漫谈》（1982年）等。

二、文化要素分析

（一）物质要素

1. 慈城古建筑群，孕育古文化

慈城是江南地区唯一保存较为完整的古县城，是中华民族优秀建筑文化遗产和旅游目的地，国家AAAA级旅游景区，有"江南第一古县城"的美誉。2009年，荣获联合国教科文组织亚太地区文化遗产保护奖。

慈城古县城拥有极其深厚的文化底蕴，特别是以古县衙、孔庙等古建筑为标志，城内文物古迹众多，历史遗迹丰厚，拥有国家省市区四级重点文物保护单位33家。2006年，"慈城古建筑群"被列入全国重点文物保护单位。同时，慈城还是块文化宝地，历代一共出了519名进士，素有"天下第一进士城"之誉；到近现代，又涌现出冯骥才、冯定等一大批名人名家。慈城古县城东、西、北三面环山，南临慈江。"负阴抱阳，背山面水"，整个古城格局方正，纵横街巷平直规整，呈"井"字形交错，"一街一河双棋盘"备受专家赞赏，称之为"中国传统县城的典型代表"。

1902年9月25日，冯定出生于慈城一个手工业工人家庭，有三兄四姊，他在家中排行第八。冯定的先进思想的形成离不开这个美丽的文化古城的孕育。

慈城古县城

2. "落叶归根"，冯定故居

冯定纪念馆项目于2019年11月启动策划，2020年1月完成选址、方案设计等前期工作，3月17日开工建设，4月27日完成。纪念馆占地约500平方米，分慈城人、革命家、教育家、理论家四个展区和一个影音室。牌匾"冯定纪念馆"为北京大学原常务副校长郝斌所题。纪念馆还收集了冯定生前使用的物品、手稿、珍贵照片30余件，老一辈领导人陈毅、陈云、陆定一的珍贵历史资料，多种版本的《平凡的真理》《人生漫谈》书籍50余册，以及中央电视台《冯定1957》等视频资料。

冯定纪念馆位于布政房建筑群西进。为什么选择布政房，这是很有讲究的。首先，布政房位于金家井巷，这是慈城一条知名古巷。该巷以北，自西向东横向排列着甲第世家、福字门头、布政房三处全国重点文物保护单位，这三座老宅被专家认为是典型的明代江南民居，是中国建筑史上璀璨的一笔。福字门头和布政房之前是不对外开放的，近几年来经过不断修复，布政房已经开放，只要和旅游管理的人沟通好便可以进去参观。

冯定纪念馆的选址还有一个重要的意义则是，布政房是冯定生长的地方。慈城布政房是明代胡广布政使冯叔吉的宅第，第一进院落主体建筑九间二弄和东侧积高堂，为明晚期至清中期建筑，面积1390平方米。2006年5月，被国务院公布为第六批全国重点文物保护单位。冯叔吉是冯定的十一世祖，冯定小时候就居住在此。冯定的童年、少年时代就在布政房前宅串堂旁的一间房子中度过。纪念馆内还包括冯定故居，真实展现了冯定同志曾经生活的环境。之所以把冯定纪念馆建于此很大程度上也考虑到了中华民族"落叶归根"的传统思想。

"树高千尺，叶落归根"出自《坛经》，变自惠能大师行将涅槃时的话，"诸佛出现，犹示涅槃，有来必去，理亦常然；吾此形骸，归必有所，叶落归根，来时无口"。自古以来，中华民族都有着"落叶归根"的思想，这种渗透骨血里的归乡基因，是后人对冯定的纪念，更是慈城人民对冯定成就的肯定和深深的自豪之情。

冯定故居

（二）精神要素

1. 人生就是进击

冯定在《平凡的真理》前言中这样写道："我出生在20世纪的初期，经历了中国政治制度最反动、最黑暗的年代；中国共产党在俄国十月社会主义革命一声炮响之后不久诞生了，它就像指路明灯一样照亮了中国人民前进的方向，也照亮了我的出路。"

冯定的二儿子冯宋彻这样总结冯定的一生："父亲的一生，主要的时间和精力都是从事马克思主义的理论宣传工作和教育工作。他毕生的生活目的，都是为了执着的追求真理。逆境总是有的，人生就是进击，是父亲经常喜欢说的一句话。"尽管环境艰难，但是凭着"人生就是进击"的信念，冯定一直在挑战逆境。

在冯定的一生中，他得到了很多良师益友的帮助。其中，最重要的就是受冯君木的影响。冯君木是布政公幼弟的后代，与冯定父亲同一辈，是堂兄弟关系。五四运动爆发时，冯君木正在宁波第四师范和效实中学任教，他立刻奋力投入这一伟大的反帝爱国运动，积极联络各校，于宁波十一中学成立了"宁波学生联合会"，并发动商署成立"宁波商学联合会"。他还带领学生上街抵制日货、游行、演讲、日夜不辍。不难看出，冯君木是中国早期思想觉醒较早的，他的先进思想一直影响着冯定。

并且，在当时的环境下，求学条件艰苦，冯定受冯君木资助才得以继续上学，并使布政公的嫡系后代得以继续传承。每当冯定有什么困难，冯君木都会尽心相助，他受冯君木的影响还结识了几位良师益友，其中有著名书法家沙孟海、著名书法家钱罕、历史教师洪佛矢等。在这样的环境下，冯定接受了很多进步思想，并在学习中，不断深入。有一次，因观点不同，冯定被打成反党分子，遭排斥和打击，但这些都没有让他退却，放弃自己的思想。

2. 对马克思主义哲学通俗化、大众化的推进

1927年大革命失败后，为了保存革命力，中共中央有计划地把一些在大革命时期有一定影响力的同志送往苏联学习。至1930年，在苏联学习的冯定开始对哲学产生浓厚的兴趣，希望从中悟出一些救国救民的道理来。

但是在一个思想尚且封闭的社会，想要传播一个新的思想是何其的困难。想要做好马克思主义思想的传播，首先要让大众能够理解这个思想。当时多数哲学家都是用高深晦涩的词句来谈哲理，但这些抽象也是从具体的生活实践中得来的，哲学终究根源于生活。冯定力图打破人们对哲学的神秘感。在马克思主义中国化的过程中，冯定更侧重通俗化的理论与群众平凡生活相结合，便于让大众特别是青年理解，帮助青年树立马克思主义的世界观和人生观。在他的影响下，很多青年的思想都开始解放，认识到了马克思主义的重要性。

3. 重视青年的道德修养

接受师范教育期间，冯定接受了进步思想，并作为宁波学生联合会的师范代表，主编过学生联合会的报纸。1919年五四运动爆发后，冯定在医院进行募捐，推动附近的小学教员们发起游行，做街头演讲，并组织剧团在城乡演出。冯定认为青年时期是一个人世界观定型的关键时期，彷徨、苦闷中的青年需要哲学使之解除思想上的困惑。青年时期的思想修养对他的人生方向有着重要指导作用，培养大批拥有坚定理想信念的马克思主义者是推进马克思主义哲学在中国传播的一个关键。

青年是一个国家和民族的希望，他们受封建传统思想时间较短，接受良好教育的机会更多，是推动国家发展的主要力量。在1937年，冯定出版了《青年应当如何修养》，书中运用了马克思主义哲学的观点解释了人的道德情操修养。不同于传统强调内心的修养，冯定的修养观主要特色是结合了实践，对青年们的世界观、人生观、价值观、道德观产生的重要的影响。其中，冯定认为提高青年道德修养的秘诀在于密切联系生活实际。他指出："修养的方法，最好就是实行反省和自我检讨；而实行反省和自我检讨，是必须结合实践的。"他主张我们应该珍惜人生，而不应该虚度年华；主张我们应当自觉地把有限的生命和无限的为人民服务的伟大斗争结合起来。在他看来，注重实践、联系实际、不肯空谈这是首要的事。

道德修养决定着一个人的行为举止，而青年又代表着国家的未来，所以注重提升青年的道德修养是非常重要的。冯定能够透过现象看本质，发现最根本的问题所在，鼓励青年不断学习，加强自身的道德修养。他一方面主张将哲学原理转化为认识世界和改造世界的方法，另一方面强调将哲学原理转化为人生修养，转化为人的品德。

（三）语言和象征符号

1.《平凡的真理》

冯定一生笔辍不耕，留下来许多优秀的作品，其中《平凡的真理》是他的主要代表作。《平凡的真理》一书体现了冯定对马克思主义哲学体系传播与表述方式的思考，并且没有受到苏联模式教科书体系框架的束缚。该书从第一篇到第四篇中，都是以"真理"为主题展开阐述，冯定对真理观的努力探讨有重要的意义。一是为当时马克思主义哲学体系的构造提供了有益的启示，二是对马克思主义中国化的推进有借鉴意义。冯定以"实践"为基础的认识论贯穿《平凡的真理》全书，把辩证唯物主义自然观、辩证唯物主义历史观视为一体。例如，他在讲自然界的物质的时候，同时会讲社会生活中的物质。冯定认为，自然科学问题是为社会实践服务的，与专门的自然辩证法教材是有区别的，其实这即是"实践唯物主义"的另一种表达，并且冯定还结合了人类的社会实践谈"实践"是认识的来源的认识论问题。

《平凡的真理》一书在我国知识界和理论界产生了广泛而有力的影响，它有力地推动了马克思主义哲学在中国的普及和发展。这本书被誉为一本宣传马克思主义哲学的好书。在当时那个社会，鲜有人能够接受马克思主义这样的新思想，社会混沌，而冯定能够坚定地选择一条正确的路、坚持一个正确的思想是非常难能可贵的。它对马克思主义中国化、通俗化、大众化做了很突出的贡献。可以说在20世纪50—60年代，对青年、干部、学生、群众都起到了很好的启发作用，培养了一代至几代的青年马克思主义者。

《平凡的真理》一书

2. 宣传是普及人民思想的关键

1936年，中共江苏省委正式恢复后，冯定任省委宣传部干事兼党刊《真理》主编，编辑地下红色刊物。1937年，结合国民党统治区青年思想实际，冯定用谈心的方式和生动的语言写下《青年应当怎样修养》一书，介绍马克思主义的新世界观和新认识观，在广大青年中引起强烈反响。在白色恐怖下的上海，冯定曾用笔名"贝叶"在众多刊物上发表了大量有关青年思想修养的文章。

1938年10月，冯定由党组织委派进驻新四军驻地，在安徽皖南新四军政治部宣传部任宣传科长、《抗敌报》主编、教育科长、干部教育科长，是新四军中唯一的马克思主义哲学家。1942年冬，被派到淮北区委担任宣传部长，并在1943年1月至1945年9月兼任《拂晓报》社长。冯定在抗战时期大力宣传普及马克思主义哲学，做出了突出贡献。

冯定参与的一些报刊

（四）制度要素

冯定坚持"实践是检验真理的唯一标准"，彻底地贯彻理论联系实际的作用。1978年8月，冯定重新回到北大后，做了《实践是检验真理的唯一标准》的学术报告，可以说是"点起了解放思想的火炬"。《冯定文集》第一卷中也提出过思想必须包括实践，真实的思想是包括一切行动的过程的，思想的正确与否只有在行动中才能逐渐获得证明。冯定是一名坚定的马克思主义者，主张理论联系实际。他对马克思的"全部社会生活在本质上是实践的"作出这样的诠释，认为"新哲学的精髓，便是理论脱离不了实践，实践离不开理论，假如作一形象比喻，马克思主义哲学不是关在保险箱里的珠宝，而是货币，不但可以应用，而且应用得极为广泛；人生最有意义的行动是改造世界。"

冯定在《哲学工作者的历史使命》一文中提出，我们也要以实事求是的精神和科学态度加强对其他社会主义国家的研究，而不是照搬照抄，同时，以此为鉴，对一切社会现状的研究都要和自己的具体的实际相结合。只有将理论与实际结合，在马克思主义理论基础上，结合中国实际国情，通过实践的检验后，才能够得出最适合中国的方案，那样的马克思主义中国化才是有意义的。

三、文化元素核心基因提取

冯定是中国马克思主义伦理哲学的主要创建者。冯定抗战时期哲学著述的一个重要内容是反复给青年讲道德修养,以德立人。他在1937年撰写的第一部著作是《青年应当怎样修养》。这本6万多字的小册子很受青年欢迎,一版再版,被誉为中国马克思主义伦理哲学的开山著作之一。

四、文化元素核心基因评价

评价项目	评价因子	评价依据（特点）	是否
生命力评价	文化基因存续的时间	自出现起延续至今，未曾明显中断	√
		自出现起延续至今，但多次衰微、中断后复兴	
		曾明显衰败，改革开放后开始复兴或历史溯源关键环节缺失，难以考证	
		文化形态主体已灭失，现存部分痕迹	
	文化基因的稳定性	在发展过程中保持相当稳定的状态	√
		在发展过程中存在明显的精神内涵、表现形式剧变	
凝聚力评价	文化基因的凝聚力及社会动员效果	曾广泛凝聚起区域群体的力量，显著推动过社会经济文化的发展	√
		曾部分凝聚起区域群体力量，对社会经济文化的发展产生过影响	
		凝聚过力量，创造过实际的发展动能，但未见对社会经济文化发展产生显著改变	
		仅在历史文献或口耳相传中存在，未见实际介入社会经济发展	
影响力评价	辐射的范围	具有全国性、世界性影响力	√
		具有长三角区域、浙江省影响力	
		具有市县、乡镇影响力	
	提炼的高度	已经被古代文人士大夫和当代学者提炼为精神符号和理念理论	√
		单纯的样式、造型、工艺技术规范	

续表

评价项目	评价因子	评价依据（特点）	是否
发展力评价	与当代精神追求和价值观念的契合	传统文化基因得到创造性转化、创新性发展；区域革命文化基因被完整继承、广泛弘扬；区域社会主义先进文化基因成为与浙江"三个地"相适应的文化高地	√
		部分转化、部分弘扬、部分发展	
		难以转化、难以弘扬、难以发展	
说明：基因特点评价是对解码出来的基因，根据本《导则》表 2 的要求，围绕"四个力"逐一对表打"√"，进行定性表述			

（一）生命力评价

冯定思想的生命力就在于坚持"实践是检验真理的唯一标准"，彻底地贯彻理论联系实际的作风，是一名真正坚持了马克思主义的精神的、实至名归的哲学家。

1978 年 8 月，冯定重新回到北大后，做了《实践是检验真理的唯一标准》的学术报告，"点起了解放思想的火炬"，《冯定文集》第一卷中也提出过思想必须包括实践，真实的思想是包括一切行动的过程的，思想的正确与否只有在行动中才能逐渐获得证明。真理的标准在于实践，"思想要成为力量，只有通过实践，也就是指导人这样的物质力量，去和外界的物质力量进行斗争。……思想总是来自实践又回到实践的，正确的思想，在指导实践中能起很大的作用。但是，不来自实践就不能形成思想，思想不回到实践就没有意义，所以我们说，思想是很重要的，而实践是最根本的"。实践观点是马克思主义基本原理的重要观点，实践过程或实际运动中的每一个步骤要胜过一打纲领。

冯定在《哲学工作者的历史使命》一文中提出，我们也要以实事求是的精神和科学态度加强对其他社会主义国家的研究，而不是照抄照搬，同时，以之借鉴，对一切社会现状的研究都要和自己的具体的实际相结合。冯定的理论始终贯穿实践观点，彻底发扬了理论联系实际的作风，体现了冯定哲学的合理性与科学性。薛暮桥同志在为《冯定文集》写序言时曾指出："冯定哲学思想的特点是：对哲学研究的严肃认真态度，不盲从附和，不随风摆动。冯定一生治学和做人都是采取了坚持真理，不掺杂任何私心杂念的严谨和正直的作风。"冯定是一名坚定的马克思主义者，主张理论联系实际，他对马克思的"全部社会生活在本质上是实践的"作出这样的诠释，认为"新哲学的精髓，便是理论脱离不了实践，实践离不开理论，假如作一形象比喻，马克思主义哲学不是关在保险箱里的珠宝，而是货币，不但可以应用，而且应用得极为广泛：人生最有意义的行动是改造世界"。

（二）凝聚力评价

冯定思想的凝聚力有三个显著特点：一是立足于马克思主义哲学讲伦理，放眼世界大势向青年讲修养的重要，将人生观、世界观和历史观作为不可分割的整体来论述，具有宏观视野。他讲青年应该怎样修养，就是让青年人"明白宇宙进化和社会发展的规律，顺势去推动时代的轮子，尽一份'人'的责任，人生的意义就在这里，人生的最大愉快也就在这里了"。二是从分析青年烦恼和苦闷的根源入手，既揭示世界大大小小的矛盾、社会各色各样的矛盾和青年生活重重叠叠的矛盾，又帮助青年明白矛盾的底蕴、探究解决方法。其著述不回避青年最为关注的恋爱婚姻、私生活和赡养父母等问题，积极释疑解惑，被称为青年的知心朋友。三是紧密联系现实引导青年做时代英雄。他谈到广大青年爱慕的英雄问题时说：英雄这个词，在大变乱的年头对青年很有吸引力，不少人都想"英雄一下子"，但怎样认识英雄、学做英雄呢？英雄是历史的产物，各时代有各时代的英雄。英雄并非命运注定，只要能够顺应大多数人的要求，谁都有可能成为英雄。中国急需进步的英雄，在反对日本帝国主义的侵略时，"最主要的便是民族英雄，凡是能看清当前的情势，能适应大多数民众的迫切要求,能消除中华民族的大危难,这便是中国真正的英雄。"冯定用马克思主义哲学理论讲人生修养,创立了中国马克思主义伦理哲学。

(三) 影响力评价

项英向陈毅介绍冯定时说,该同志是不可多得的教育人才。冯定之所以不可多得,就在于他干工作非常认真踏实,善于思考问题,将哲学理论贯彻到自己的工作中去。1938年,他在撰写的文章中说:"哲学是时时刻刻存在着的,是大事和小事中都存在着的,然而在斗争尖锐的时候,内容更充实,现象更丰富,也最易使我们发现问题和解决问题,这正是我们努力求进的一个绝好机会,我们应该在实践中努力理论,也应该在努力理论中力求实践,这样才不愧为现时代中的一个好战士。"这正是冯定践行马克思主义哲学的写照。皖南事变后,他担任抗大五分校主持工作的副校长,这是抗日战争时期华中敌后规模最大的干部学校。当时有一位同志热情地请求进抗大五分校学习,具体部门负责人怀疑其是托派,不让他进校学习。

冯定知道后说:"这个人坚决要求进来,就让他来吧,他是托嫌,怕什么?抗大是熔炉,就是托洛茨基这位仁兄要来,我们也不怕。"这位同志进了抗大,思想得到改变,后来英勇牺牲在抗日战场上。在冯定等人的组织领导下,抗大五分校为党培养了大量军政干部,适应了抗日武装不断发展的需要。

冯定的一生是对马克思主义哲学奋力求索、玉汝于成的一生,他的丰富著作是一笔宝贵的理论遗产。冯定的学术理论,具有明显的时代特色,既有历史的局限性,又有历史的超越性和前瞻性,这是作为时代精神的哲学时代性的表现。立足于新时代,中国的马克思主义哲学肩负着时代赋予的重任,如何开发和继承冯定留给我们的学术理论,理解冯定对马克思主义哲学通俗化、大众化以及伦理学和教学、教程改革方面的贡献,具有特定的现实参考价值。由此呈现冯定在马克思主义思想史和马克思主义哲学史上的历史地位。

(四) 发展力评价

黄枬森曾多次提出,冯定对马克思主义哲学的贡献是巨大的,因此也拥有巨大的发展潜力。但学界对他的研究和宣传还不够，应当加强对冯定哲学思想的研究，并且恢复冯定应有的历史地位。事实确实如此，冯定传承了李大钊、毛泽东开拓的马克思主义中国化理论，发扬了理论与实践统一的学风，形成了自己独有的一套马克思主义哲学"平凡的真理"的理论体系。

通过总结冯定的马克思主义大众化理论可得出经验：我们需继续以通俗易懂的方式向广大群众传播当代的马克思主义大众化、时代化的内容，在通俗化的过程中明确认识中国特色社会主义理论体系的基本内容、精神实质和现实价值，从而领悟所肩负的历史使命和责任，马克思主义研究对象的复杂性和综合性决定了其理论体系具有抽象性、概括性，但对于马克思主义的宣传需要通俗化。

需要强调的是，正如冯定所言，通俗化并不意味着庸俗或浅薄，马克思主义哲学通俗化要求的是马克思主义传播者善于用大众熟悉的、常见的而且是便于接受的方式阐述马克思主义，通俗化增强了理论自身的吸引力，易于使大众对理论产生亲近感。因此，在实际开展的中国特色社会主义理论的宣传、普及活动中，在调查群众思想状况的基础上充分联系实际，充分考量大众的特点和接受能力，用群众喜闻乐见的大众话语开门见山、简洁明快地进行宣传，同时用贴近群众的大众化语言回答广大干部群众关心的理论并且指导实际问题，这种将马克思主义科学理论同广大人民群众的具体学习、生活和工作紧密结合起来的宣传方式才能让人民群众理解和接受理论，才能解除群众的思想困惑，才能达到贴近基层、贴近生活、贴近群众、贴近实际的目的，社会主义意识形态的吸引力和民族凝聚力才能得到不断增强。

推进马克思主义大众化依然是当代一个重要的时代课题，理论是不断发展的，更新对马克思主义哲学中国化理论的认识，沿用通俗宣传的方式吸收马克思主义哲学大众化理论，学习最新的马克思主义哲学大众化成果是十分必要的。

五、文化元素核心基因保存

（一）特色活动

组织参观冯定纪念馆。

（二）实物留存

纪念馆：冯定纪念馆。冯定纪念馆选址十分有纪念价值，在明万历年间湖广布政使冯叔吉故宅，同时也是冯定小时候居住过的地方。冯定纪念馆利用了三进房屋，完整展出了中国著名马克思主义哲学家、教育家冯定的生平和有关实物，其中不乏冯定先生的家庭合影，写作手稿等陈列物件。

书籍：20世纪30年代出版的《青年应当怎样修养》。1948年出版的《平凡的真理》，该书为冯定此前在大连疗养期间写下的多篇哲学普及短文结集而成。1955年，冯定重写《平凡的真理》，突出了马克思主义哲学的认识论、实践论，发行约50万册。1956年出版的《共产主义人生观》，第一版发行57万册。1976年以后，出版了《人生漫谈》，重印了《平凡的真理》，写了多篇总结学术经验教训的文章。

冯骥才祖居

港源城始　宁波江北文化基因

冯骥才祖居

一、文化溯源

冯骥才,中国当代作家、书画家和文化学者。已出版中外各种版本著作百余部,画集多部。文学作品题材广泛,体裁多样。主要作品有《珍珠鸟》《高女人和他的矮丈夫》《神鞭》《三寸金莲》《俗世奇人》《炮打双灯》《一百个人的十年》等。多次在国内外获奖。并先后在中国大城市以及欧、美、亚一些国家举办个人书画展,深获好评,被拥戴为中国现代文人画之代表。现任中国文联副主席,中国小说学会会长,中国民间文艺家协会主席,国家非物质文化遗产保护工作专家委员会主任,天津大家冯骥才文学艺术研究院院长,并任中国民主促进会中央副主席,全国政协常委等职。

虽出生在天津市,但冯骥才是浙江宁波人,祖籍浙江慈城。更是在2018年的采访中坦言:我的生命基因全部来自宁波这片土地。

"宁波是我的故乡,江北是我的故土,我的生命基因都来自这片土地,我对这片土地始终怀着莫名的执着和情意。"这是冯骥才面对父老乡亲时饱含深情说的一段话。作为当代文化名家,冯骥才将所有的精力和智慧投入到文学创作以及文化遗产保护之中,对家乡的眷恋和呵护更加彰显了他的赤子情怀。

慈城古县城千年历史,积淀了许多江南古城、古镇所具有的地方人文传统。慈城冯氏为代表的世家文化就是其中之一，文化底蕴深厚的世家风范，为冯骥才提供了浓厚的文化氛围。

冯骥才祖居已有1700多年历史，始迁祖冯冕，为汉末从北方来慈城为官的句章县令，后因战乱动荡，回家之路被切断，遂隐居于今天的慈城八字桥村。被誉为"慈城第一大户"的冯氏家族由此发祥。

"千年药业，百年老店，慈城冯氏，药业世家。"钱文华将冯骥才家族1700年的历史浓缩成了这16个字。钱文华介绍，冯氏起家于药业，现在位于江夏街上的冯存仁堂就是由冯骥才的九世祖映斋于清康熙年间创办的。冯映斋之后，冯家数代人均接续祖业，继续经营药材生意，逐渐成一方巨贾，成为在慈城当地名声赫赫的药业世家。有个例子可以说明一下当时的冯家有多富有——1826年，慈溪重修慈湖书院，当时冯骥才的五代祖冯汝霖、冯汝震、冯汝霆兄弟三人就联名捐了一万五千两银子。

发家以后的冯氏家族，逐渐对科举产生了浓厚的兴趣。钱文华考证，冯骥才的五代祖冯汝霆，是个监生，成为当时冯家第一个真正的读书人。从冯汝霆开始，也就是从道光到光绪年间的50多年里，冯骥才家族里竟然走出了13个举人，"这不能不说是个奇迹！"钱文华称，科举考试的难度之大，梁启超曾经描述过："邑聚千数百童生，拔十数人为生员；省聚万数千生员，拔百数十人为举人。"而慈城冯家在这么短的时间里走出了13个举人。数代以后，冯骥才成为中国享誉海内外的著名文化人，或可从家族的历史传承中找到解码的线索。

冯骥才从小就喜爱美术、文学、音乐及各种球类活动。高中毕业后，他到天津市书画社从事绘画工作，对民间艺术、地方风俗等产生了浓厚兴趣。正值青春年华，却赶上了"文革"，在那些艰苦的岁月里，他默默坚守着心中的梦想。

改革开放以后，文学创作迎来了复兴。1978年，冯骥才的第一部作品《义和拳》正式出版。在那个普通人月工资不到30元的年代，冯骥才领到了3300元的巨额稿费，成为改革开放后第一批拿到稿费的中国作家之一。

怀着对文学的使命和激情，20世纪80年代，冯骥才写了《神鞭》《三寸金莲》等一系列小说、随笔、散文。这些作品关注普通小人物的命运，别开生面，充满人间风致，引起巨大社会反响。每一篇作品发表，都会收到成百上千封来信。

不久前，冯骥才在接受媒体采访时回忆，当时有的读者是流着泪给他写信，泪水打湿了信纸，他打开信封时发现信纸粘在一起，展开时有一种"沙沙"的声音，至今让他感动。

1991年，冯骥才创作的《乡魂》发表。在冯骥才的笔下，故乡宁波有一种伟大和神奇的力量，像巨大的磁石吸引着他。

《乡魂》发表一年后，冯骥才踏上回乡省亲之路。而在家乡宁波的一次善举，开启了他近30年的历史文化遗产保护之路。

除了文化遗产保护，冯骥才也对家乡的文化建设献计献策、出钱出力，倾注了自己的全部感情。

20世纪90年代初，宁波市小百花越剧团已拥有一批优秀演员，在全国名气却不大，急需通过一些平台扩大影响。怀着对家乡的深情，1996年6月，冯骥才拍卖了3幅国画，资助小百花越剧团赴天津演出。

演出期间，冯骥才不仅亲自参加新闻发布会，陪同剧团去天津大港工地慰问演出，还发动当地媒体对小百花越剧团进行报道，使宁波小百花越剧团在天津有了广泛的影响力，创造了"七上津门"演出的辉煌。

2016年4月，冯骥才祖居博物馆在慈城落成，冯骥才向博物馆捐赠了图书、书法、文房用品、音像制品300多件。4月22日9点半，冯骥才在乡亲们的簇拥下来到开馆仪式现场。

冯骥才祖居博物馆位于宁波慈城民主路159-1号，占地面积1460平方米，自2010年开始，慈城当地对冯骥才祖居进行修缮。博物馆将于2016年4月正式开馆。

房子内的一切都蕴含着冯骥才先生对故乡深切的爱和怀念。即使没有在这里长期生活过，这里也是他永远的家乡和文化根基，祖辈的传承和家庭文化氛围的熏陶，对他成长为知名作家的作用不可忽视。

二、文化要素分析

（一）物质要素

中国是宗族型国家，家国同构，家族就是以婚姻和血缘关系结成的亲属集团。

宁波一地多世家大族，家族在宁波帮的形成与发展过程中，扮演了重要的角色。慈城冯氏家族从事的行业至少有中药、钱庄、银行、制造业等。

时代变迁，有的家族没落了，而有的家族能够长期延续，对于社会来说，家族就成为稳定与发展的重要力量。生于斯，长于斯，也成于斯，与这一方土地休戚相关，为了维护家族的声望，家族成员大多关心地方事务，积极参与地方事业，冯骥才的乡愁，也是家族凝聚力的体现。

环顾整个故居，不少陈设都是冯骥才的祖辈父辈留存下来的，它们凝结着冯氏家族的血脉和根基，也承载着冯骥才浓浓的乡愁。

1. "怀先堂"牌匾和《雨竹图》

悬挂在厅堂中央的"怀先堂"牌匾和《雨竹图》是冯骥才专门题写和绘制的。

牌匾是我国古建筑的一个重要组成部分，是古建筑的眼睛，是人来到一个地方后第一眼就看见的东西。人们通常用它来表达经义，也作为一种装饰用来凸显建筑物的名称和性质，是人们表达义理和情感的一种文学艺术形式。

"怀先堂"是冯骥才先生为祖居亲手题写的，有"怀念先辈"之意，充分表达了他对祖辈父辈的怀念、敬仰和对这片土地的爱慕。

书画艺术汲取中华历史长河中的点滴精华，自成体系，与老百姓喜闻乐见的审美浑然天成，如此恒久不灭的生命力，来源于生生不息的创新与多变，不管什么样式的书画艺术，对于当时的生命力把握是准确的。历史，本来就是一个宏观的概念，但不可否认的是，历史是人创造的，对个体价值的尊重，也就是对历史的尊重，任何一个抽象的艺术形式都不可脱离这个范畴，中国绘画艺术的源远流长，其实是对个体价值的不断塑造的一个过程。

绘画艺术作为中华优秀传统文化中最重要的一支，承载着中华民族的文化基因。冯骥才先生为自己的祖宅亲手作画《雨竹图》。

竹，秀逸有神韵，纤细柔美，长青不败，象征青春永驻，年轻；春天（春山）竹子潇洒挺拔、清丽俊逸，翩翩君子风度；竹子空心，象征谦虚。品格虚心能自持；竹的特质弯而不折，折而不断，象征柔中有刚的做人原则，凌云有意、强项风雪、偃而犹起；竹节必露，竹梢拔高，比喻高风亮节；品德高尚不俗，生而有节，视为气节的象征。唐张九龄咏竹，称"高节人相重，虚心世所知"（《和黄门卢侍郎咏竹》）。淡泊、清高、正直，是中国文人的人格追求。

竹，彰显气节，虽不粗壮，但却正直，坚韧挺拔；不惧严寒酷暑，万古长青。竹、梅花和松是"岁寒三友"，松象征常青不老、梅象征冰清玉洁，而竹是君子的化身，是"四君子"中的君子。竹之七德，竹身形挺直，宁折不弯，曰正直；竹虽有竹节，却不止步，是曰奋进；竹外直中空，襟怀若谷，是曰虚怀；竹有花不开，素面朝天，是曰质朴；竹超然独立，顶天立地，是曰卓尔；竹虽曰卓尔，却不似松，是曰善群；竹载文传世，任劳任怨，是曰担当。

《雨竹图》为这个宅子增添了不少传统文化的色彩，也增添了历史的底蕴和深度。让人联想到他对竹的喜爱和立志践行这些品质的决心。是非常有意义的。

2. 两把椅子和一张桌子

在厅堂最重要的位置，放有两把民国风格的椅子和一张桌子。对于这两把椅子，冯老多次提起过。他说，这两把椅子，一把是爷爷生前坐的，一把是爸爸生前使用的，每次看到这两把椅子，就会想起他们。

可以说，这两把椅子，留存着冯氏长辈的温度，寄存着冯老对先辈的思念。

父辈祖辈已经不在人世，冯老能做的只有通过这两把他们坐过或用过的椅子来感受他们生前的余温和故乡带来的慰藉。

时至今日，这两把椅子和这张桌子仍放置在冯骥才祖居博物馆中，冯老正是以这样的方式传达自己对故乡和祖辈的怀念，也让来到这里参观的游客感受到一丝温存。

3. 展厅

冯家祖宅的后面，是新建的500平方米展厅。分为文学展区、书画区、文化遗产保护展区、"大冯与故乡"展区。整个展厅主要通过图片、视频和实物，展现冯老在文学、绘画、文化遗产保护和教育领域的成就。里面展示的很多书画作品和书籍都是冯骥才捐赠的，包括图书、书画、实物、音像作品，共计344件。

为了支持家乡的文化建设，丰富建设中的家乡博物馆的馆藏、陈设，创造出独有的文化空间和艺术品位，著名作家、中国民间文艺家协会主席冯骥才向祖居博物馆捐赠了一批艺术作品和实物，共计344件（册）。

据了解，捐赠分为四大类，图书194册，包括了冯骥才文学、艺术、文化人生各个阶段的经典图书。书画24件，既有冯骥才现代文人画的代表作，也有早年临摹的《清明上河图》和宋人小品的手工复制，更有特地为家乡创作的《雨竹图》和书写的匾额。实物60件，包括冯骥才自用的各类文房用品、书桌，手稿，祖父、父亲的椅子。音像66件，涵括了冯骥才家乡、家庭、生活、工作、文化抢救、多次返乡的视频资料，还有根据他文学创作改编的影视、文化访谈视频等等。

4. 古井

博物馆的后院有一口冯氏祖辈使用过的古井，和一片青翠的菜园子。冯骥才带一行朋友来到了这儿，明显多了一些轻松。他充满深情地说，自己的老母亲99岁了，还经常念叨着老

古井

家的这口古井。"去年我就专门和它合了影。今天大家一起来！"然后冯骥才拉朋友们到古井边合影。

敬畏历史，才能用心去保留原生态的痕迹。墙角边一口直径三四十厘米的水井。井看起来有些年头了，表面凿刻的凹凸早已被岁月抚摸得很平整光滑，井身一侧有一条长长的裂缝，看起来就像一个艺术品的"败笔"。不过，"大冯"却为这"一笔"叫好。这口井已有300多年历史，他的父亲曾喝这井水长大，即便再不完美，这都是历史的痕迹，是需要特地保存的。

"古村保护并不是把眼前所见的破旧和不完美统统拆除，然后再去重建一个仿古式的建筑，而是需要我们在'残存'里巧用匠心。""大冯"说，这就像玉雕里的"俏色巧雕"，那抹"俏色"才是精髓。

"砖瓦砌成墙"，在"大冯"的记忆里，这是自己家乡慈城的传统。博物馆的建筑者特地从本地民间找来老瓦片，镶嵌进现代的钢制框架里，还原了历史风貌，那趴在地上的植物，也被小心地"放"进了叠垒的空隙里……望去，时光仿佛暂停。

"每个人心中都有一片神奇的土地，它的名字叫故乡，离得越远，怀念越深。""大冯"说，我们应该保护好心中的这片乡愁，像火炬手一样把它传递给后人。

可以说，祖居内的每一个陈设都体现着冯骥才先生对已故亲人的怀念和对这片未曾长期生活过的土地的敬仰，他致力于传统文化保护，守护祖居里每一项先人留下来的痕迹，和他深深的思乡情有关。

冯骥才今天的学术和文艺成就与他光辉的家族文化传承有着很大的关系。研究冯骥才祖居对研究宁波世族血脉和文化基因有非常深远的意义。

· 205 ·

（二）精神要素

1. 乡愁何来，乡关何处

冯骥才曾经写过一篇散文叫《乡魂》，文中表达了他对故乡的深切情感。他在文中写过，"在街上走走，来往行人说的宁波话一入耳朵，意外有种亲切感透入心怀，驱散了令我茫然的陌生"。虽然他不会讲宁波话，但是从父辈那里耳濡目染的也能够听懂一些宁波话。乡音令他深切感受到故乡慈城的民俗风情，见证着祖居曾经发生的一切。

冯骥才曾坐了5个多小时的高铁，特地回一趟慈城老家，感受故乡小镇的生活。那天他站在祖居老屋里的老井前，对家乡的人说："我对这口井有一种依恋的感觉。因为这井水对我来说就像乳汁，我父亲是喝这口水井的水长大的。"

冯骥才，既关注着乡愁何来，又追问着乡关何处。

2. 故乡文化，精神源泉

或许正因为对故乡慈城的心心念念，冯骥才接受了来自故乡颁给他的文学奖项：第五届林斤澜短篇小说奖"杰出短篇小说作家奖"。他说，故乡有一种伟大而神奇的力量。像一块巨大的磁石，牢牢吸住一切属于它的人们，不管背离它多久多远。似乎愈远愈久便愈感到它的引力，这种引力是深入灵魂、不可抗拒的。

冯骥才祖居

他期望创作一部跟故乡有关的作品。故乡的文化，是他的精神源泉之一。而这也能从他的一些作品中展现出来，比如《乡魂》等等。

3. 血脉相连无限牵挂

宁波慈城，对于冯骥才来说，是一个充满乡愁的地理名词。对于故乡，他一往情深地热爱着，在他的多部作品中，都展现着他对故乡的眷恋。冯骥才的父亲冯吉甫小时候很早就离开了慈城，但是他一直心系故乡，曾经多次回乡探望父老乡亲，也常常给他的儿女讲述慈城老家的故事，也许正是因为父亲的影响，冯骥才才对故乡有如此之深的眷恋之情。

冯骥才曾经用散文记录过："在父亲出生的故地慈城，寻寻觅觅，居然找到了不少往日的遗痕。譬如父亲出生的老屋，爷爷坐过的椅子、老井、古瓮以及爬满青苔的雕砖的高墙。还在父亲儿时玩耍的院子里取出两杯泥土，回来在为父亲迁坟时，将其中一杯与父亲骨灰合葬，另一杯放置在我的书架上……"

祖居厅堂中央悬挂着"怀先堂"牌匾和《雨竹图》，这是冯骥才专门题写和绘制的。"怀先堂"通过复原厅堂、卧室、书房场景，就是为了展示冯氏三代的生活信息。在房间最重要的位置，放有两把民国风格的椅子和一张桌子。对于这两把椅子，冯骥才多次提起过。他说，这两把椅子，一把是爷爷生前坐的，一把是爸爸生前使用的，每次看到这两把椅子，就会想起他们。可以说，这两把椅子，留存着冯氏长辈的温度，寄存着冯骥才对先辈的思念。

冯骥才说"慈城这个地方，不仅与我血脉相通，更在文化精神传统上与我的灵魂相通，始终让我无限牵挂。"

（三）语言和象征符号

1. 乡音入耳，意外亲切

一言一语总关情。冯骥才在其作品中写到过：走在故乡慈城的街上，来往行人的宁波话一入耳，便感受到了一种意外的亲切感，从而内心的陌生也随即消失。他说自己很笨，一直没有从祖父和父亲那里学会宁波话，但是这种特有的乡音像是经常挂在他们嘴边的家乡的民歌，始终伴随着他的童年与少年时期。那时，来看望祖父的人们，大都用宁波话与祖父交流，平时都用普通话交流的祖辈们，也都讲起了宁波话。

在天童寺，一位老法师为其讲述这座古寺非凡的经历。他地道的宁波口音令冯骥才如听阿拉伯语，全然不懂，他仔细去看这法师的仪容，竟然发现他与祖父的模样很像：布衣布袜，清瘦身子，慈眉善眼，尤其是光光的头顶中央有个微微隆起的尖儿。北方大汉剃了光头，见棱见角，又圆又平；宁波人歇顶后，头顶正中央便显露出这个尖儿来，青亮青亮，仿佛透着此地山水那种聪秀的灵气。他觑起眼睛再感觉一下，简直就是祖父坐在那里说话！

2. 保护村落，守望文化

许多年来，冯骥才一直致力于古村落、古镇的保护，被誉为"民间文化的守望者"。对他而言，家族文化是民间文化非常重要的一部分。

冯骥才把自己创作的260多种国内外版本书籍和参与主编的600余本书籍统统捐赠出来，放在故居的展厅里，并叮嘱祖居的博物馆不仅要收藏、展览，也要做研究。

在考察参观祖居途中，冯老对故居的摆设，展厅的设置安排不断地提出自己的想法。"我会把家里的书房'搬'到这里来，还有我爷爷、爸爸坐过的两把椅子。故居应该展现清末民初慈城普通人家的场景，也可以放上冯氏家族的老照片"。他还表示，他收藏的冯氏祖先像会在适当的时候找个方式"回家"。他说："这祖先像不属于我，而是属于慈城这片土地。"历史上的原物放在这里（祖居）是最合适的，博物馆是应该让实物说话的。历史的每个小细节都是一个故事。

冯骥才一直关心慈城抱珠楼的保护利用情况。抱珠楼是道光年间浙东著名的藏书楼，是冯骥才高祖的从弟冯本怀所建。得知抱珠楼得到进一步保护后，他十分高兴，说保护利用抱珠楼是一件很有意义的事情，但如果建一个普通的图书馆，就没有什么特色。可以考虑建一座"荐书馆"，收藏社会各界人士推荐的书，荐书人要签上自己的名字，并写几句荐书理由。荐书人既可以是知名学者，也可以是普通百姓、在校学生。这样的图书馆有温度、有思想，很特别，还可以带动阅读。冯骥才说，他愿意发动他广泛的"朋友圈"为抱珠楼荐书。

冯骥才在故居的水井前

（四）制度要素

1. 药业世家

慈城的冯家，因为出了冯骥才，

受到业界关注。而事实上，慈城的冯氏，历史上也是知名望族，是名震全国的中药世家。

冯骥才的家族居住在慈城已有1700余年的历史。始迁祖为冯冕，为汉末从北方来慈城为官的句章县令，后因战乱动荡，回家之路被切断，遂隐居于今天的慈城八字桥村。被誉为"慈溪第一大户"的冯氏家族由此发祥。

冯氏起家源于药业，现在位于江夏街上的冯存仁堂就是由冯骥才的九世祖映斋于清康熙年间创办的。冯映斋之后，冯家数代人均接续祖业，继续做药材生意，逐渐成一方巨贾，成为在慈城当地名声赫赫的药业世家。

名震全国的慈城药业，其悠久历史和雄厚实力是无与伦比的。北宋年间，慈城望族五马桥冯氏就以经营药业致富，名臣舒亶在《四明杂咏》中以"药肆万金饶"之句赞之。此后，冯氏世代以经营药业为生，至明清之际，蔚为大观。在清道光、咸丰年间，家产竟达2000万两白银，成为全国首富。为此应清政府之请，捐银30万两助饷，清政府以免税贩药的特权予以奖赏，其势力遍及江南数省。三百年间，慈城产生了数十位国药业的巨商大亨，执中国国药业之牛耳。如大清药王同仁堂的创建者乐氏家族是慈城人，自明永乐年间从慈城走向北京的货担郎中——乐良才起，乐家子孙一直在北京营业，至清康熙年间，终成为中国第一药铺。此外，上海的冯存仁堂、童涵春堂，天津的达仁堂，广州的敬修堂，济南的宏济堂，沈阳的继仁堂，杭州的张同泰堂等数十家赫赫有名的百年老店，以及宁波最有名的两家中药店：冯存仁药店和寿全斋药店，都是慈城人创办和经营的。

2. 文化世家

冯骥才的五代祖冯汝霆，是个监生，成为当时冯家第一个真正的读书人。从冯汝霆开始，即从道光到光绪年间的五十多年里，冯骥才家族里走出了13个举人。数代以后，冯骥才成为中国享誉海内外的著名文化人，或可从家族的历史传承中找到解码的线索。

如今，冯骥才的祖居博物馆，不仅仅研究冯骥才，也希望未来能研究他们的家族，家风，与当代社会相结合，也能成为中华文明传承的一个缩影。

三、文化元素核心基因提取

慈城古县城千年史，积淀了许多江南古城、古镇所具有的地方人文传统。慈城冯氏为代表的世家文化就是其中之一，对慈城古镇历史文化的挖掘有着重要的研究价值，对当代多元价值取向的思考有一定的借鉴意义。

"宁波是我的故乡，江北是我的故土，我的生命基因都来自这片土地，我对这片土地始终怀着莫名的执着和情意。"这是冯骥才面对父老乡亲时饱含深情说的一段话。作为当代文化名家，冯骥才将所有的精力和智慧投入到文学创作以及文化遗产保护之中，对家乡的眷恋和呵护更加彰显了他的赤子情怀。冯骥才祖居博物馆只是冯骥才文化保护中的重要一部分，除却祖居，在保护民间文化的道路上，冯骥才一直行走在路上。

冯骥才祖居博物馆犹如文化添加剂，使宁波文化美上加美，犹如水滴汇入聚成大海。

四、文化元素核心基因评价

评价项目	评价因子	评价依据（特点）	是否
生命力评价	文化基因存续的时间	自出现起延续至今，未曾明显中断	√
		自出现起延续至今，但多次衰微、中断后复兴	
		曾明显衰败，改革开放后开始复兴或历史溯源关键环节缺失，难以考证	
		文化形态主体已灭失，现存部分痕迹	
	文化基因的稳定性	在发展过程中保持相当稳定的状态	
		在发展过程中存在明显的精神内涵、表现形式剧变	√
凝聚力评价	文化基因的凝聚力及社会动员效果	曾广泛凝聚起区域群体的力量，显著推动过社会经济文化的发展	
		曾部分凝聚起区域群体力量，对社会经济文化的发展产生过影响	√
		凝聚过力量，创造过实际的发展动能，但未见对社会经济文化发展产生显著改变	
		仅在历史文献或口耳相传中存在，未见实际介入社会经济发展	
影响力评价	辐射的范围	具有全国性、世界性影响力	
		具有长三角区域、浙江省影响力	
		具有市县、乡镇影响力	√
	提炼的高度	已经被古代文人士大夫和当代学者提炼为精神符号和理念理论	√
		单纯的样式、造型、工艺技术规范	

· 211 ·

续表

评价项目	评价因子	评价依据（特点）	是否
发展力评价	与当代精神追求和价值观念的契合	传统文化基因得到创造性转化、创新性发展；区域革命文化基因被完整继承、广泛弘扬；区域社会主义先进文化基因成为与浙江"三个地"相适应的文化高地	
		部分转化、部分弘扬、部分发展	
		难以转化、难以弘扬、难以发展	√

说明：基因特点评价是对解码出来的基因，根据本《导则》表2的要求，围绕"四个力"逐一对表打"√"，进行定性表述

（一）生命力评价

冯氏后人现今有部分仍生活在宁波慈城，在社会中从事各行各业。例如住在"花园冯家"的冯德才曾是冯骥才爷爷饭店里的小工，当时就跟冯家一起住在天津信厚里7号别墅里。冯德才受冯骥才爷爷委托，回乡之后看管老祖居。冯骥才的堂哥冯良才也生活在宁波。这里有土生土长的冯氏亲属，也有冯骥才的祖先世代生活的祖居，还有培育了冯骥才的长辈的来自宁波慈城的"味道"。

钱文华在1987年寄给冯骥才一封信，告诉他祖居找到了，在收到信后冯骥才回信："没有这块土地，就没有我。"

在冯骥才写作的《乡魂》一文中他说到，从前故乡只是他的一个符号——籍贯，但当他第一次踏上这片土地的时候，宁波话听着意外的亲切，驱散了他本来对于宁波的陌生感。在宁波的寻访中，发现故乡被祖父"带"在了身上，悄然走进了冯骥才的心中。只要宁波这片土地不断发展下去，只要冯骥才先生仍然能从生活中、写作中找寻到慈城文化和生长于斯的冯氏对于他潜移默化的影响，那字里行间流露出的故乡的"味道"便

会被后人品味到，也会一直影响后人。

冯骥才出自宁波慈城冯氏，冯氏家族是当地大族，始迁祖为冯冕，为汉末从北方来慈城为官的句章县令，冯氏家族源远流长，有近1700年的历史，向有"钱家谷，冯家屋"和"冯半城"之说。

冯骥才祖居博物馆位于宁波慈城民主路159-1号，占地面积1460平方米，其中祖居面积207平方米，新建建筑602平方米，内部举办的与参观者互动性强活动较少，影响较大的是冯骥才先生参观和捐赠。祖居博物馆由冯家祖宅和新馆两部分组成，分为"怀先堂""南轩""我们的大冯"三大展区。正房是冯老的祖父冯家屿、父亲冯吉甫曾生活的地方。厅堂挂着冯骥才专门题写和绘制的"怀先堂"牌匾和《雨竹图》。后面是新建的500平方米展厅。分为文学展区、书画区、文化遗产保护展区、"大冯与故乡"展区。展厅展示的很多书画作品和书籍都是冯骥才捐赠的。捐赠分为四大类，图书、书画、实物、音像等。

故居内有古井等文物，建筑本体和祖居内部的部分家具是冯骥才先生的爷爷、父亲等人居住、使用过的，

祖居

存续时间长，但内部遗存文物较少。无时间上十分久远的文物。博物馆内多是对于冯氏一族渊源的梳理和介绍。

但是，祖居博物馆展示形式较为老套，相关的新媒体推送内容单一，线上互动和关注度都相对较低，所蕴藏的文化形态主体——冯骥才和祖居仍然存在，但并没有再次活跃的迹象。

（二）凝聚力评价

冯骥才先生在推动宁波慈城古镇保护、建设和城市文化传播发展方面也起着重要作用。

冯骥才在1992年来到宁波，被月湖边一个破旧的祠堂吸引。这个祠堂就是唐代诗人贺知章的贺秘监祠，当时正准备给宁波市文联使用，但装修经费还没有着落。冯骥才将带到家乡办画展的几幅画卖掉，筹集了20万元

用于贺秘监祠的修缮。冯骥才说，文化遗产是有生命的，我们要把历史的记忆保留下来，完整地交给下一代。

2001年，冯骥才开始担任中国民间文艺家协会主席，随即提出要对民间文化遗产等进行全方位梳理，并用文字、影像等方式进行记录和归档。经过两年筹备，中国民间文化遗产抢救工程正式启动。2004年3月，冯骥才在杭州出席中国民间文化遗产抢救工程促进会。会议一结束，他就驱车来到慈城镇，考察了孔庙、冯（俞）宅、考棚、保善堂、县衙门等文化遗产点。

2006年4月，"中国古村落保护"国际高峰论坛在浙江西塘举行。借这个机会，冯骥才又匆匆赶到慈城考察。看到抱珠楼得到完整保存，他非常高兴。

在冯骥才的推动下，2016年，中国传统村落保护（鸣鹤）国际高峰论坛在慈溪举行。这次会议通过了《鸣鹤宣言》，确定了传统村落保护"科学保护、留住乡愁、以人为本"的三大原则，国内有3000多个古村入选"中国传统村落名录"。宁波有近10个国家级名村。《宁波市历史名村、名镇保护条例》已经正式出台，为传统村落保护与发展打下了坚实的基础。现在，我国将每年6月的第二个星期六定为文化遗产日，而冯骥才正是设立文化遗产日的最初倡议者。

冯骥才让故乡的村落和中国的古村落保护工作紧紧连结在一起，而这一切的开始要以他第一次踏上故乡——宁波这片土地，看到月湖边的那个祠堂开始说起。

（三）影响力评价

冯氏起家源于药业，现在位于江夏街上的冯存仁堂就是由冯骥才的九世祖映斋于清康熙年间创办的。冯映斋之后，冯家数代人均接续祖业，继续药材生意，逐渐成一方巨贾，成为在慈城当地名声赫赫的药业世家。有个例子可以说明一下当时的冯家有多富有——1826年，慈溪重修慈湖书院，当时冯骥才的五代祖冯汝霖、冯汝震、冯汝霆兄弟三人就联名捐了一万五千两银子。显然，在历史长河中，冯氏家族已经在宁波，甚至中国都具有一定影响力，特别是在药业。而现今，很多的学生、社会群体了解冯骥才，看过冯骥才的书，也就有了来宁波慈城冯骥才祖居深入了解的参观者。比如来自宁波大学国际交流学院的近百名留学生专程来到这里参观。

宁波大学国际交流学院有场"感知中国·宁大留学生走进慈城古镇"的交流活动，活动组织了来自20余个国家的留学生赴慈城参观冯骥才祖居博物馆、古县衙、考棚、孔庙等热门景点，通过实地感受节日的氛围，近距离体验中国文化。

而冯骥才本人而成了这座博物馆影响力最好的体现：他是中国当代作家、画家、社会活动家，人们称他"传统村落保护第一人"，他还是全国优秀短篇小说奖、第一届全国优秀中篇小说奖、第七届鲁迅文学奖短篇小说奖等文学奖获得者，在全国具有极高的知名度。

（四）发展力评价

1.祖居博物馆内展品仍以冯氏一族和冯骥才众多代表作品为主

为了支持家乡的文化建设，丰富建设中的家乡博物馆的馆藏、陈设，创造出独有的文化空间和艺术品位，冯骥才向家乡祖居博物馆进行大力捐赠，捐赠分为甲、乙、丙、丁四大类，计有甲类图书194册，乙类书画24件，丙类实物60件，丁类音像66件，共计344件。据介绍，甲类图书包括冯骥才作品的中文版本、外文译本、书画作品、主编之民间文化遗产成果、学院学术成果五项，都是他文学、艺术、文化人生各个阶段的经典图书；乙类书画既有冯骥才现代文人画的代表作，也有早年临摹的《清明上河图》和宋人小品的手工复制，更有特地为家乡创作的《雨竹图》和书写的匾额。

此外，实物捐赠中有冯骥才自用的各类文房用品、书桌，手稿，祖父、父亲的椅子，承载他与家乡情感的文物、纸媒，另外还有许多陪伴其多年的工艺品；音像中涵括冯骥才家乡、家庭、生活、工作、文化抢救、多次返乡的视觉资料，还有根据他文学创作改编的影视、文化访谈视频等。

2.期待新的发展方式，优化产业结构

宁波拥有丰富的历史文脉，独特的区位优势，先进的制造业，为宁波的文创产品设计带来了契机，可以把握好宁波历史、冯氏文化、冯骥才祖居之间的联系和产品的发展之路。比如宁波博物馆和宁波品牌KINBOR的合作很好地宣传了宁波博物馆和宁波文化。

五、文化元素核心基因保存

（一）民俗类活动
1.2019年4月20日，"乡愁归处"春日朗诵会。

（二）实物留存
1.《俗世奇人》(刷子李)手稿，现存于冯骥才祖居博物馆。

2.冯氏祖居本身建筑，建于慈城古县城西北隅。

3.祖父、父亲两代使用过的座椅，成列于祖居"怀先堂"。

（三）文献中的留存
1.冯氏先祖毅公冯异、忠贞公冯冕、忠安公冯旦等画像。

2.展示冯氏各支派源流、谱牒、进士名录、启承祠冯存仁堂世系等丰富的史料信息。

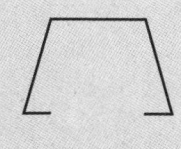

周信芳历史故事

港源城始　宁波江北文化基因

周信芳历史故事

一、文化溯源

周信芳（1895年1月14日—1975年3月8日），名士楚，字信芳，艺名麒麟童，籍贯浙江慈城（今浙江省宁波市江北区），1895年1月14日生于江苏淮安。京剧表演艺术家，京剧"麒派"艺术创始人。

周信芳出身艺人家庭，六岁随父旅居浙江杭州，师从陈长兴练功学戏，七岁以七龄童艺名登台演出。后流动演出于汉口、芜湖及沪宁线一带，改艺名"七灵童"。1907年至上海演出，始用"麒麟童"艺名。次年周信芳至北京，进喜连成科班，与梅兰芳等同台演出，辗转烟台、天津、海参崴等地演出。1912年返沪，在新新舞台等剧场与谭鑫培等同台演出，周信芳演技渐趋成熟。1915年进上海丹桂第一台。后两度赴北平，1924年回沪，先后于丹桂第一台、更新舞台、大新舞台、天蟾舞台演出，尝试改革京剧艺术。周信芳与王鸿寿、汪笑侬、潘月樵等协作，编演、移植诸多剧目。周信芳采用艺术上勇于创造，继承发展民族戏曲现实主义的表现方法，塑造具有鲜明性格的典型人物，形成独特的"麒派"表演艺术风格，代表作有《四进士》《徐策跑城》《萧何月下追韩信》《清风亭》等。抗日战争期间，组织移风社，演出《文天祥》《史可法》等。1949年周信芳应邀出席中国人民政治协商会议第一届全体会议。抗美援朝运动中，周信芳曾赴前线演出。1956年率上海京剧团访问苏联，在莫斯科、列宁格勒（圣彼德堡）等地演出。周信芳1959年加入中国共产党，历任中国文联第一至三届委员，中国戏剧家协会副主席，中国戏曲研究院副院长，上海市人民委员会委员，中国戏剧家协会上海分会主席，上海对外文化协会副会长，华东戏曲研究院院长，上海京剧院院长等职。是第一、二、三届全国人大代表，第一届全国政协委员。1961年，文化部等单位联合主办了周信芳舞台生活六十年纪念活动。"文革"开始，周信芳因演出《海瑞罢官》遭迫害，1975年3月8日，逝于上海。1978年8月平反昭雪，恢复名誉，举行骨灰安放仪式。

作为麒派京剧表演艺术创始人，周信芳在艺术上继承发展了民族戏曲的现实主义表现方法，提倡"七分活白三分唱"。周信芳吸取了谭鑫培、孙菊仙、汪桂芬、汪笑侬、夏氏兄弟、潘月樵、王鸿寿、沈韵秋、李春来、冯子和、刘永春、苏廷奎等前辈的艺术特点，又经常与许多同辈名家合作，在交流与借鉴中融会贯通，独创一格。

嗓音带沙但中气足，恰好形成了麒派的基本特色，周信芳的唱腔接近口语，酣畅朴直；念白饱满有力，富有浓厚的生活气息，以"化短为长"形成了麒派唱腔的独特风格；注重做功，表演从人物内心出发调动唱、念、做、打全部予以充分展示，因内外和谐而真实生动。善用髯口、服饰及道具等来塑造人物；在音乐作曲、锣鼓、服装、化妆等方面作了革新和创作，也是麒派艺术的根基，使人物在塑造性格和表达感情上达到舞台艺术的最高境界。

周信芳的念白有较重的浙江方音，苍津、爆满，讲究喷口，富于力度，口风犀利老辣而且音乐性强，善用语气词，有时接近于口语，生活气息浓厚。无论表达风趣、庄重、愤恨、哀伤的情绪，语气都极为自然生动。表演中运用水袖、身段、步法，结合眼神和面部表情，都能吻合剧情及人物的特定处境于思想，显示了他提炼生活、再现生活的深厚功力。一些特殊技法的运用更有浓墨重彩的效果，如靠旗、髯口、甩发、帽翅种种功夫，纯熟自如。

周信芳在京剧舞台艺术上的又一

突出之处是他在舞台上决不独善其身，决不只顾自己个人突出，而是十分重视舞台上的艺术完整性。周信芳的表演既全方位地表达了京剧传统，又吸收地方戏、电影、话剧、芭蕾舞、华尔兹、探戈等多种表演方式的精华，对传统京剧加以创新，被公认为京剧海派代表人物。

二、文化要素分析

（一）物质要素

1. 慈城鼎新桥秧田弄周氏故居和祖祠

慈城鼎新桥秧田弄周氏故居和祖祠，目前位于宁波市江北区丁新路与日新路交叉路口往西北约 150 米。

1925 年 1 月 18 日，是甲子腊月廿四，上海的戏班封箱停演，周信芳陪父亲回慈城半个月，举行周氏全恩堂开堂仪式。这组建筑由台门、全恩堂、后楼及厢房组成，后来称"周信芳故居"。全恩堂的建立，表示着周氏后裔周慰堂一支认祖归宗。

1945 年清明节，周信芳护送父亲的灵柩回故乡。灵柩安葬在慈城夏家岙（今白龙山公墓附近）的周御史房祖墓墓地。全恩堂悬周慰堂遗像。

周信芳助父亲建全恩堂，是他不忘祖先血脉传续和恩泽的中华文化根基使然。为报故乡，他多次来宁波演戏，影响所及的有：认祖归宗后的次年夏天，他率上海大新舞台全体艺员，在江北岸的鼓舞台连演 9 天 15 场麒派戏《南天门》《四进士》等；1936 年，他率戏团登天然舞台，连演 20 天自己的代表剧《扫松下书》《明末遗恨》等；1958 年，时任上海京剧院院长的他鼓励九个子女中唯一继续京剧表演的幼子少麟到宁波为父老乡亲演戏，并回慈城全恩堂祭祖。

岁月的风雨侵蚀不止，周信芳故居曾有重修，如今仅存全恩堂。三开间的全恩堂为一幢典型的祠堂建筑。祠堂右侧内墙镶嵌一大一小两块石碑，大的镌《重建全恩堂碑记》，小的刻"祠堂禁条"。1985年4月，出席宁波各界纪念周信芳诞辰九十周年纪念活动的周信芳之女瞻仰了全恩堂。

2. 德星桥周氏明代世恩坊

世恩坊，建于明嘉靖二十四年（1545），在慈城永明路口，即原德胜桥北。该表坊系明嘉靖乙巳监察御史高懋为进士周翔、周文进、周镐立，名"世恩坊"。

周翔，字鹏举，由岁贡人监，正统十三年（1448）进士，选江西道监察御史，绰著风茂。

周镐，字促京，翔四世孙，父文进正德八年（1513）举人，知光山县（今属河南汝阳）。镐登嘉靖十一年（1532）进士，官开部郎。

该坊三开间，通西阔7.96米，明间阔3.8米，次间阔2.08米，中柱高5.92米，两边柱高4.46米，石质分青红二色，以青石保存，顶部已残。牌坊的大、小额坊、垫板、雀替等处有浮雕、透雕二龙抢珠、双狮舞球、丹凤朝阳、凤凰牡丹、云鹤、麒麟、卷草等纹饰，雕工精巧。慈城现存表坊中，以此坊雕刻为最佳。

3. 周仰山宅

周仰山宅目前位于宁波慈城尚志路132号，是一座北朝南砖木结构的中西合璧式洋楼，建成于1929年，原为民国初期旅沪实业家周仰山宅。

周仰山宅总占地面积约8000平方米，建筑面积约2200平方米。三合院式，前厅5间二弄，面阔27.6米，进深14米，前厅、东西厢楼上下前廊与二门门廊天桥形成西周环通，前柱采用混凝土磨光方形柱，上下前廊均采用水泥花式地面，后进5间2弄，东西两侧连接3间1弄，共有8间3弄，通面阔42米，进深8.2米，前后进为一狭长天井，连接前后两弄设有两座过天井的楼道。整组建筑还有朝东大门，配房以及前后花园。

住在老上海四明村118号"周公馆"里的周仰山与京剧大师周信芳的父亲周慰堂是同族的远房堂兄，都是浙江慈溪县望族周御史房的后裔。周仰山早年追随孙中山革命加入光复会，成为骨干，跟随陈士英接管江南制造局，辛亥革命后致力于实业救国，开始从事工商业，在上海、宁波等地兴办企业，他曾与舟山人朱葆山共同筹组"上海宁波同乡会"并担任首任会长。旧上海宁波商人势力最强盛，有名的商人张静江、虞洽卿、刘鸿生等人都是周仰山的好友。周仰山早先住法租界东蒲石路22号张静江房子里，在增建四明村时，身为四明银行董事之一的周仰山与董事长孙衡甫交情深厚，他俩是儿女亲家，孙衡甫获悉周仰山也正在为自己筹建住宅尚未选址，建议他把造房的图纸取来与四明村一起建造。于是四明村南端入口处造起了一幢与村内石库门住宅不一样的独立式带花园的大洋房，占地面积相当于弄内六间石库门房加一条横弄堂。

晚清，周信芳先生的父亲周慰堂在宁波慈城的一家布店里做学徒，有一天慈城来了一个京戏班——春仙班，春仙班离开慈城时，喜欢看戏的周慰堂不见了。后来，周氏族人获悉，周慰堂已加入春仙班，娶演员俞桂仙为妻。那年头，戏子唱戏被认为是"贱业"，于是周氏家族开会，由原族长宣布将"堕民"周慰堂和他的子孙后代永远逐出祠堂。1895年周信芳在江苏的清江浦出生。虽然被驱逐出宗祠，但周慰堂仍不忘家乡，他按照家族辈分排行，给子取名信芳。

辛亥革命后，受先进思想影响的新任族长周仰山先生十分开明，在开第一次祠董会上力排众议，认为当戏子的也是人，演戏同样是正当职业，岂有"出族"之理，现在光复了，五族共和，国民平等，为什么慰堂就不能重回祠堂？凭着周仰山在族中的威望，虽经曲折，周信芳父子最终还是给"还族"了。

周信芳父子为感激周仰山帮助还族之恩，每年正月初一，必来四明村118号贺岁拜年。周信芳平生最反感给人唱堂会，有一次汉奸吴四宝叫他去唱堂会，周信芳借口逃避，吴四宝为此事发火，扬言要派流氓收拾周信芳。但周仰山有事请周信芳，他却总能欣然前往。周信芳唯一一次唱得最高兴的堂会是在巨籁达路（巨鹿路）的四明村"周公馆"里为周仰山祝寿。周仰山77岁去世，周慰堂父子亲自去四明村118号击鼓上香，向周仰山行告别大礼。

周仰山故世后，两家关系逐渐疏远，但也有来往，20世纪60年代初周亨业之父亲周信柏是京剧票友，在他登台唱"四郎探母"时,周少麟特地将表演行头戏服送来,还叫化妆师随台化妆。周信芳诞辰90周年时,周信芳女儿周易从美国到宁波,赠书给周仰山之子宁波市政协副主席周信涛,题词"信涛叔父惠存,侄女周易1985年4月",可见几十年之后两家还是互有往来。

4. 北门外慈湖

慈湖,位于浙江省宁波市江北区慈城北门口外的阚山脚下。唐朝开元二十六年(738)房琯为县令,房琯上任后,把慈溪县治迁至浮碧山以南,仿效古都长安一街一河双棋盘,公共建筑左文右武的格局重建县治,并下令开挖慈湖,以灌溉农田。

清人徐兆昺《四明谈助》载:唐开元(713—741),令房琯开凿之以溉民田,名"阚湖",又名"慈湖"。据史料,慈湖历史上还曾名"德润湖""普济湖"等。名"阚湖"是纪念三国吴将都乡侯阚泽,阚泽字德润,故也称慈湖为"德润湖"。至于"普济湖",慈湖又以普济寺在其北,故名"普济湖",而"慈湖"之名是南宋著名学者杨简起的。

杨简隐居慈城,筑室湖畔,于谈妙涧畔建屋讲学,世称"慈湖先生"。他说:"溪以董君慈孝而得名,县又以是名,则是湖宜亦以慈名。"既然以慈名溪,又以溪名县,当然也要以慈名湖,取名"慈湖"了,又作诗云:"惜也天然一段奇,如何万古罕人知。只今烟水平轩槛,触目无非是孝慈。"

"寺僧筑堤湖中,直贯南北,以通往来。"《宝庆志》记载,普济寺僧人为了通行方便在湖心筑长堤贯通南北。宋天圣五年(1027),县令孙知古在堤上建亭,名曰:清凉亭。嘉祐二年(1057),县令唐昌期又更名为"涵碧亭"。乾隆三十七年(1772),县令胡观澜在湖心堤上重建六面重檐,12根石柱承托亭顶的攒心式廊亭,供人歇足、纳凉,为缅怀宋人慈湖先生杨文元师道教泽,命为"师古亭",意思是师古法今,向先贤学习,为民众造福。"师古亭"东南角石柱上还隐约可见"乾隆三十八年仲夏"的字样。

"师古亭"石柱上刻有两副对联,亭北石柱:"锦城环抱峰头翠,镜水平分涧底清。"亭南石柱:"三围秋色从中起,一片冰心望里收。"两副对联把慈城之美、慈湖之美刻画得淋漓尽致。宋代进士桂锡孙曾盛赞慈湖美景："一碧浸空，千翠倒影，山含采而水含晖。"据说以前慈湖还有神奇的漂浮岛，不过已不能随风漂移。

（二）精神要素
1. 不怕困难，坚韧进取

提起周信芳，人们大多用"7岁登台，15岁成名，30岁不到成麒派宗师"总结他的艺术之路，也有人用"600部演出剧目，30部经典保留剧目"总结他的艺术成就。这些让后辈难以企及的数字背后，是周信芳生活上的艰辛、事业上的起伏、艺术上的磨炼。周信芳的学习经历和演绎过程可以说充满了艰辛，从他出生到20岁都是在各地奔忙，也没有遇到热爱京剧的上层名人，能够发现他的天分并予以指导和爱护。他在浑浊社会中受到种种排挤和剥削，经历了多年自我磨炼、艰苦奋斗，年近四十，麒派风格才在上海得到承认。就是在这样的艰辛奋斗中，周信芳创造了后来在京剧界津津乐道的"百口齐唱萧相国，万人争看薛将军"的热烈场面。在敌伪的统治下，周信芳编演了《徽钦二帝》等剧，鼓舞了人民的抗战情绪。新中国成立后，他对人民自己的政权与人民的祖国表现了极大的热诚，他不辞劳瘁，热情地参加了各种政治运动并且为工农兵干部演出。在祖国与人民最艰难、最困苦的时候，周信芳表现出了可贵的民族气节与对人民的忠诚，用行动和艺术对内外敌人作了不妥协的战斗，表现了我们人民不屈不挠的坚定意志。

2. 敢于创新，善于革新

周信芳追求进步，对涌现的新兴艺术形式总是很有兴趣，不但为我所用，还热情地身体力行，洪深、欧阳予倩、朱石麟、费穆等都是他的好友兼合作伙伴。

电影在那个时代还是个新鲜事物，看电影成为继去某某舞台看戏之后的另一大时髦消遣活动。一些戏剧界人士甚至认定电影将成为戏剧的掘墓人，但周信芳却不像他们那样悲观。1920年，商务印书馆提出为他拍摄戏剧电影，他欣然接受，这也是他初次"触电"。对电影的热爱影响到了周信芳的戏剧表演方法。一次他教弟子演《坐楼杀惜》，演到宋江杀人后，只见他站起来身体稍稍摇晃一下，然后右手拾起地上的匕首，放在鼻子边嗅了一嗅，若有所悟，接着做向前刺的动作，左手好像去抓人，踮起脚尖。这样抓了三次，再小步冲前，随着锣鼓声，脚步跟跄，眼神恍惚。弟子不明白这是什么意思，而且这一段戏以前都不是这么演的。周信芳解释，这段表演是从美国明星考尔门那里学来的，他觉得这样表演有助于表现宋江的内心活动。

周信芳勇于创造，在继承的基础上多了大量的改革创新，除对传统剧目作去芜存菁的整理改动之外，无论唱、念、做、打与剧目、唱词、服装、扮相、等均有适合自己风格而与众不同的设计。如对现代化剧艺术中新的表演手段的吸收，以夸张的手段用外部形象与动作塑造人物，造成强烈的艺术感染力。周信芳不肯循旧，喜欢时代的各种新鲜风气，将自己主持的剧团取名为"移风社"。他创唱大嗓小生，在当时是悖逆传统的方法，却赢得戏迷倾心。凡称得起大演员的，不仅仅是本剧种艺术的忠诚继承者，同时也是本剧种艺术勇敢的突破者、革新者。周信芳最可贵的精神，就是不拘泥祖法，不墨守成规的革新创造精神。

3. 精益求精，锲而不舍

周信芳在舞台上，从来不曾见他有过"笑台"，从来不曾与同演者开过玩笑，更从来不曾因观众多少而卖力有所增减，他总是精力充沛地，一丝不苟地把戏演的很好很好。在新中国成立之前，这种作风真的是凤毛麟角了。他的每一部戏，都是再三修改，一边演出，一边还不断修改。《信陵君》演出后很多天，他还在戏完之后深夜执笔改写。艺术无止境，他的努力也是无止境的。

（三）语言和象征符号

1. 地方色彩浓重、博采众长融会贯通

周信芳有较重的浙江方音，口风犀利老辣且音乐性强，善用语气词的同时又接近于口语，生活气息浓厚。他擅长在交流与借鉴中融会贯通，独创一格。继承并发展了民族戏曲的现实主义表现方法，风格刚健豪放，最擅做功，文武兼备；唱腔酣畅朴直，苍劲浑厚；念白韵味醇厚，饱满有力，富有浓厚的生活气息，嗓音带沙但中气足，恰好形成了麒派的基本特色。

2. 表演细腻、把握角色心理

周信芳是南派京剧的代表，又是海派京剧的集大成者，他从17岁起，除了到外埠作短期的旅行演出外，绝大多数时间都是在上海。他便很自然地接受上海文化艺术营养的哺育。从20世纪初，上海因其国际大都市的地位，受欧美风气影响最多、最深也最快。艺术表演领域也不例外。中国最早的话剧是在上海兴起的，最早拍摄电影故事片（不包括戏曲电影）的公司是在上海建立的。话剧是戏剧大家庭中的一个成员，自然和戏曲有许多相通的地方。电影也是在戏剧的范畴之中，只不过演出的地方从舞台移到实景的地方而已，其本质也是演员的表演。因此，电影和戏曲也没有不可交流的鸿沟壁垒。而这两种新产生的表演形式对于周信芳麒派艺术的形成有着深刻的影响。周信芳和话剧、电影的关系是极为密切的。1940年1月23日，在"孤岛"上海的进步人士，为了救济难民，联合举办了慈善义演。演出的剧目为《雷雨》，演出地点在卡尔登大剧院，周信芳在剧中饰演周朴园一角，以他特有的麒派嗓音念说话剧台词。

了解话剧并亲身参加话剧实践后的周信芳曾经感慨地说了这样一番话："对于人物性格的分析和角色的心理活动，话剧在这方面抓得很紧，演员的体会也深，京剧如果也能够这样，那就好了。"在这样认识的指导下，对于所演人物进行深度的心理体验，成了他的自觉行为，塑造出性格鲜明、心理活动复杂、血肉丰满的人物形象则成了他的表演目标。他对所演人物进行深度的心理体验的表现之一，就是在演前对人物进行全面、客观的分析，以使自己对人物有着正确的认识。他真正地吃透了剧中的人物，了解他们的生平活动和他们在某一时期的所思所想，甚至会由此想象出人物的音容笑貌来。有了这样的分析，他演出的人物当然就会具有历史的真实性和生活的真实性。表现之二就是在表演中层次分明地表现出人物极其细微的心理活动。人们对周信芳演出的《打渔杀家》总是百看不厌，其魅力就在于其表演的合情合理与细腻入微。周信芳在塑造人物形象如宋士杰、张元秀、宋江、萧何、徐策、萧恩、王中等的时候，都塑造了一个属于立体的性格复杂的一如生活中真人那样的典型化的人物形象，他以老生行当呈现在舞台上，但是所扮演的数以十计的人物绝不是用一个"老生"模子脱出来的，而是各有特色。他的代表作中的人物形象都有"刚强"的共性，但是，每一个人的"刚强"却又有很大的不同。周信芳先生能够成功地将同一类型的人物再细分出不同的性格，主要依靠动作来表现。众所周知，戏曲表演的外在形式是程式性动作，而周信芳的每一个动作都和人物的身份与在特定时间的心理、特定的环境高度一致的。即如表现"老生"的愤怒情绪，绝不是简单地运用吹胡子、瞪眼睛、洒头之类一般的程式，而是结合剧情、具体的人物的性格来选择适合的程式性动作，如果找不到，宁可根据程式性的精神，花大力气设计出一个新的，而决不能让内容屈从于形式，随便套用一个程式。当张元秀见到老伴贾氏被养子逼死时，他愤怒至极，周信芳是这样表演的：浑身上下不由自主地颤抖，气得一句话也说不出来，只是用抖动不停的手，依次地向天、向心房、向屈死的老伴、向张继保指去，虽然没有一句台词，但这伴随着乱锤锣鼓音响的动作，观众完全能够感受到人物内心深处极度的悲愤。

3."演"字下苦功、"活"字出真章

戏曲之"曲"，在整个戏曲表演中，占据着重要的位置。但是，在20世纪前半叶的上海，由于人们深受话剧、电影等以面部表情、肢体动作的表演为主的艺术形式的影响，渐渐改变了戏曲的欣赏习惯，由"听戏"而转为"看戏"了。不仅欣赏演员美妙的歌喉，亦要品鉴真正意义上的表演了。基本功无疑是一个必备的条件，但并不是说有了基本功，就一定能演好。

以周信芳先生成功的艺术实践来看，还要有两点：

一是能够根据剧情与刻画人物性格的需要，对旧有的程式进行改造和创造出新的程式。周信芳深有体会地说："京剧的一些经常上演的较好的传统剧目，其精彩部分、动人部分，常常不受程式的拘束，而从人物出发，从矛盾的发展和要求出发，充分地表现出人物当时的思想感情，使演员得到了成功。"由《四进士》的表演来看，确实如此。如果仔细地分析周信芳表演的每一个动作，至少有一半在传统

的程式中是找不到的，如宋士杰拨开门闩进入差人客房的动作和偷拆田伦写给顾读的信件，等等，而这些动作就是他创造的。

二是要有真实的情感。戏曲是"表现"与"再现"相结合的舞台艺术，一切都是为了最佳的艺术效果。什么时候用"表现"的手法，什么时候用"再现"的手法，完全取决于剧情、人物形象的塑造和观众审美心理的需要。周信芳先生就是这样做的。他在人物情感涌动的时候，都是用"进入角色"的方式来表演的。上述的《打渔杀家》中表演萧恩父女难舍难分之情的场景如此，表演张元秀嘱告养子不要忘恩负义的情状也是如此。在张元秀知道养子张继保决意要跟着生母进京后，他用苍凉、悲伤的语调，发自肺腑的情感，一字一句地说："倘若我二老无福下世去了，你必须买几陌纸钱，在我二老坟前烧化烧化，叫我二老几声，拜我二老几拜，难道说我二老还受不起你几拜……不是的，你这几拜不值紧要，叫那些天下无儿无女的人也好抚养人家的儿子啊！"此时的周信芳完全进入忘我的状态了，观众也忘记是在看戏了，剧场已经成了一个真实的世界。周信芳在台上泪流满面地哭，台下观众尤其是妇女观众也是泣不成声。

周信芳在表演上的最突出之处是高度重视角色的性格化，不仅一两个角色力求演活，几乎他所有的代表剧目中的角色都是活的。他演萧何追韩信时的骑马就是萧何此时此刻的骑马，徐策跑城就只能是徐策的跑，宋江杀阎婆惜时的拔刀插刀也只能是宋江特有的动作。周信芳把角色创造的重点放在性格化上，而在性格化的人物塑造中他所最着力的又是这个人物的感情的表达和宣泄。通过动作，通过唱，萧恩的悲愤和复仇的决断，张元秀的悲愤和无处讨取公平的悲痛，宋士杰的义愤和狡狯、热情和冷静，海瑞的刚毅、执着和勇敢等等，他无不给予淋漓尽致的显示，真正做到以情动人，通过动情而"把剧中的意志来鼓动观客"，以求体现"戏的真价值"。

（四）制度要素

1. 炽热爱国心，国事第一大

1912年，为了揭露袁世凯窃国专权、倒行逆施的罪恶行径，年仅17岁的周信芳就演出了《民国花》《新三国》

的剧目以痛加谴责。1915年，袁世凯僭称帝号，他又很快编演了《王莽篡位》，并用"篡位大汉奸"作为广告词。1919年5月4日，一场声势浩大的爱国运动席卷全国，周信芳受"科学""民主"社会理想的鼓舞，精神振奋，当月就演出了由新剧作家任天知编写的《学拳打金刚》。1931年"九一八"事变之后，他领导的戏班"移风社"演出了《洪承畴》，痛斥卖国求荣的汉奸。上海成为"孤岛"之后，他面对着敌伪势力的恐吓，毫不畏惧，不但继续演出《明末遗恨》，还演出了爱国色彩更为鲜明的《徽钦二帝》，并在台口两边写上预告上演剧目的巨幅海报《史可法》与《文天祥》。周信芳编演这些剧目，绝不仅仅是为了迎合人们的心理，获得最大的票房，而主要是出于他纯真的爱国之情。他希望用一种崭新的符合历史潮流的社会制度代替当时腐朽的制度。

后来他认识到以蒋介石为首的国民政府是名实不符的民主政府，不能让国家走上富强独立、人民幸福的道路时，他便自觉地接受共产主义的影响，支持中国共产党的革命斗争。对于外敌的入侵，他更加不能容忍，

直截了当地将对敌人的满腔怒火和对祖国命运的担忧化成了一部部抗敌救国的剧目。中国共产党建立了新政权之后，社会的面貌发生了翻天覆地的变化，这一切让从积贫积弱、饱受欺凌的旧中国走过来的周信芳，由衷地钦佩中国共产党的英明领导，于是，他真心诚意地拥护新社会并积极地要求加入中国共产党，决心为壮丽的共产主义事业献出自己的余年。他由衷地说道："五十多年来，我第一次看到一个真正为人民做事的政府；我第一次看到我们中国在国际地位上的举足轻重；我第一次看到我们受苦受难的民族从此挺起腰胸，扬眉吐气！我第一次看到我们的同胞自由的呼吸、歌唱；我们艺人受到自己政府亲切的照顾，年轻的一代得到真正的培养和爱护！"

因为耳闻目睹的事实，使他认识到，苦难深重的祖国和在生死线上挣扎的同胞，在共产党的领导下，得救了！有了这样的认识后，他便把自己的演艺事业与将祖国建设成经济富裕、人民幸福、国力强盛的伟大目标结合在一起，一切有利于祖国、有利于人民的事情，他便不遗余力地去做，并

努力做好。他积极响应党的号召，努力探索京剧反映现代生活的方式；为了让年轻的演员掌握表演的方法，他毫无保留地将自己的拿手好戏《四进士》《清风亭》《乌龙院》《萧何月下追韩信》《徐策跑城》《打渔杀家》《义责王魁》等等剧目的表演方法详详细细地整理出来，公之于众。他为抗美援朝义演募捐，并到朝鲜志愿军战士中慰问演出；他把戏曲艺术送到海岛、乡村、边陲，让普通的战士、农民、少数民族同胞获得了前所未有的美的体验。

2. 海派京剧肇始——京剧传入上海

海派京剧，"海"指上海，是同京派相对而言。指以上海为代表的其他各地京剧艺人。又称"外江派"。清末起逐渐形成。主要特点是勇于革新创造，善于吸收新鲜事物，能及时反映现实生活。对京剧艺术的革新创造有很大贡献。但是其缺点是追求噱头，有时华而不实，是商业化的表现。随着发展这种商业化正在逐渐消除。一般改称"南派"。

京剧形成后，逐步向全国各地辐射，开始是天津、河北、东北、山东，后来也传到了南方。传入上海的时间是清同治六年（1867）。上海新建的仿京式茶园满庭芳和丹桂茶园分别邀请天津和北京的三庆班、四喜班的铜骡子、夏奎章、熊金桂、冯三喜、疤痢王等一批名角南来公演。新的戏园，新的角儿，新的戏目，新的曲调，引起了沪上观众的浓厚兴趣。"沪人初见，趋之若狂"，一下子风靡了全城。袁祖志的《续沪北竹枝词》写道："自有京班百不如，昆徽杂剧概删除。门前招贴人争看，十本新排《五彩舆》。"

3. 海派京剧文化特征

20世纪20年代至40年代，海派京剧又进入了一个新的鼎盛时期。

这一时期，整个京剧艺术无论剧目、表演，都有了很大程度的丰富和提升，涌现了"四大名旦""四大须生"等众多名家，这对海派京剧也是一种推进。还有彼时上海民营电台如雨后春笋，最多时达30余家。还有百代、胜利、高亭等唱片公司。媒体的宣传与多种形式的传播，普及了京剧，提升了京剧艺人的知名度，大大增强了京剧的影响力和辐射力。这一时期，不仅吸引了一大批北方和各地的京剧艺人纷纷来沪作艺，也大大推进了海派京剧的发展。

此时，海派京剧已经成熟，其特点更加鲜明，主要表现在三个方面：

一是它的时代意识。原来的京剧全都描写古代的故事，海派京剧则更贴近生活，关注现实；即使描写古代故事，也注重与时代脉动的呼应。柳亚子先生就曾提出戏曲要贴近现实，以"唤起国家思想为唯一目的"。周信芳认为："无论古典、浪漫和写实的戏，都是人间意志的争斗，如能把剧中的意志来鼓动观客，那才是戏的真价值。"他还认为"演戏的人要知道世事潮流，合乎观众的心理"。

二是创新精神与开放意识。海派京剧脱胎于传统京剧。传统是基础，它离不开唱、念、做、打，四功五法，这些都是必须遵循的。但海派京剧明显表现出一种创新的精神。它不受传统的限制，有所突破，有所发展。在表演方面，加重了做和念白的分量，使京剧不仅好听，而且好看。周信芳以一个京剧演员的身份加入著名的话剧团体南国社，他的表演巧妙地吸收了外来的话剧、电影、舞蹈等现代艺术的元素和手法，融进写实新机，使表演更加深切动人。周信芳还借鉴美国电影明星的表演融进《坐楼杀惜》《萧何月下追韩信》的表演之中，达到了撼人心魄的效果。音乐方面，吸收了吹腔、高拨子等，创造了五音联弹、七音联弹等形式。硬件方面，新式舞台的创建、现代灯光、布景技术的运用，为观众的观剧环境、观剧方式方面实现了一次革命。创新精神还表现在开放、新颖的艺术观，如对艺术整体美的追求、导演制的确立等。如引进了商业经营和资本运作的模式，如实行共和班、包银制。还有引进竞争机制，采用广告宣传策略等。逐渐建立起一种新的艺术法规。

三是大众文化的特征。京剧原来是高台教化，在北京，主要观众群是王宫贵族、文人雅士等。海派京剧的服务对象却扩大到普通市民乃至下层劳工阶层。内容、形式都要求通俗易懂，雅俗共赏，妇孺皆宜。周信芳曾说："处于当今时代，万不能以戏剧视为贵族之娱乐品，当处处以平民化为目标。"周信芳演剧就是最平民化、最大众化的。当时天蟾舞台、中国大戏院都建成三层建筑，三层楼票价低廉，供下层市民观赏。有麒麟童"三层楼观客，异常欢迎"之说。机关布景、连台本戏也吸引了更多的市民观众。海派京剧体量很大，难免泥沙俱下，鱼龙混杂；加之上海商业化操作的模式，海派京剧中也存在着某些缺陷。如过分追求感官刺激、庸俗的低级趣味，追求新奇的光怪陆离等，那就是后来被称为"恶性海派"的东西。

4. 海派与京派的关系

海派京剧出现之后，就与京派京剧形成对比，但有人因此把海派京剧与京派京剧对立起来，那就不对了。他们尽管风格相异，但始终血脉相通。在上海的舞台上，从来就是海派京剧和京派京剧共存共荣，相映生辉的。上海的观众不仅喜欢海派，同时也迷恋京派。海派京剧的艺术家哪一位没有吃过京派京剧的乳汁，周信芳就专门向谭鑫培学戏。不管海派京剧怎样发展，创新，始终没有离开京剧艺术的本体，包括京剧的规范、功底和基本艺术规律。

海派京剧还吸引了许多京派京剧艺员纷纷效学。周信芳到北京演出时，当时在富连成坐科的袁世海、裘盛戎、李世霖、王金璐等被麒派深深迷住了，他们经常背着老师偷偷出去看周信芳的戏，而且回来模仿，以至于后来出现了一些麒派老生、麒派花旦、麒派花脸。

海派京剧与京派京剧不仅相互交流、相互影响，而且相互交融，相辅相成。一是海派的演员、京派演员互相吸收对方的长处，融进自己的表演。二是海派与京剧常常同台演出，周信芳就多次与梅兰芳合作，与马连良合作，同台合演一个戏，如梅周合作《打渔杀家》《二堂舍子》等。

三、文化元素核心基因提取

周信芳注重继承传统,又不受陈规旧套的束缚,锲而不舍,勇于探索,在唱、念、做等方面,均有自己的独特表演风格。从这一点来讲,"麒派"是属于周信芳的,更是属于京剧的,甚至对整个戏曲界都举足轻重。周信芳在艺术上是一位杰出的革新家。他的表演以刻画生动的人物性格为灵魂,广泛地继承了谭鑫培、孙菊仙、汪桂芬等诸前辈的优秀表演艺术,扬长避短,结合本身特点与时代要求,进行创造,同时吸取徽、汉、昆、梆等剧种的精华和电影、话剧的表演方法,融会贯通,创造了麒派艺术,其苍劲强烈、韵味醇厚的特色,让众人赞叹不已。

在京剧生、旦艺术的诸多流派中,麟派艺术被认为是最具有现代艺术精神的流派之一。麟派戏外部表演强烈,节奏感强,形体幅度见棱见角。在唱腔上嗓音浑厚、音型洒放、吐字运呛强烈、立音古朴率直、情感节奏奔放。周信芳先生创造的麟派京剧核心文化基因是博采众长、外朴内秀。

四、文化元素核心基因评价

评价项目	评价因子	评价依据（特点）	是否
生命力评价	文化基因存续的时间	自出现起延续至今，未曾明显中断	√
		自出现起延续至今，但多次衰微、中断后复兴	
		曾明显衰败，改革开放后开始复兴或历史溯源关键环节缺失，难以考证	
		文化形态主体已灭失，现存部分痕迹	
	文化基因的稳定性	在发展过程中保持相当稳定的状态	√
		在发展过程中存在明显的精神内涵、表现形式剧变	
凝聚力评价	文化基因的凝聚力及社会动员效果	曾广泛凝聚起区域群体的力量，显著推动过社会经济文化的发展	√
		曾部分凝聚起区域群体力量，对社会经济文化的发展产生过影响	
		凝聚过力量，创造出实际的发展动能，但未见对社会经济文化发展产生显著改变	
		仅在历史文献或口耳相传中存在，未见实际介入社会经济发展	
影响力评价	辐射的范围	具有全国性、世界性影响力	
		具有长三角区域、浙江省影响力	√
		具有市县、乡镇影响力	
	提炼的高度	已经被古代文人士大夫和当代学者提炼为精神符号和理念理论	√
		单纯的样式、造型、工艺技术规范	

续表

评价项目	评价因子	评价依据（特点）	是否
发展力评价	与当代精神追求和价值观念的契合	传统文化基因得到创造性转化、创新性发展；区域革命文化基因被完整继承、广泛弘扬；区域社会主义先进文化基因成为与浙江"三个地"相适应的文化高地	√
		部分转化、部分弘扬、部分发展	
		难以转化、难以弘扬、难以发展	

说明：基因特点评价是对解码出来的基因，根据本《导则》表2的要求，围绕"四个力"逐一对表打"√"，进行定性表述

（一）生命力评价

从存续期间来看，周信芳的历史故事从来未间断。1895年周信芳出生在江苏省清河县的梨园世家，祖籍浙江宁波慈城镇，从此开始了自己传奇的一生。六岁起学习京剧，七岁便已首登台，艺名"七龄童"。1907年在上海演出时传单误植为"麒麟童"，而后便一直沿用，这也成就了一段轶事。1909年，周信芳到俄罗斯巡回演出，是最早出国表演的京剧演员之一。不仅如此，周信芳还是一位爱国者。抗日战争期间，他在上海排演《文天祥》《徽钦二帝》《明末遗恨》等新戏，以激发人们的爱国之心，提高人们的斗志。却也惹恼了汪精卫政府，自己没少受其"关照"。

而到了新中国成立之后，周信芳历任上海市文化局戏曲改进处处长、全国人民代表大会代表、上海京剧院院长等公职，并与1959年7月加入中国共产党。不幸的是，周信芳在"文化大革命"中遭到迫害，于1968年被捕入狱，一年后被软禁在家中，直到1975年心脏病病发逝世，享年80岁。死后始获得平反。

周信芳的传奇故事如今在宁波市江北区的慈城古镇仍口口相传。"北梅南周"也成了人们口中的一段佳话。周信芳的历史故事在当今时代仍具有极强的生命力。周信芳故居的修缮和维护，是慈城村民心头的一件大事。也相信在村民的共同努力下，周信芳的历史故事能在不断传承中给予人们更多的力量和感悟，把熊熊的生命之火传承下去。

（二）凝聚力评价

周信芳的历史故事在长达半个世纪的历史长河中，给予了宁波市江北区慈城镇人源源不断的动力，为推动凝聚区域群体发挥了不小的作用。一个传奇人物的背后，往往是一个区域、一个村庄、一个群体的凝结。周信芳在1949年之前曾收10位大弟子，在新中国成立之后，周信芳扩大了徒弟团队。这些老先生为之后的京剧文化在宁波落地扎根不断发展起到了不可磨灭的重要作用。

现如今，宁波市内各街道的戏剧团队越来越多地涌现在大大小小的舞台上，京剧虽影响力和地位还不及越剧，但也扮演着重要的角色。为凝聚各街道力量发挥着不容小觑的作用。

（三）影响力评价

周信芳的历史故事在影响力辐射范围的角度上看，具有长三角区域、浙江省影响力。从提炼的高度上看已经被当代学者提炼为精神符号和理念理论。周信芳的历史故事同江北区的其他文化遗产一样，已经成了当地的重要文化标志和文化象征。一方面，是对过去历史伟人的一份缅怀之心，另一方面，也是对当下和未来人们不断前行、创造新成就的一份激励和鼓舞，具有长久的影响力。

（四）发展力评价

周信芳历史故事的精神内核与当代中国特色社会主义的当代精神追求和价值观念相契合。"爱国敬业，精益求精，奋发向上"的周信芳价值观与社会主义核心价值观相一致。传统文化中的基因得到了创造性的转化和创新性的发展，区域革命文化基因被完整继承、广泛弘扬，区域社会主义先进文化基因成为与浙江"三个地"相适应的文化高地。当年周信芳在慈城的故居由台门、全恩堂、后楼及厢房组成。如今在慈城的周信芳故居尚存全恩堂。三开间的全恩堂为一幢典型的祠堂建筑,硬山式抬梁式结构。

全新的周信芳故居也会推动周信芳的故事为更多的人所熟知,周信芳的故事魅力也将更好地发展传承下去。

五、文化元素核心基因保存

（一）民俗类活动

1.慈城镇："戏曲的魅力"大型戏曲表演舞台，2018年起开始举办

2.慈城镇："传承周信芳先生"系列活动正在筹划中

（二）实物留存

1.周信芳故居（甬）：位于淮海路东文渠畔，古虹桥边（都天庙街63号隔壁）

2.周信芳故居（沪）：位于上海长乐路

3.文武袖改良蟒和方形的红大靠：上海京剧院

（三）文献中的留存

1.周信芳演出剧本选集：中国戏剧家协会编（北京，1955年）

2.周信芳文集：（北京，1982年）

3.周信芳艺术评论集：中国戏剧出版社编辑部编（北京，1982年）

4.上海的女儿——周采芹自传：周采芹著（香港，1989年）

5.周信芳传：沈鸿鑫，何国栋著（河北，1996年）

6.周信芳评述：沈鸿鑫著（上海，1996年）

玉成窑文人紫砂

港源城始　宁波江北文化基因

玉成窑文人紫砂

一、文化溯源

宁波在中国大陆与日本列岛的海上交通扮演着重要角色，8世纪以后，明州（今宁波）成为遣唐使船最重要的登陆地和起航地，也是中国海上茶文化的起航地。

明清时期紫砂制器日盛，造型纷繁巧妙，变化万千，所谓"方非一式，圆不一相"，体态各异，风韵无限。种类大致可分为工匠日用紫砂，名家工艺紫砂，宫廷专用紫砂以及文人紫砂等。其中文人紫砂的产生使工艺紫砂得到了极大的升华，成为文人墨客艺术创作的一种特殊载体。明清以来有些传世的砂器虽然从造型来看简约素朴、气韵秀美，但并不属于文人紫砂的范畴。文人紫砂必须具备天趣横生、美在自然、闲适不迂的文化特性；必须和文人墨客产生过一定的关系，能透出温文儒雅的书卷气。中国历代文人是一个对社会有抱负、对文化有思想，对奢靡有品格，对淫威有气节的文化群体，他们的艺术创作往往会融入读书人心胸旷达，志趣高雅，识见超群的品质，会将自身的文学修养、艺术审美和生活情趣，用代表他们身份的诗、书、画等形式展现出来，所谓无诗无以言志，无书无以寄情，无画无以致雅。文人紫砂即是他们以紫砂创作的艺术结晶，他们将这些文化元素集于一体，殊妙地与紫砂器的造型进行完美结合，使紫砂茶壶体现文人情怀和生活雅趣。

文人紫砂萌芽发端于清代早期陈鸣远时代，中兴于清代嘉庆年间，真正的文人紫砂由被誉为西泠八大家之一的钱塘人士陈曼生先生开创，世称曼生壶，至晚清光绪年间，慈城籍梅调鼎先生与任伯年、胡公寿、徐三庚、陈山农等文人墨客联合制壶高手何心舟、王东石等在慈城建窑专门制作文人紫砂，将玉成窑文人紫砂推向历史鼎盛。玉成窑虽不在宜兴本地，但砂器用泥、陶艺技法、烧结工艺、造型设计都继承了宜兴紫砂传统正脉。

梅调鼎取"玉成"窑名，是文人品德的精神追求，玉乃君子之德，品德高雅，其性如玉；成，就也，完功，集大成者金声而玉振之。这是文人雅士的最高期盼，与一般商号"兴盛""利永"所追求的以经济利益为目标不同，雅而致雅，内涵十分丰富。玉成窑文人紫砂以文为先，是文人墨客将他们自身的文学修养、艺术审美和生活情趣，通过诗文、书法、绘画等形式镌刻于紫砂壶器之上，使紫砂壶器的造型与文化内涵融为一体，从而具备文人情怀和生活情趣，达到"切器、切茶、切意"和"可用、可赏、可玩"的艺术境界。玉成窑文人紫砂的传世品类较多，外观质朴典雅，造型隽美，壶铭短小明快，天趣十足，意境闲适恬淡，书法清雅古朴，画作简素空灵，刀法娴熟劲利，精巧自然，被公认为是继"曼生壶"后文人紫砂之巅峰。

玉成窑被收藏界视为珍品，在中国紫砂发展史上占有特殊地位，文人紫砂至梅调鼎时代已达巅峰。紫砂界曾有这样的评价："千年紫砂，绵延至今；雅俗共赏，文化先行；前有陈曼生，后有梅调鼎。"

目前玉成窑以江北区为核心，技艺推广至宁波、宜兴等地，服务于各地紫砂文化推广中心及紫砂制作工作室。

二、文化要素分析

（一）物质要素

1. 玉成窑作品的造型

在借鉴传统的基础上做进一步的演化，玉成窑注重强化茶壶的造型艺术，特别是钮、流、把等附件处，更强调形体之间的呼应关系。玉成窑紫砂器以造型讲究、制作精美而著称，在传承的基础上有颇多创造。曼生壶紫砂均为茶壶，以茶为中心，而玉成窑集中于文人雅玩，除了茶壶之外还有文房用器，比如笔筒、水洗、水盂、砚台、印泥盒、棋钵、文人盆（水仙盆、赏石供盆、花盆）等，深受文人喜爱，拓展了紫砂表现和应用空间。

2. 玉成窑作品的刻饰

玉成窑作品的刻饰或吉金或碑篆，或法帖或醒句，或诗文或花鸟人兽，或奇峰异石，凡此种种，有前朝之未有，能后世之未能。陶刻装饰精美讲究，刻绘内容丰富多样，使玉成窑在紫砂器中别具一格。玉成窑的装饰风格以古雅为尚，内容来源多与金石相关，乾嘉以来大量古代金石遗存被发现，将新发现的金石文字及图像转化到紫砂上，与晚清金石学的浓厚社会氛围是一致的。

玉成壶徐青制

花盆任伯年制

清晚期心舟款玉成窑半月瓦当纹笔筒

3. 玉成窑作品的拓展

多年来，传承人张生以"人说器事、器传人文、文以载道"的讲学方式传播文人紫砂的诗书画刻与造型之美，于物内物外心融神会，独具悟性。作品曾参加中国美院、浙江博物馆、杭州博物馆、龙美术馆等机构的展览。目前代表作有玉成窑摹古汉铎壶、石瓢壶、瓜娄壶、柱础壶、匏瓜壶、秦权壶、横云壶等。

（二）精神要素

1. 工匠精神

紫砂壶珍贵的原因除了紫砂泥的珍稀外，还离不开其精妙的工艺，这背后的工匠精神支撑着它。

所谓工匠精神，简言之即工匠们对设计独具匠心、对质量精益求精、对技艺不断改进、为制作不情竭力的理想精神追求。工匠精神可以概括为如下几种精神特质：尊师重教的师道精神、一丝不苟的制造精神、求富立德的创业精神、精益求精的创造精神、知行合一的实践精神。其中，玉成窑的文人紫砂器作为陶瓷，其背后的制造精神和创造精神非常突出。

2. 文人情怀

中国古代文人以文字为媒，吟诗作赋，歌咏大千世界，抒写真情实感。

古代文人是中华文化的继承者和传播者，在长期的历史进程中，这一群体形成了多样的文化自信、文化情怀。例如济世情怀，家国情怀，山水情怀，落魄情怀，隐逸情怀，悲秋情怀，诗酒情怀，忧患情怀等等。

吟诗、书法、作画是文人们表达情感的主要途径。品茶和饮酒也是许多文人的爱好和习惯。因此，文人将诗词、画作刻在茶具、文房器上，促成了文人紫砂这一瑰宝的形成。

创作现代文人紫砂，必先揣摩清代文人的创作思想，然后反复临摹他们的传世作品，而这样的临摹研习，往往可能是要贯穿紫砂创作者的一生。这与临摹古人书画如出一辙。通过摹古玉成窑的形制、铭文书画和镌刻，可以更正确更深入地了解玉成窑的高雅内涵，了解文人紫砂艰辛的创作过程，摹古的根本是对玉成窑古器有一定的理解与鉴赏能力。摹古玉成窑文人古器时，需要不断反复上手才能悟得其真谛，并彻底理解其造型的真实意义。观察其外在的气韵和内在的气质，深入文人墨客的审美角度，感受传世作品中流露出的文化内涵，这样的摹古自然不是依葫芦画瓢，而是对古器的尊重，对古贤的尊敬，摹古的最高境界是摹习古贤的美德和艺术气质。

（三）语言和象征符号
1. 玉成窑作品的器型

玉成窑紫砂器以造型讲究、制作精美而著称，比曼生壶更精致，在传承的基础上有颇多创造。曼生壶紫砂均为茶壶，以茶为中心，而玉成窑集中于文人雅玩，除了茶壶之外还有文房用器，比如笔筒、水洗、水盂、砚台、印泥盒、棋钵、文人盆（水仙盆、常石供盆、花盆）等，深受文人喜爱，拓展了紫砂表现和应用空间。

（1）茶壶

玉成窑茶壶从形制上主要有以下三类：

一是仿古。仿古器形要占紫砂器中的"半壁江山"，仿古也是紫砂艺人成长的必由之路，在玉成窑的紫砂壶中纯粹仿古的器形占比较少。对石瓢壶、柱础壶等经典器形同样不乏有传器，如王东石苦窳生款周盘壶、何心舟曼陀华馆柱础壶等。

二是改良。紫砂壶式样多变，局部特征稍作调整便是另一种壶式，故名家制作时多会做些改良，在借鉴传统的基础上做进一步的演化，玉成窑注重强化茶壶的造型感，特别是钮、流、把等附件处，更强调形态之间的呼应关系。

三是新制。玉成窑对器物造型艺术性的关注远超以往，甚至为了造型独特而舍弃部分实用功能。

（2）文房器

宋代以来，文房器物的审美几乎没有发生变化，故玉成窑的文房器物形制和装饰均以"古"为上，以达到整体上的古雅。玉成窑从宋代文房器物形制上汲取营养较多，尽可能地去掉装饰线条，外形简洁、挺括，与茶壶一样都是尽可能地给书画装饰留出空间。

（3）舍弃部分实用的美感

玉成窑器物基本是实用器，功能与形式结合得很好，但也有小部分器物会舍弃部分实用性，追求艺术形式的独特性，成为更多具有观赏性质的器物。玉成窑的紫砂器物，有"不师古人而自然敦古者"，有"仿古得其神味者"，又有"精巧而名贵者"，还有"奇特而有别趣者"，名士介入使得以古为新的设计理念始终是玉成窑的内在魂魄，故绝无"纤巧而入俗者"，不拘泥一格的审美特征正是适应了玉成窑器物的多样化和受众多元的审美需求。

我们现在传承玉成窑首先是延续和摸索紫砂器的造型设计，尤其是外形细微处线条变化的处理，转换节奏的掌握，各部件的比例关系，这些体现工匠精神和制陶文化的技法值得敬仰和学习。玉成窑汉铎壶、石瓢壶、钟式壶、椰瓢壶、柱础壶、花盆、赏瓶、水盂等经典器型的造型都是必须摹学的，要完整娴熟掌握这些器型的造型技法诚属不易，以古为师是传承玉成窑器型的唯一方式。五百年来中国紫砂文化经久未衰，是得益于一代代的传承与发扬，特别是清代末年文人群体以不同形式的参与紫砂创作，成就了紫砂艺术的蓬勃发展，他们以坯作纸，以刀为笔，以文入器，为紫砂注入了高雅的艺术生命，提升和丰富了紫砂的品味和文化内涵。所谓"字随壶传，壶以字贵"，玉成窑紫砂器融入了文人墨客的诗、书、画、印、刻诸多文化元素后，已成为可集多种传统文化于一体的一个新的艺术门类。

2. 玉成窑作品的摹"形"

玉成窑文人紫砂艺术要薪火相传，

将玉成窑非物质文化遗产发扬光大，需不断挖掘玉成窑潜在的文化力量，精研和总结玉成窑的风格与特色，如法摹古玉成窑传世真品并逐步创新发展是复兴玉成窑的重要关节。摹制古器分为摹"形"和摹"韵"两部分，摹"形"就是探索古人制壶造型的技法，按原作容量一比一或缩小比例减少容量进行摹制，具体步骤分为：首先画好紫砂壶制作图纸，定型后再制作配用工具；然后采用传统打身筒成型方式，即将泥料练打切成长方形泥条，经拍打泥片、裁身筒片、拍底口片、裁底口片、围接身筒等工艺，用手指从里抵住泥片，用木拍子先下后上，从外将圆形身筒拍成上收下敛的空心壶身，在此过程中先后镶上圆底线片和上口线片（满片），最后镶接上壶嘴、壶把、壶盖及壶的，经精细的明针加工，制成壶坯，待自然晾干到所需程度，再考虑书法布局和镌刻。为了使摹古作品的造型、书法、镌刻尽可能接近原作，需要一遍又一遍反复地调整和制作。在此基础上学以致用，推陈出新，并有所发展，摹习玉成窑古器的外形是摹古中的第一步，也是摹古的基本过程。从传世的各种壶器的造型设计创意、各部件比例的精准度、点面线三者的机巧结合、泥料的配制、窑烧的气氛等方面来看，现代摹古者是较难全部掌握的。所以不断反复模仿古人的制作技法和表现形式至关重要，现代许多紫砂大师的创作灵感都是在长期摹习中积累产生的。

3. 玉成窑作品的摹"韵"

最难摹学的是"摹韵"，摹学玉成窑古器的文气雅韵和透射出的金石古韵，也就是所谓的"书卷气"，是摹古中的第二步，也是最值得学习吸收的内容。从传世古器上的诗、书、画、刻来看，诗文中写景、写人、写物、写事，均具有丰富的艺文内涵和闲适情趣，既切题又切意；书法的字体、字体的大小、书写的位置与壶器造型结合的相得益彰，交相生辉；绘画架构简约，意境空灵高逸；镌刻不见刀痕唯见笔墨书韵。要摹学这些传统艺术元素，使摹古作品"形韵"相随，是要依赖摹古者自身的文化积淀和真诚的处世态度来完成的，因此摹古前对古器的品赏探讨和领悟研究是摹古中一个十分重要的阶段，不是一朝一夕就能一蹴而成的。

（四）制度要素

1. 玉成窑紫砂制作工艺

简单流程为：设计壶型、制作壶型、撰写铭文、铭文书法布局草稿、在生坯上书法题铭、传承玉成窑独有双刀挑砂法镌刻、等晾干后入窑烧成。

（1）原料制备

紫泥绿泥和红泥，由于其固有的化学组成，矿物组成和工艺性能，单一种泥料，通过粉碎、练泥、即能制成产品。紫泥是生产各种紫砂陶器的最主要的原料。绿泥用作化妆土粉饰在紫泥坯体表面。由于绿泥数量不多，同时大件绿泥产品不易烧好，因而仅少数产品用绿泥制作。团山泥可制作大件产品。红泥通常用作化妆土及制作小件产品。

从矿层中开出的紫泥，俗称生泥，泥似块状岩石，经露天堆放稍事风化，待其松散，然后用锤式破碎机初碎，轮碾机粉碎，泥料过60目筛，湿水后通过真空练泥机捏练，便成为供制坯用的熟泥料。绿泥、红泥的制备与紫泥相同。

（2）成型工艺

紫砂陶器造型丰富，品种齐全。主要产品有各式茶具、酒具、餐具、文具、花盆和陈设工艺品等数千种。

手工成型是紫砂陶传统的制作方法。手工成型的方法，基本上可分为"打身筒"与"镶身筒"两大类。"打身筒"法适用于圆类型产品，将泥料打成泥片，用在转盘上，用手工拍打成空心体壶身，再粘接上用手工搓制成的壶嘴、把、颈、脚、并另加制壶盖，使作品坯体完整，"镶片法"是将泥料打成泥片，按设计意图，配成样板，依样裁成泥片，镶合而成，然后同上方法加工制成。

手工成型的主要工具，计有泥凳（工作台）、木春子、转盘、薄木柏子、竹片、拍子、规车、旁皮刀、尖刀、明针（牛角制成的薄片）。各种小工具很多，须根据产品工艺不同的要求，随时制作应用。

手工成型工艺的关键是泥坯表面的精加工、手工成型过程中的精加工，系指用竹片、明针、刀具以及用这些材质制成的专用工具，对已经加上颈、脚、嘴、把手的壶身整体，壶盖，花盆或其他产品的表面，进行精细的刮平修整。

（3）镌刻技法

玉成窑的镌刻技法是在前人常用

的双刀等技法上有所变化，铭文书法基本采用双刀挑砂、双刀清底相兼等镌刻技法。双刀挑砂法是采用双刀正入切出双边，用刀尖将多余泥料自然有序剔除，形成线条两边光洁明快的挑砂自然底；双刀清底刀法是采用两边用正刀切边起底，两边自然光洁形成自然底，是常用于边款和偏小字体的刀法。紫砂壶器的表面大多有各种弧度及斜度，镌刻布局相对平面更有难度。细观赧翁铭各式砂壶，创作时对书体的选择、字体的大小、字体的疏密排列，整体布局等，均与壶型自然合配，整体浑为一气，尤其铭文书法镌刻的细微处变化多端，立体感表现力强。

玉成窑文人紫砂镌刻与传统篆刻艺术有所不同，采用的刀具也不同，紫砂镌刻使用的是陶刻三角斜刃尖刀，篆刻一般使用平口刀具，二面开刃，所表现的艺术效果同中有异。但无论是镌刻还是篆刻都需要过硬的书法功底，用刀才能掌握书法的笔意。吴昌硕曾说过，篆刻要好，写字顶要紧。写字主要是学篆书，篆不好，印怎能刻好呢？吴昌硕治印时，以书入印，又以绘画的章法原理，借于印面布局。

篆刻艺术是通过用刀传达字法、章法、笔法，以及作者所要表现的情趣，用刀法表现笔意，体现出刀法、笔法、刀味及石味等综合的效果。玉成窑文人紫砂的镌刻有别于篆刻艺术与一般陶刻，镌刻者运用娴熟老辣的刀法，着重还原紫砂器上题写的书法和绘画原作所具备的笔意墨韵、金石味等形神风貌，刻刀随着书画线条节奏的变化而变化，刀中有笔，笔中有刀，刀笔相融，淡笔浅刻、浓笔深刻，每一点的细节表现包括一根细小的书法牵丝都是细致入微地表现出来，却不留刀刻的刚硬痕迹，保持原作的笔墨韵味和书画的线条变化。玉成窑制壶造器基本是一气呵成，镌刻者对壶器泥坯的干湿程度掌握得十分精准，壶面抑印时湿度刚好，印文清晰平整，镌刻时不会因泥坯过湿而翻边，也不会因过干而崩边，字口双边光滑不糙。了解玉成窑古器上的抑印效果、用刀方法和字口特点，以及工匠制壶造器的技法习惯、个人的审美情趣、使用的工具等要素，对玉成窑古器的判别将会更加客观、公正和真实。

（4）绘制

玉成窑绘刻中最具个性、最有创

意的是任伯年,他自绘自刻的作品有茗壶、各式文房、花瓶花盆等,题材有花卉、人物、赏石等。根据不同的画面题材,他采用各种刀法表现出造型准确、清新明快、雅俗共赏的个人画风。他的镌刻刀法自然多变,有双边挑砂法、双边清底法、推刀法、拉刀法等刀法,每件作品的刀法各有不同,从中可以感受到他的绘刻都是通过自身爱好和即兴随性表现出来的,而且特别讲究整体布局与线条的质感,画面中笔意、刀意一目了然。如"任颐刻款高仕纳凉图浑方花盆",画面构思布局简练,形象刻画生动,主题突出,高仕身着布衣长衫,席地倚靠水坛而坐,撸着衣袖悠闲摇扇纳凉,表情安详清逸,气质温文尔雅,衣纹褶皱以典型的"钉头鼠尾"为主笔勾描,笔力遒劲爽朗,远处的山峦和头顶遮阴的古树采用简笔粗线条,寥寥数刀即笔意尽出。此画运刀舒展,线条旖旎,精准地突出了人物的发髻胡须、五官神态、摇扇的手臂、脱鞋在旁的光脚丫子,人物形象惟妙惟肖,生动传神,镌刻出的粗细线条豪爽挥洒,转弯顿挫充满力度,是玉成窑任伯年绘刻的经典代表作,也是紫砂书画铭刻中,唯见笔墨不见刀痕的上品。

（5）玉成窑窑烧

玉成窑窑烧继承了宜兴紫砂业的传统工艺,采用小型馒头窑柴窑,以本地干燥后的松木山树等为燃料,窑温一般达到1200—1250度左右。烧成步骤为:装窑、温窑、烧窑、冷却、出窑五个过程。

（6）注意事项

在制作壶型的打身筒和篦身筒等成型流程中,要十分注重"泥门"的掌握。泥门是指壶身泥料颗粒分布的致密度或者说松紧度,泥门松紧以自然为佳,即俗话说的要把泥料拍"活了"。壶坯整体成型后,壶坯表面用明针压光,让坯体表面均匀光整,让砂质颗粒清晰自然饱满而有层次感。

紫砂壶、器的表面大多有各种弧度及斜度,相对平面布局难。创作时对书体的选择、字体的大小、字体的疏密排列,镌刻的位置,整体布局等,均与壶型自然合配协调,整体一气贯通,尤其铭文镌刻的立体表现力感强。

2. 玉成窑以艺人为主导的互动方式

梅调鼎有一首《瓦当壶》,记载了玉成窑的因缘际会:"壶痴骚人会浙宁,一片冰心在此壶。"天时地利人和促成了玉成窑。"壶痴骚人会浙宁"一句值得费思量，"壶痴""骚人"是哪些人？什么机缘促成了相聚？"浙宁"是实指还是虚指？"一片冰心在此壶"此壶是名句中的玉壶吗？玉壶与玉成窑的名称有对应关系吗？

在王东石制作的一把石瓢壶上，有玉成窑核心成员共同合作的记录："石瓢。光绪己卯仲冬之吉横云铭，伯年书，香畦刻，东石制，益斋先生清玩。"1879年冬天，由胡公寿题铭，任伯年书写文字，陈山农镌刻，王东石制壶，玉成窑的4位核心成员共同合作为"益斋先生"制壶，可谓紫砂界的盛事。虽然4人共同合作一把茶壶比较少见，但是几位好友共同合作一幅作品在文人雅集中却较为常见，作诗唱和，对对联，都是在互动中呼应对方，以求达到天衣无缝的艺术效果，以此见证彼此的友谊。

石瓢

共同署名、品定的前提是汇聚一堂，"壶痴骚人会浙宁"中的"会"，是会面亦是汇聚，人才的汇集，彼此观点和才情的激荡，创意的火花由此产生，曼生壶是"热衷工艺的文人"与"热衷文化的艺人"汇集一处，是以文人为主导的互动，玉成窑则是"热衷文化的艺人"与"热衷工艺的文人"互动，是以艺人为主导的合作模式。曼生壶和玉成窑是两个各尽其能的小团队，颇有现代设计的意味，文思与匠意在茶壶上合二为一故"志痴""骚人"相会是玉成窑诞生的基础。

三、文化元素核心基因提取

　　玉成窑文人紫砂文化是宁波陶瓷文化的典型代表，它的基因根植于宁波"书藏古今，港通天下"的理念之中。既有文人修养也饱含生活意趣，既是赏器，赏茶，与文人生活息息相关；也是赏意，赏趣，与文人雅兴相关，玉成窑的核心文化基因表述为：严格的产区限制和高标准的制作工艺，文人墨客的文人情怀和生活情趣，"切器、切茶、切意"和"可用、可赏、可玩"的艺术境界。

四、文化元素核心基因评价

评价项目	评价因子	评价依据（特点）	是否
生命力评价	文化基因存续的时间	自出现起延续至今，未曾明显中断	√
		自出现起延续至今，但多次衰微、中断后复兴	
		曾明显衰败，改革开放后开始复兴或历史溯源关键环节缺失，难以考证	
		文化形态主体已灭失，现存部分痕迹	
	文化基因的稳定性	在发展过程中保持相当稳定的状态	√
		在发展过程中存在明显的精神内涵、表现形式剧变	
凝聚力评价	文化基因的凝聚力及社会动员效果	曾广泛凝聚起区域群体的力量，显著推动过社会经济文化的发展	√
		曾部分凝聚起区域群体力量，对社会经济文化的发展产生过影响	
		凝聚过力量，创造过实际的发展动能，但未见对社会经济文化发展产生显著改变	
		仅在历史文献或口耳相传中存在，未见实际介入社会经济发展	
影响力评价	辐射的范围	具有全国性、世界性影响力	√
		具有长三角区域、浙江省影响力	
		具有市县、乡镇影响力	
	提炼的高度	已经被古代文人士大夫和当代学者提炼为精神符号和理念理论	√
		单纯的样式、造型、工艺技术规范	

· 255 ·

续表

评价项目	评价因子	评价依据（特点）	是	否
发展力评价	与当代精神追求和价值观念的契合	传统文化基因得到创造性转化、创新性发展；区域革命文化基因被完整继承、广泛弘扬；区域社会主义先进文化基因成为与浙江"三个地"相适应的文化高地	√	
		部分转化、部分弘扬、部分发展		
		难以转化、难以弘扬、难以发展		

说明：基因特点评价是对解码出来的基因，根据本《导则》表2的要求，围绕"四个力"逐一对表打"√"，进行定性表述

（一）生命力评价

近年来，随着经济发展与社会生活水平的提高，茶文化愈见盛行，紫砂文化也受到人们的广泛关注，文人紫砂以其独特的风格获得新的生机，国家对于非物质文化遗产的挖掘，保护和发展，使得紫砂文化研究的黄金时代到来。

改革开放后，中国经济飞速发展，玉成窑紫砂文化的复兴离不开张生。玉成窑非物质文化遗产传承人，和记张生创始人张生为玉成窑这一非物质文化遗产的延续付出诸多心力，让玉成窑紫砂文化有了更好的发展。

1. 参考历史，传承技艺

张生除几经探访玉成窑旧址、翻阅相关资料外，还多次拜访请教多位著名紫砂收藏家，博物馆专家，紫砂研究教授和梅调鼎先生书法传人，吸取紫砂文化知识，并联合当代著名书画家，篆刻家和紫砂名家，陆续复刻精品文人紫砂，并不断创新开发具有独特工艺，文化，和收藏价值的现代作品。

十年如一日，痴迷紫砂壶的张生终于重新挖掘和恢复了玉成窑紫砂壶的制作技艺。从泥料、工艺、壶型、窑烧、书法镌

刻等，全部自己亲自监制。"和记张生"的玉成窑茶具不仅采用旧藏原矿顶级紫砂，更模仿古代柴窑烧结方式，每窑烧制时间历经八十至百余小时，力求复原玉成窑的古雅温润，与玉媲美。

2. 文化传播，时代改造

传世至今，玉成窑一直被众多藏家所追捧。玉成窑传人张生也从收藏者转变成为玉成窑文化的传播者。他不仅建立了宁波茶文化博物院，让湮没于历史烟尘中的玉成窑重见天日；也通过传承和创新，让玉成窑再度激发活力，成为最受欢迎的文创产品。

"形而下为器，形而上为道"，摹古不是简单的模仿，而是再创造。"过去的壶比较大，而现在泡普洱茶、红茶等的壶根据茶的特性小壶更加适合，更为聚气。从大壶到小壶，不仅仅是讲究形的比例，更要注重紫砂壶的神韵和气质。"说起玉成窑，张生总是充满激情。

随着改革开放的不断推进，与国家对于文物文化保护意识的不断增强，玉成窑紫砂文化在保留文化内核基础上进行改变，是中华优秀传统文化的延续与发展，也是中国非物质文化遗产的保护与传承，为类似的文化保护提供参考案例，玉成窑紫砂文化与现代文化的不断融合，让玉成窑紫砂文化更加适应时代，成为时代文化的潮流之一，为玉成窑紫砂文化的永续发展，提供源源不断的生命力。

（二）凝聚力评价

在特定的历史时期，玉成窑紫砂壶表达了文人群体对于时局的担忧，是对爱国情怀的凝聚。玉成窑紫砂壶的魅力体现在其自身的艺术性上。例如浪椎壶的铭文：博浪椎，铁为之，沙抟之。彼一时，此一时。这铭文字字珠玑，该壶的创意和造型源于历史事件张良刺秦王。铭文的意思是当年铁制的博浪椎用于刺杀秦始皇，如今紫砂博浪椎壶则用来鉴赏品茗，可谓时息瞬变。此铭还有更深的含义：该壶制于清末，时外敌入侵，清王朝对外软弱，割地赔款丧权辱国，对内腐败民不聊生，处于风雨飘摇之中。作者托物寄情，体现了既忧国忧民又无力救国的无奈情怀。酌文撰句到这个份上，既展现他的独特匠心与深厚功底，也是对人心不凝的警醒。玉成窑紫砂文化有利于唤醒侵略战争时期的反抗意识，对于当地文人是表达情感的寄托，也是物质对于人民精神产生鼓舞的具体案例，曾凝聚了以文人力量唤醒旧社会的民族意识。

在现今，制作、赏玩玉成窑紫砂壶的更多的是爱好茶，品鉴茶器的雅士，这也是彰显中国非物质文化遗产的文化凝聚的具象。为宁波玉成窑紫砂壶吸引而了解宁波玉成窑紫砂文化，欣赏文人紫砂的风骨，是新时代凝聚力的体现。

（三）影响力评价

玉成窑被收藏界视为珍品，在中国紫砂发展史上占有特殊地位，紫砂界曾有这样的评价："千年紫砂，绵延至今；雅俗共赏，文化先行；前有陈曼生，后有梅调鼎"。而玉成窑紫砂文化也由固步自封逐步走向新发展。在当今宁波有多家手工陶艺体验场馆，变相地促进了经济的发展，也是对于宁波紫砂文化的宣传。

在第二届世界顶尖科学家论坛上，上午的会议结束后，70位世界顶尖科学家和我国30位两院院士接过上海为他们准备"贵重国礼"——当代玉成窑造汉铎紫砂壶。这是由宁波玉成窑非物质文化遗产传承人张生设计监制

玉成窑汉铎紫砂壶摹古作品，它们作为本届论坛组委会指定的国之礼器，赠予与会的70位世界顶尖科学家和我国30位两院院士。作为国礼的这款汉铎壶是采用传统手工制作，按清代玉成窑经典文人紫砂"汉铎壶"原作一比一复制的摹古作品。这把"张生铭玉成窑汉铎壶"国礼之作，从图片上看，壶身如铎，敦厚质朴，气韵流畅，造型俊美，典雅大气，工艺精湛考究。壶铭"紫泥新铎传汉音，汲来松泉试烹茗"由张生撰，整体来看，既体现中国文化深厚的内涵，又贴近现代雅趣生活。

宁波玉成窑紫砂文化是中国文化交流与输出的一部分。在清末时期产生社会影响较小，仅对于旧社会的思想有所撼动，辐射范围较少，主要集中在宁波当地。在新时代，玉成窑通过不断传承与创新，终于走上历史舞台，成为国礼，其核心内核不断为公众获知，影响范围扩大，提升了民族文化自信。

（四）发展力评价

传统玉成窑文化得到了创造性转化，创新性发展。

1. **传承谱系**

梅调鼎（男 1839—1906 慈城）—洪洁求（男 1906—1967 慈城）—洪丕谟（男 1940.11—2005.05 上海）—林琪（男 1962.09 宁波）—张生（男 1974.03 宁波）

2. **吸收文化底蕴，扎根文化基因**

王成窑传人张生认为，玉成窑不仅仅是一个文人紫砂窑口，它更是一个由书画篆刻家领衔，制壶名手、陶刻高手共同创作的团体。"玉成"系敬辞，意为成全，当时宁波文风鼎盛，文人墨客云集，文人雅士为紫砂器题词作画，所刻词句切器、切题，隽永秀丽，美不胜收。紫砂器造工精妙简巧，可与美玉媲美，大家各尽其长，玉成了玉成窑墨宝紫砂，成为曼生后又一文人紫砂杰作代表。

3. **优化产业结构，进行多样化生产**

"论道竹叶青玉成窑汉铎紫砂壶套组"也是玉成窑与竹叶青品牌的联合佳作。这些年来，王成窑通过与茶业大品牌联合开发产品，充分发挥双品牌的优势互补和双赢效应。如今，玉成窑还与八马茶业合作设计了"赛珍珠系列"、和天福茶业开发紫砂杯产品，产品供不应求。

如今，不管是摹古系列茶具和文房，还是新的紫砂茶具系列，既是玉成窑文人紫砂的传承者，也是雅致茶文化的倡导者。王成窑从历史走向现实，从博物馆走入生活，因为有文化的厚度，才能定义时代的审美，才能创造未来的价值。

王成窑紫砂文化随着文化研究的不断深入，产品技术的不断创新，其发展方向发生转变，更加贴合时代发展，为新时代社会主义不断铺路。其产品价值提升，与当代精神与价值观更为契合，有利于推动时代发展，传播优秀中华传统文化。

五、文化元素核心基因保存

（一）2010年10月玉成窑列入江北区"三位一体"非物质文化遗产名录项目。

（二）分别于2014年6月21日、2015年4月21日、2015年7月14日、2015年8月28日在国家工商行政总局成功注册四项"玉成窑"注册商标。

（三）2017年5月为了加快玉成窑文化的传播，成立宁波玉成金砂文化传播有限公司。

（四）自2014年5月至今，晚清玉成窑古器收藏于宁波茶文化博物院，并常年对游客展出。

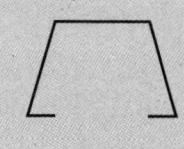

慈城水磨年糕

港源城始　宁波江北文化基因

慈城水磨年糕

一、文化溯源

有古诗云:"宁波年糕白如雪,吃在口中糯滴滴。"《宁波市志》上很早就有"宁波年糕柔滑细腻,久浸不糊,昔以梁湖年糕、水底清年糕著称,今以慈城水磨年糕为佳"的记载。

浙江宁波的慈城水磨年糕,是宁波年糕的代名词,远近闻名。慈城水磨年糕生产历史悠久,距今已有上千年,以其独特的历史渊源、传统工艺和地域优势,受到江南及海内外消费者的青睐。

长江中下游是水稻的主要栽培地区之一,我国是人工栽培稻最早的国家之一。河姆渡遗址以及周围一带,是中国乃至世界的稻作文化发祥地。也就是说,早在7000年前慈城地区的原著居民就已经开始种植稻谷。稻谷至米糕,米糕至年糕的变迁,虽无相应的文献记载,但通过对慈城地区的调查显示,有关年糕的民间传说十分丰富。

传说中,大禹治水时,数以万计早出晚归的民工就是用"米糕"作餐,这样,既缩短了工期,又耐饥。

春秋战国时,伍子胥预见国难将至,命人快速修筑姑苏阖闾大城。城建好后,伍子胥被害。他临死前悄悄告诉亲信:"我死后,民如断粮,可掘相门得食,以救百姓。"后越王发兵攻吴,姑苏城里饿死不少人,这时,人们想起伍子胥的话,立即

· 263 ·

挖掘相门城墙，发现块块"城砖"皆用米粉制成，饥民以"城砖"为食，度过了饥荒。

《浙江省民间文学集成——宁波市故事卷》中的《慈城年糕》一文，将年糕的历史定格在战国时期，"十二月忙年夜到，挨家挨户做年糕"。

宁波市民间文艺家王静认为，年糕起源于西周，年糕的定名，先有民间传说，后有文献记载。有文献记载的"年糕"二字，据她考证，最早出现在明朝嘉靖年间的《姑苏志》中。

宁波的地方文献《桃源乡志》中的物产篇记载："梁湖稻（可做年糕）。"这一记载证明宁波人早在清康熙朝之前已经开始做年糕。而慈城作为宁波府下属的慈溪县县城，做年糕的年代至迟也应该在这个时期。

《慈城年糕的文化记忆》一书中也记载道："慈城水磨年糕的制作与起源也与全国各地的年糕一样，始于西周，兴于明，盛于清朝及民国。"民间还流传有《打年糕》《慈城年糕进贡》等民间传说。这些流传于姚江北岸的故事都可以说明：慈城年糕制作的年代久远，而且与老百姓的生活息息相关。

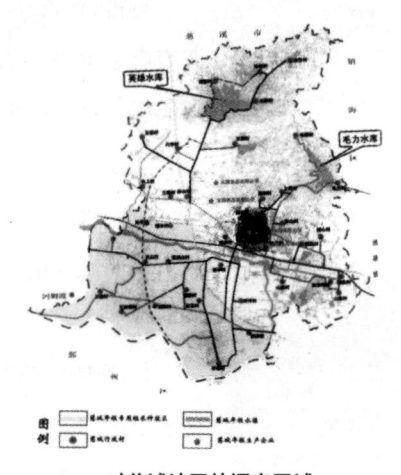

对慈城地区的调查区域

二、文化要素分析

（一）物质要素
1. 优秀的稻米原料

宁波地处宁绍平原，宁绍平原是钱塘江和杭州湾南岸的一片东西向的狭长海岸平原，位于浙江省东北部，因古时东为宁波府，西为绍兴府而得名。由钱塘江、曹娥江、姚江、奉化江、甬江等河流冲积而成。宁绍平原是新石器时期河姆渡文化的摇篮和家园，是越文化的诞生地和发祥地，是吴越文化的重要支系之一。

河姆渡遗址两次考古发掘中，在第四文化层上部发现大面积的稻谷、稻秆、稻叶和木屑、苇编构成的稻谷堆积层，平均堆积厚度20—50厘米，最厚处超过100厘米。刚出土时的稻谷外形完好，色泽金黄，少数稻谷连外壳的隆脉、稃毛及芒尖仍清晰可辨。经农史学家多次抽样鉴定认为是人工栽培水稻，是一个类粳、类籼及中间型等各种粒型的亚洲栽培稻属杂合群体。

河姆渡遗址以及周围一带，是中国乃至世界的稻作文化发祥地。也就是说，早在7000年前慈城地区原著居民就已经开始种植稻谷。在得天独厚的环境下，劳动人民在悠久的稻米种植历史中积累经验，种植出优秀的稻米原料。

2. 制作年糕的工具

（1）缸

巨大的缸里装满干净的水，把糯米放入巨大的搪瓷缸中浸泡七天七夜。巨大的接触面积和长时间的浸泡可以使糯米充分吸收水分，使米粒膨胀、松散、柔软。

缸

（2）石磨

用石磨将谷物变成粉末，而糯米粉经过水磨工艺，口感更加细腻、顺滑。

石磨

（3）布袋

水磨的粉需要盛在布袋里，并且扎紧袋口，用纯天然的草灰将袋中的水分吸干。

（4）竹筛

榨干了水分的米粉倒在竹筛里筛，将块状的干粉不断用手捏碎，竹筛的眼子约有0.5厘米见方。

（5）蒸桶

蒸桶是用杉木板箍成的圆桶，桶底是蒸伞。蒸伞是用毛竹条和丝瓜制成伞状的底盘，有利于烫锅里的蒸气上升和扩大接触面，使粉能充分均匀受热。

（6）石捣臼

将蒸熟后的粉倒在石捣臼里，一人抱起舂头进行舂捣，旁边一人默契配合。一般是大的石臼可盛80斤粉，石舂头连木柄有20斤重，小的石臼可

石捣臼

盛40斤粉，舂头连木柄有12斤重。

（7）铺板

铺板上放好一盘用黄膜和菜油做成的饼，用来做年糕时擦手，以防米粉粘手。

3. 形制多样的年糕模板

（1）咸丰年间制作的年糕模板

咸丰年糕模板长29厘米，宽度8.4厘米，内芯长19.5厘米，宽5.6厘米。糕板背面隐约可见有黑墨文字，经仔细辨别可见为模板置办的年号——咸丰辛酉和置办人的姓名——林永X（X为字迹模糊不清，难以辨识），虽然姓名中仍有一字难以辨别，但这块糕板是目前发现的水磨印花年糕制作工具最早的实物，时间为1861年。

咸丰年间制作的年糕模板

（2）戊戌年制作的年糕模板

这块年糕模板的正面花样为头戴官帽的戏剧人物和桂花，寓意状元及第，背面书有"舒福兴戊戌"。

戊戌年间制作的年糕模板

（3）"天地元黄"年糕套板

年糕模板的书写标记位置有的在背面，有的在侧面，也有的在模板两头。这一套年糕模板一头各书"天""地""元""黄"文字，成为一套四副年糕模板。这四个字取自千字文首句"天地玄黄，宇宙洪荒"，只是为了避康熙皇帝玄烨的名讳，将"玄"改为"元"。可见这套模具的置办年代最晚应是晚清年间。

"天地元黄"年糕套版

（4）标有晚清年号的年糕模板

宁波地区做年糕相当兴盛，许多

· 267 ·

年糕模板上会标有置办的年号及家族的姓名。标有晚清年号的年糕模板为当时使用的式样丰富的模板。此外还有一些没有标明年份的模板那，其外观及雕刻花样、技艺与这些标有年份的也十分相近。

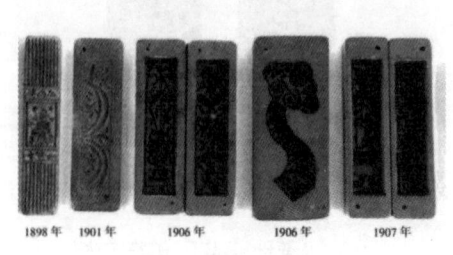

1898年　1901年　1906年　1906年　1907年
晚清年间的年糕模板

（二）精神要素

1. 历史典故

慈城年糕生产历史距今已有上千年。与姑苏的传说类似，相传伍子胥在慈城作战，临死前对部下说："如果国家有苦难，百姓断粮，你们到城墙下挖地三尺可得到粮食。"伍子胥死后，他的部下被越军包围，城中断粮已饿死不少人，这时有人想起伍子胥的话，挖了三尺多深的城墙，果然挖到了许多可吃的"城砖"即年糕，结果打了胜仗。原来是当年伍子胥在慈城督造城墙时，已做好了屯粮防饥的准备。这是小时候慈城孩童，经常会和同伴互相说起的故事，他们也常常猜测传说中的年糕当时到底会埋在哪里。

此后，每逢过年家家户户都会做好年糕，在除夕当夜以吃年糕来纪念伍子胥。

2. 步步登高的美好寓意

宁波一带民间有"年糕年糕年年高"的民谚。为寄寓美好愿望，人们还发明了各式各样的年糕印板，把年糕印制成"五福""六宝""金钱""如意"等等形状各异的外观，象征"吉祥如意""大吉大利""财源广进"。还有的则做成"玉兔""白鹅""鲤鱼"等小动物，构成真正意义上的内容与形式的完美结合。

年糕作为慈城传统年味的代表，带着"步步登高""年年高，来年更比去年好"的美好寓意，每年过年吸引着各地的人们来感受年糕的文化魅力，为迎接新的一年讨个好彩头。

年糕文化发展到现在，内涵也在不断地被丰富与衍生。

3. 回忆与乡愁

看到慈城色白如玉的水磨年糕，你是否想起儿时搡年糕的场面，忆起年糕团入口时清新的米香？小时候搡年糕，可不是如今机器冷冰冰地"做"出来的，而是用石臼"搡"出来的。每年11月份水稻成熟，家家户户就要开始准备用新米做年糕。做年糕的时节里，镇里的热闹场景堪比过年，"邻居间几乎不关门，方便串门帮忙一起做年糕"。

个把钟头蒸米粉，待水蒸气弥漫整个灶间，米香扑鼻粉蒸熟，"这时，家族里最身强力壮的男子就会用布包裹起热腾腾的年糕粉飞奔至捣臼边，扑的一声响！把熟年糕粉倾倒在捣臼里，然后举起舂米粉的杵，甩开歌喉'嘿、嘿、嘿'搡起来。等到石臼里的米粉渐渐搡成一团，散发出浓郁的米香味。就会被倒在干净的桌子上，摘一段熟米粉搓成长条形往年糕板上一按，一根美丽的手工年糕就成型了"。

而对于孩子们来说通常早就等不及了，"都会自带佐料，喜欢吃甜的就会带上一小袋黄糖；喜欢吃咸的则会自带一包榨菜。通常是熟米粉刚搡好，大家就迫不及待伸出手去摘，也顾不上烫不烫，大人会不会骂。裹上喜欢的佐料，趁热就在一边吃起来。刚做好的年糕咬上一口，香、软、糯便在口里迸发。根本不需要煎炒烹炸，此等美味怕是千金也不换吧"。

（三）语言和象征符号

1. 文学

诗词：

人心多好高，谐声制食品。
义取年胜年，藉以祈岁稔。

年糕寓意稍云深，
白色如银黄色金。
年岁盼高时时利，
虔诚默祝望财临。

腊望打年糕，吾今举棒操。
族兄来协力，顷刻笑声高。

歇后语：

八月十五吃年糕——还早
年三十的年糕——你有我也有
炒年糕——费力不讨好
年糕掉在灰堆里——吹不得，拍不得

童谣：

吃年糕

摇啊摇摇到外婆桥，外婆请我们

吃年糕。糖蘸蘸多吃块；盐蘸蘸少吃块。弟弟吃了快长高；舅舅吃了事业高；舅妈吃了工资高；我么吃了成绩高；新年到吃年糕，祝愿大家年年高。

2. 符号

年糕的式样有方块状的黄、白年糕，象征着黄金、白银，寄寓新年发财。用年糕印板压成"五福""六宝""金钱""如意"等等形状外观，象征"吉祥如意""大吉大利"。有的则做成"玉兔""白鹅"等小动物，构成真正意义上的内容与形式的完美结合。

（四）制度要素

1. 传统水磨年糕制作工艺

（1）粳米浸泡：根据用量需要，将米和水置于缸中浸泡七天七夜，中间需换水一次，待米粒含水分均匀饱和。

磨粉：（水磨）在石磨上磨粉，需二至三人，一人把磨，一人或二人推磨。把磨的人不断添米加水，以使磨的顺畅，米粉细薄。

榨水：将水磨的粉盛在布袋里，扎紧袋口，用纯天然的草灰将袋中的水分吸干，将吸了水的草灰换成干的草灰，直至将袋中的水分吸得差不多为止。

（4）刷粉：将榨干了水分的米粉倒在竹筛里筛，将块状的干粉不断用手捏碎，竹筛的眼子约在0.5厘米见方。过筛后的粉达到细小均匀，为蒸粉作好质量准备。

（5）蒸粉：将筛过的粉倒进蒸桶蒸熟。

（6）舂米（粉）：将蒸熟后的粉倒在石捣臼里，一人抱起舂头进行舂捣。旁边一人进行默契的配合，浸过水的手快速的将粘在石舂头上的粉扩散，将石臼里的粉快速翻动。

（7）做年糕：将已经在石捣里舂透的粉团捧到做年糕的铺板上，进入做年糕的程序，铺板上放好一盘用黄膜和菜油做成的饼，用来做年糕时擦手。

年糕制作示意图

2. 现代年糕制作工艺

年糕的生产流程包括原料筛选、

磨浆、脱水、挤压成型、切片、包装等工序。清理工序有去石和精碾两部分，经过清理筛选后的大米，再用自动定量称定量之后进入洗米润米罐中，之后就到了磨浆环节。许多生产商对米浆的脱水大多采用真空转鼓脱水或脱水床来使米浆脱水。

在传统制法中，通常会将热乎乎的年糕放在通风处，再盖上被子等以防开裂。而现代化生产则是利用鼓风冷却的方法，利用鼓风机就能够实现，高效又方便。真空包装形式能够实现年糕保鲜、防潮、防霉、防虫等目的，有效地延长了年糕的保质期，而且在之后的储存和运输过程中也十分便捷，不受外部二次污染。

三、文化元素核心基因提取

慈城年糕文化是宁波美食文化的主要代表，以优质粳米和水为原料，经种、选、浸、磨、蒸、舂、印等10道工序，纯手工制作而成。慈城年糕生产历史悠久，距今已有上千年，以其独特的历史渊源、传统工艺和地域优势，受到江南及海内外消费者的青睐。其核心文化基因是传统工艺，历史悠久。

四、文化元素核心基因评价

评价项目	评价因子	评价依据（特点）	是否
生命力评价	文化基因存续的时间	自出现起延续至今，未曾明显中断	√
		自出现起延续至今，但多次衰微、中断后复兴	
		曾明显衰败，改革开放后开始复兴或历史溯源关键环节缺失，难以考证	
		文化形态主体已灭失，现存部分痕迹	
	文化基因的稳定性	在发展过程中保持相当稳定的状态	√
		在发展过程中存在明显的精神内涵、表现形式剧变	
凝聚力评价	文化基因的凝聚力及社会动员效果	曾广泛凝聚起区域群体的力量，显著推动过社会经济文化的发展	√
		曾部分凝聚起区域群体力量，对社会经济文化的发展产生过影响	
		凝聚过力量，创造过实际的发展动能，但未见对社会经济文化发展产生显著改变	
		仅在历史文献或口耳相传中存在，未见实际介入社会经济发展	
影响力评价	辐射的范围	具有全国性、世界性影响力	√
		具有长三角区域、浙江省影响力	
		具有市县、乡镇影响力	
	提炼的高度	已经被古代文人士大夫和当代学者提炼为精神符号和理念理论	√
		单纯的样式、造型、工艺技术规范	

续表

评价项目	评价因子	评价依据（特点）	是否
发展力评价	与当代精神追求和价值观念的契合	传统文化基因得到创造性转化、创新性发展；区域革命文化基因被完整继承、广泛弘扬；区域社会主义先进文化基因成为与浙江"三个地"相适应的文化高地	√
		部分转化、部分弘扬、部分发展	
		难以转化、难以弘扬、难以发展	

说明：基因特点评价是对解码出来的基因，根据本《导则》表2的要求，围绕"四个力"逐一对表打"√"，进行定性表述

（一）生命力评价

从存续时间来看，宁波慈城年糕"传统工艺，历史悠久"的文化基因始终未曾中断。年糕的历史起源有很多种说法，其中有一种，就是春秋末期伍子胥在宁波慈城所发明：当年伍子胥在慈城督造城墙时，用年糕做好了屯粮防饥的准备。所以从春秋战国延续至今，每逢过年过节，家家户户都用做年糕、吃年糕汤的习俗来纪念伍子胥。

如今在慈城，年糕文化有着更好的发展：

1. **工艺的创新：在保鲜技术上的研究深入**

原来的年糕多为手工制作，虽然新鲜但是保质期不长，远方的人要是先吃到新鲜的年糕往往很难，于是在这一点上，宁波慈城的多家企业在保鲜技术上进行了思考和创新。比如百年老字号冯恒大联系了拥有先进食品保鲜技术经验的日本花甲协会，并组织宁波高校科研力量联合研发，使用纯天然动植物涂料的保鲜技术，省去了高温高压杀菌的环节。

2. **种类的创新：火锅年糕、速食年糕**

年糕的种类也不断变化，火锅年糕、速食年糕等的兴起，

让原来传统的食物，逐渐脱离季节的限制，从只能在过年吃到的珍贵食品成了大众化的食品。

现代年糕企业不断丰富年糕品类、积极创新，如宁波白峰利用山海特色，在年糕生产中加入桂花、海苔、玉米、艾青等原料，加工出金福、银福、红福、清福、紫福、厚福等六福系列年糕，在增加品种的同时，将经济效益做到最大化。

3. 机械化制作：保证口感兼顾卫生和效率

年糕市场的需求量快速扩大，人工制作的成本和速度跟不上，宁波慈城的各个企业就想到了利用机械化生产。为了解决机械化生产会导致口感下降的问题，慈城年糕在稻米的选材上进行了深入的研究，选用优质稻米来提升年糕的口感。

（二）凝聚力评价

慈城年糕是团圆的代表，起着凝聚区域群体的作用。慈城年糕背后往往是一个宗族、一个村庄、一个区域，共同的文化联系意味着共同的情感联系。

年糕在推动社会经济文化发展方面起着重要作用。宁波年糕产生和发展对慈城的文化经济提升有重要作用。慈城的知名度提升是和慈城年糕分不开的。

年糕也与各种传统节日有关，促进了文化的交流与传承，年糕文化以及背后与年糕相关的大型民俗活动，是旅游和文创产业的升级，这对年糕经济文化的发展，也起了更好的促进作用。

（三）影响力评价

慈城水磨年糕的远近闻名，但其实其发展只有短短的百年的时间。在改革开放以来的40年里，民营年糕企业如雨后春笋般出现，慈城年糕开始了迈向全国的步伐。在短短的20年里，慈城年糕逐步走向了世界。

在慈城年糕走向世界之前，虽然有相对比较固定的消费者，但是这些消费者数量少，需求少且需求时间在一定的范围中。而在慈城年糕逐步走向世界的过程中，消费者不断扩大，年糕的种类和用途也在不断扩大，甚至逐渐成了一定的年糕文化。在慈城年糕的带领下，慈城年糕走出去，将年糕文化发扬光大，使慈城经济和文化影响力也得到了一定的提升,促进社会经济的发展。

(四)发展力评价

传统文化基因得到创造性转化、创新性发展。主要体现在:不同企业的创新方式。

1. 冯恒大:保鲜技术的升级

"冯恒大"公司将年糕文化与古镇文化、年文化结合起来,扩大了企业的影响力。该公司近年来推出了年糕贺年卡,将宁波的年糕文化传送到北京、上海、杭州等城市。

为了让食客品尝到最原汁原味的年糕,冯恒大联系了拥有先进食品保鲜技术经验的日本花甲协会,并组织宁波高校科研力量联合研发。终于,使用纯天然动植物涂料的保鲜技术出炉,省去了高温高压杀菌的环节。年糕的种类也不断变化,火锅年糕、速食年糕等都在各地销售,传统的食物,逐渐脱离季节的限制,成了大众化的食品。

2. 塔牌:优质的原料和自研机器的使用

作为第一家使用自研机器制作年糕,并且硬件设备升级,引入生产线和冷库的企业,"塔牌"年糕充满了信心:"慈城有悠久的年糕文化,塔牌年糕的质量也是一等一的!"为确保原料质量,"塔牌"公司在镇上建立了3000亩的水稻种植基地,该公司的年糕年出口量在1200吨左右,产品主要供应香港,并远销欧美、加拿大、东南亚。时至今日,许多在外乡的宁波人说起年糕,都会想起慈城塔牌水磨年糕。

3. 义茂:真空包装的卫生年糕

"义茂"公司通过工艺控制,既保持了年糕的水磨传统,又将保质期延长至10个月。义茂公司从韩国引进了全国首条先进的自动化年糕加工生产线,年糕生产更加现代化后,一举进入了全国各大连锁超市。

但是代工厂生产的年糕,时常发生难以控制的质量问题。义茂的创始

冯恒大年糕坊原址

人邵萍在2001年投资80万，她在慈城国庆村租了村里的大会堂进行生产。后又增加300万投资，在慈城妙山村新盖了厂房。年糕的生产终于步入正轨，年糕的品质也逐步提升。2008年，为了让年糕更卫生，她又新配了10万级净化车间，成为行业首家。

"义茂的年糕，口感不一定是最好的，但一定是最干净卫生的。"

义茂食品工厂

4. 绿藤：慈城年糕的生力军

与其他几家"老牌子"年糕企业相比，宁波绿藤食品有限公司，因为出色的年糕口感和品质，深受广大消费者的喜爱。负责人应国荣坦言："很简单，就是米的质量好。"由于本地优质稻米已经基本被囊括入其他几家老牌年糕企业的版图，一开始的绿藤，常为"米源"发愁。后来，应国荣决定采用江苏的优质晚稻米制作年糕，却意外地发现年糕口感提升了许多。如今，他已经可以抬头挺胸地说："虽然原价比别人要贵一些，但我的年糕，口感是最好的。"

在商店售卖的绿藤年糕产品

在这个进程中，几代慈城年糕人，用他们的智慧和底蕴传承，真正打响了慈城年糕和宁波年糕的品牌。而慈城年糕的未来，正如勇立潮头在新时代的宁波，还在更远的地方。

五、文化元素核心基因保存

（一）民俗类活动

1. 慈城年糕文化节：活动现场有年糕饺手作、年糕商家展销会、艺术生活秀等活动，让游客可以在吃到香甜软糯嫩的宁波慈城年糕的同时，感受传统与现代元素碰撞产生的火花。

2. 除夕夜：家家户户会吃年糕汤，炒年糕，还会用年糕做菜来纪念伍子胥，过年吃年糕同时也寓意着来年团团圆圆，年年高升的好兆头。

3. 打年糕：手工制作年糕，每到农历年底，农村都有打年糕、吃年糕的习惯，每家每户都会用糯米磨成粉打成年糕，并作为新年中走亲串户送亲戚的传统礼物。

（二）实物留存

1. 冯恒大年糕，现慈城具有影响力的年糕品牌。

2. 慈城塔牌水磨年糕，外乡人心中的老味道。

3. 宁波义茂年糕，真空包装保存的宁波年糕。

4. 慈城年糕历史陈列馆（展陈馆），位于宁波市江北区慈城古镇内。

慈城年糕历史陈列馆

（三）文献中的留存

1.《慈城年糕》收录于《浙江省民间文学集成——宁波市故事卷》

2.文献记载最早出现"年糕"二字，在嘉靖年间的《姑苏志》中。

3.王静：《慈城年糕的文化记忆》，2012年。

4.上海环球社：宣统元年《图画时报》中宁波年糕的广告。

5.黄元琪李琼：《慈城年糕：江南餐桌上的年味》，研究论文，2021年。

6.宁波市地方志编纂委员会，中华书局出版《宁波市志》。

7.臧麟炳、杜璋吉，《桃源乡志》。

8."慈城水磨年糕手工制作技艺"被列入浙江省非物质文化遗产名录。

朱贵祠

港源城始 宁波江北文化基因

朱贵祠

一、文化溯源

朱贵祠，坐落在宁波市江北区慈城镇大宝山西麓，背倚青山，面对慈江。朱贵祠建于清道光二十三年（1843），是当地民众为纪念在鸦片战争中英勇阵亡的朱贵将军及其部下将士而募资兴建的；朱贵祠原名"高节寺"，又名"慈廊庙"，俗称朱将军庙。该祠东面的大宝山曾是当年大宝山保卫战的古战场，山上尚存堑壕、残垣。祠前马路湾是朱将军阵亡处。这里松柏常青，流水潺潺，群峰相映，景色秀丽。

朱贵祠

如此风水宝地，不幸在公元1842年3月15日被战云笼罩，成为第一次鸦片战争最为惨烈的一个战场，也是大清最高统治者彻底改变战略决心的转折点。1840年6月，英国侵略者发动鸦片战争。清道光二十一年（1841）八月，英国侵略者攻陷了浙江舟山，接着占领了镇海、宁波等地。道光皇帝惊慌之余，派其侄奕经和文蔚来到浙东，把大本营驻扎在慈城以西十几里的长溪岭，准备收复失地。四川大金川千总阿木穰和瓦寺土司守备哈克里临危受命，率藏、羌战士2000余人于1842年驰抵浙东，支援海防。在攻取宁波、镇海两城的战斗中，两支队伍英勇杀敌，重创英军，最后却因武器落后、寡不敌众全部喋血浙东疆场。

翌年正月，朱贵奉命率次子昭南、三子共南及陕甘军900人，前来宁波参加抗英战役，安营于慈城大宝山待命。二月初四凌晨，英军首领濮鼎查遣兵200余人，乘火轮顺姚江而上，到大西坝蜂拥上岸，经裘市、夹田桥直犯慈城。侵略军所到之处，烧杀淫掠，无所不为。朱将军身先士卒，指挥所部奋力迎战，打得侵略军狼狈逃窜。英兵退到夹田桥边，重整残兵又发起第二次冲锋，很快又被朱将军击退。驻扎宁波的英军派近千名英兵前来增援。一时枪炮声四起。慈城腹背受敌，形势极为危急。朱将军临危不惧再次披挂上阵，率部下勇猛冲杀，一口气砍倒英兵十余人。士兵们被朱贵的勇猛精神所鼓舞，奋勇冲向敌阵。战斗从清晨一直持续到下午，而长溪岭大本营里的奕经和文蔚却仍在饮酒作乐，拒派援兵。这使得朱将军及其部下渐渐陷入弹尽粮绝的境地。英军从东西涌来，朱贵怒马斩阵，杀敌数十人。敌人见其勇猛如虎，忙集中火枪向他射击。朱将军不幸中弹阵亡，时年64岁；次子昭南为扶其父，也被敌人砍倒在地，壮烈牺牲。三子共南身受重伤，脱战衣掩盖父兄尸体，带领残兵突围撤退。为表彰朱贵英烈事迹，清政府下诏诰授朱贵为武功将军，晋封武显将军，以总兵例赐恤，在河州朱贵故居修建了牌坊和祠堂。道光帝题赠"忠孝双全"匾额，悬于故居巷口牌坊，故居改建为忠孝祠堂。林则徐曾为之题字"忠规孝矩"。战后，清廷对死难将士进行安抚，将朱将军及436名阵亡将士葬于大宝山北麓，建墓立碑。背倚青山，面对慈江，两千多名藏羌勇士的遗骸与清朝将领、民族英雄朱贵将军和他的部下埋葬在"鸦片战争阵亡将士之墓"中。当地民众称其为"百丈坟"。

朱贵祠坐落在慈城西门外二里大

宝山西麓郑山脚。祠为五间两进硬山式清代建筑，坐北朝南，山门面阔18米，进深7米，大殿面阔18米，进深10米，天井面积215平方米，祠东侧原郑山庙遗址1770平方米已征用并已砌筑围墙为今后扩建用地，朱贵祠建筑面积325平方米，总占地面积2500平方米。祠内现有陈设：朱贵立像一尊，高3米，玻璃钢材料，1999年3月落成；大殿40平方米壁画，1999年8月落成；浙东和大宝山抗英战争史迹陈列室面积50平方米，陈列以图片文字形式介绍鸦片战争期间浙东人民抗英和朱贵大宝山战役抗英斗争史迹。

斗争史迹

祠为前后二进各五开间，置一天井，祠后山坡建有鸦片战争大宝山战役阵亡将士墓。祠东侧原郑山庙址现已划归朱贵祠所属，总占地面积约5400平方米。祠悬林则徐撰李天马书"忠规孝矩"匾；沙孟海书"陟大宝山原百端交集，抗外族侵略万古留芳"楹对；朱贵第6代孙甘肃朱光明撰，曹厚德书"浩气长存"匾；凌近仁书"朱贵祠"门匾；溪人捐"武显高节"匾；礼部右侍郎吴忠骏撰书"慈郭庙碑记"十六方石刻；孝丰县知事朱绪曾撰"慈溪大宝山武显将军庙"之碑。1939年冬立"重修朱将军庙碑记"等陈设，庭院植花木。

朱贵祠150多年来历经兴衰，一度面貌破落，江北区委、区府和有关部门重视历史文物的保护和爱国主义教育基地建设相结合，弘扬朱贵和阵亡将士爱国主义民族气节，1998、1999两年投资20余万对朱贵祠进行重点整修完善以达到爱国主义教育基地陈列开放目标。朱贵祠先后被公布为江北区首批省级文保单位、宁波市爱国主义教育基地、江北区中小学德育基地、江北区禁毒基地。在2012年江北区文物管理所正式启动的朱贵祠陈列改造项目成功实施后，以朱贵祠为载体，筹划成立鸦片战争宁波抗英事迹纪念馆，在我区小型博物馆（纪念馆）建设领域迈出关键性的一步。

二、文化要素分析

（一）物质要素

1. 大宝山朱贵将军战壕

1842年3月当时的慈溪县城西边大宝山发生了一场震惊世界的战争，即大宝山战役。朱贵父子奋勇作战，最终壮烈牺牲，成为中华民族著名的英雄。时间匆匆流逝了一百多年，当年残酷的血腥场面，早已经是烟消云散，一切归于平静。多年风吹雨打后的战壕，多处地方已如锅底那样平坦光滑，在两边裸露沙土壁上，滋生着一丛丛永远长不大的野草。也有两处战壕有一人多深，特别隐蔽狭窄，两边生长着高大的松树，只容一人穿越。战壕上下有三四层，除了南边是峭壁外，其他地方都紧密相连在一起。

2. 朱将军铜印

慈西妙山桥附近居民沈某日前行经大宝山麓见牧童玩弄一物，详视之乃一古小铜印，阔边阳文，篆曰：臣印朱贵。刀法秀拔，古朴可爱，背钮作伏虎，镂刻绝精。沈某知此印应为当年血战宝峰、孤军抗敌之朱将军遗物，乃以法币一元易之。沈某为保存历史名人英雄手泽起见，拟送民教机关陈列，俾公开瞻仰。

（二）精神要素

1. 身先士卒，临危不乱

朱将军生平为人慷慨，作战勇敢，身先士卒而且"驭下和平""用宽济严"，深受将士们的爱戴。他所率领的五百名固原劲兵，个个骁勇善战。朱贵所部军纪严明，当时誉称"最为节制之师"。鸦片战争中，朱贵指挥将士们隐蔽在岩石树林之中，用扛铳和土炮猛烈还击，从上午7时开始一直打到下午3时，甘军饥不得食、渴不得饮，打败了英国侵略军一次又一次的进攻。白刃格斗战中，大宝山阵地前堆了400余名英国侵略军的尸体。史载，"我士兵无不以一当百，自辰至申，饥不得食，誓死格斗……战至辰迄未，我兵匿崖石树林自蔽，毙夷兵四百余"。瓦寺土舍索文茂率领的藏族屯兵，也在朱贵的指挥下，利用有利地形，以抬炮打退敌人数次进攻。大宝山正面激战方烈，迂回攻击的英军约500人到位，从侧后围攻大宝山。见此情景，朱贵多次向文蔚和刘天保等请求援兵。文蔚坐视不救拒绝派兵，"口呼奈何"。还用牙牌占卜逃还是不逃。近在旁边的刘天保、凌长星也不肯助战。致使这路英军未受打击进至大宝山侧后开始炮火突击。山上清军营帐顿时燃起大火，烟雾弥漫。英军乘机推进，大宝山守军腹背受敌，处境危险。

朱贵将大旗插在山头乱石间，率部与英军展开近战。"贵腹背受敌，怒马斫阵，中枪马倒，跃起夺敌矛奋，伤要害，乃踣"。一枚炮弹炸断了朱贵的右臂，他仍用左手握旗指挥战斗，被枪弹打中咽喉牺牲。朱贵的二儿子朱昭南"以身障父，格死数夷，被创无完肤"。他以身体遮挡其父，接过令旗继续指挥，多处负伤后力战而亡，倒在与朱贵"相去丈许"之地。督粮官颜履敬，甘肃皋兰人，曾在朱贵家教读，当时他在大宝山二里外的粮台登山观战，目睹激战场面，不顾部下劝止，换上短衣，执刀冲进战场，不幸中炮牺牲。朱贵"平时号令严肃，

朱将军英勇事迹

旗不去，无敢退者"。因此父子虽双双阵亡，但战旗不倒，守军力战不退。

朱贵将军的英勇善战，治军有方，让英国侵略者不得不承认"自入中国以来，此创最重""中国官兵尽似此君，吾辈难以生还"。他的身先士卒精神值得后人敬仰，值得后人怀念。

2. 家风延续、浩然正气

中国人一般把家庙称作祠堂。在中国古代儒家伦理中，家族观念相当深刻，往往一个村落，就生活着一个姓的一个家族或者几个家族，大多建有自己的家庙，祭祀祖先。祠堂，有宗祠、支祠和家祠之分。祠堂的名称，最早出现于汉代。当时的祠堂均建于墓所，曰墓祠。南宋杰出理学家朱熹作《家礼》，始立祠堂之制，从此称家庙为祠堂。当时修建祠堂，有等级之限，民间不得立祠。到明代嘉靖年间（1522—1566），许民间皆联宗立庙。

朱贵不但本人文武兼备，还在督促子孙练武的同时重视强调读书。而这种家风一直延续至今，在朱氏家族中表现仍很明显：朱贵的六世孙朱光明自1964年甘肃师范大学（今西北师范大学）中文系毕业后，一直从事教育事业。他深明大义，在1985年4月，朱光明还受邀从甘肃前往宁波慈城"朱贵祠"祭扫，并赠送了"浩气长存"四字匾额。六世孙朱光荣是国家一级美术师、甘肃省漫画学会会长。六世孙朱晓黎是气象学博士。朱光明的两个儿子都获得了博士学位。这个家族可谓人才辈出。

由此可见，朱氏家族世代英烈，在国家需要时挺身而出、为国捐躯的品质，来自朱贵家族良好的家风家训。正是由于这种优秀家风的力量，将小家和国家紧紧联系，使得朱氏父子在战场上将生死置之度外、英勇杀敌。而朱贵其人也是一位亦武亦文、能打胜仗、作风优良的军官。

3. 英勇抗敌，共御外侮

宁波镇海大地历来有各族人民协同作战，抵御外敌的光荣传统。在国家存亡之际，各民族人民拧成一股绳，奋勇抗敌，用鲜血和生命保卫家国，以中国军人的忠诚和英勇谱写了一段悲壮的战史。鸦片战争中，2000多名藏族远征军不畏艰险，踏上远征的路途，最后全体以身殉国。这些为国家英勇牺牲的藏族勇士，从此成为宁波人民永远纪念的英魂。人们将烈士的遗体合葬在祠后，幸存的藏、羌官兵以传统民俗,将牺牲战友的发辫剪下,送回四川,家乡父老为之修建辫子坟,指引将士魂归故里。从此,岷江水日复一日地与浙江的河水相连,世世代代传颂着各兄弟民族共同保卫祖国的英勇事迹。

祠堂是慈城当地老百姓自发筹资建立起来的。自晚清以降,风云变幻,盛衰无际,但是朱贵祠始终香火不断。清明时节或是朱将军忌日,当地百姓都会三五成群自发赶来祭奠壮烈殉国的老将军。对于我们这个历尽磨难却始终顽强不屈的伟大民族而言,无论沧海桑田,爱国主义永远是恒古不变的主旋律,为国家和民族捐躯的人,都将长久地活在后人心中。

(三)语言和象征符号

1."朱贵祠"匾

"朱贵祠"匾

朱贵祠正门的上门悬挂有一块红边黑底金字门额,上书"朱贵祠"三个行书大字,上款为"庚申秋月"(1980),下款为"凌近仁书"。

凌近仁(1909—1995)字近仁,号公毅,慈城人。著名书画家,尤擅山水,曾任职宁波市佛教协会副会长、宁波市书画院院长和名誉院长等职。

2."武显高节"匾

进入正门后,梁上悬有一黑底金字匾额,上书"武显高节"资格行书字,上款为"己卯春月"(1999),下款为"溪人王多益敬奉"。

王多益捐资敬匾,其子王斌书,慈城人,热心人士,爱好书画。

3."浩气长存"匾

"浩气长存"匾

朱贵祠正殿前檐上悬挂着一块红底金字匾额，上书"浩气长存"四个繁书大字，上款为"戊寅孟冬"（1998），下款为"曹厚德敬书"，下盖朱文"碌翁"印章。

曹厚德，1930年8月生，鄞县人（今鄞州区）。号碌翁、五明楼主。幼受庭训，6岁始习书法，书作碑帖兼了，行笔沉着，结体俊秀，时出新意。亦擅篆刻。曾任宁波市工艺美术研究所所长，宁波市书法家协会副会长。现为中国书法家协会会员，浙江书法家协会理事，浙江省篆刻委员会委员，宁波市篆刻创作委员会主任，宁波市工艺美术研究所高级工艺美术师。

4."忠规孝矩"匾

"忠规孝矩"匾

朱贵祠正殿的平板枋上悬挂有块黑底金字顺额，上书"忠规孝矩"四个行书大字，上款为"癸亥孟冬重立"（1983），下款为"林则徐撰句，李天马书"。前有朱文"再实践"起首章，后盖有白文"天马之玺"、朱文"希逸斋"二章。

李天马（1908—1990）现代书法家。别名千里。广东番禺（今属广州）人。书法精擅小楷，兼工甲骨文、周金文、章草、大小草、行书、楷书等诸种书体均挥洒自如，神随笔到，意趣喜人。为中国书法家协会会员、上海市书法家协会名誉理事。希逸斋为其书斋名。

5.沙孟海所书楹联

沙孟海所书楹联

朱贵祠正殿明间檐柱上，挂有一对行书联，上联是："涉大宝山原百端交集"，下联是："抗外族侵略万古流芳"。后有款"沙孟海题"，下盖朱文"孟海"印章。此副对联书于

20世纪80年代初。

沙孟海（1900—1992）鄞县人（今鄞州区）。20世纪书坛泰斗。于语言文字、文史、考古、书法、篆刻等均深有研究。曾任浙江大学中文系教授浙江美术学院教授。西泠印社社长，西泠书画院院长，浙江省博物馆名誉馆长，中国书法家协会副主席。

6. 周律之所书楹联

周律之所书楹联

朱贵祠正殿明间内侧的抱柱上，挂有一对隶书联，上联是："卫国丹心拼一死"，下联是："抗英浩气贯千秋"。后有款"周律之书"。1998年书。

周律之，笔名履之、初放。1932年生，浙江宁波人。他历任中国书协会员、西泠印社社员、浙江省书协常务理事、宁波市书协名誉主席、宁波书画院副院长等职。他幼承家学，并得沙孟海指授，擅书法、篆刻。早年加入龙渊印社。作品多次在国内外展出、发表，部分作品收入《当代中国书法艺术大成》《中国现代美术全集·篆刻》等专集或被收藏、刊石。

7. 中堂巨幅

"翼翼新庙兮，马路之东。桓桓将军兮，有殷其雄。捐躯捍患兮，子孝臣忠。民命克保兮，翊此城墉。貔貅拥列兮，风附云从。缅彼裙祀兮，忠义牧同，奉牺蒿染兮，鼍鼓鲸钟。参旗并钺兮，驱电乘虹。将军来飨兮，其气熊熊。眷我慈人兮，福祚无穷。"

（此文出自《慈溪大宝山武显将军庙之碑》，朱绪曾撰，沈元魁书于2012年）

朱绪曾（1805—860），近代诗人、学者。字述之，号北山。上元（今南京）人。少从国人孙铃问业，清道光二年（1822）举人，官至知府及秀水、孝丰知县。

沈元鳌，1931年生，名书，号绮天卢，宁波市人。早年师从慈溪钱罕（太希）学书，能得其秘，普为火传。为浙东书法的当代传人。现为中国书法家协会会员，浙江省书法理论研究会会员，宁波市书法家协会名誉理事，宁波书画院特聘书画师，宁波天一阁博物馆顾问，宁波诗社理事。

（四）制度要素

1. 大将风范，身先士卒

朱贵作战勇敢，身先士卒，"驭下和平""用宽济严"，深受部下爱戴。他所率领的五百名固原劲兵，"皆骁勇善战"，其军纪尤其严明，时人誉称"最为节制之师"。

2. 保家卫国，忠勇当先

道光二十二年（1842）二月初四日早晨，英军数千人乘军舰登陆，直逼大宝山，朱贵手执大刀，多次打退英军进攻。激战中，敌又增兵，分数路进攻，朱贵腹背受敌，三艘英舰至太平桥，直逼山下，用重炮向山上轰击，战场一片火海，人员伤亡惨重，朱贵三次派人到文蔚大营求援，文蔚不发援兵，邻部不相呼应，朱贵所部孤军作战，情势危急，朱贵冲入敌阵，左突右冲，喋血相搏，连杀数十名英军，身中两弹，朱贵忍痛跃起，又冲向英军，不幸又中致命一弹，以身殉国。

三、文化元素核心基因提取

朱贵祠建于清道光二十三年（1843），是当地民众为纪念在鸦片战争中英勇阵亡的朱贵将军及其部下将士而募资兴建的，弘扬了朱贵和阵亡将士的爱国主义民族气节。为了追思藏族将士保卫慈溪县城免遭涂炭的功勋，当地民众还获得了朝廷奏准，将阿木穰、哈克里等英雄也供奉于高节祠内，岁岁祭祀，以表达对他们的哀思和敬意。朱贵祠的文化基因根植于国家英烈们忠贞报国的伟大事迹，其核心文化基因是爱我中华，精忠报国。

四、文化元素核心基因评价

评价项目	评价因子	评价依据（特点）	是否
生命力评价	文化基因存续的时间	自出现起延续至今，未曾明显中断	√
		自出现起延续至今，但多次衰微、中断后复兴	
		曾明显衰败，改革开放后开始复兴或历史溯源关键环节缺失，难以考证	
		文化形态主体已灭失，现存部分痕迹	
	文化基因的稳定性	在发展过程中保持相当稳定的状态	√
		在发展过程中存在明显的精神内涵、表现形式剧变	
凝聚力评价	文化基因的凝聚力及社会动员效果	曾广泛凝聚起区域群体的力量，显著推动过社会经济文化的发展	√
		曾部分凝聚起区域群体力量，对社会经济文化的发展产生过影响	
		凝聚过力量，创造过实际的发展动能，但未见对社会经济文化发展产生显著改变	
		仅在历史文献或口耳相传中存在，未见实际介入社会经济发展	
影响力评价	辐射的范围	具有全国性、世界性影响力	√
		具有长三角区域、浙江省影响力	
		具有市县、乡镇影响力	
	提炼的高度	已经被古代文人士大夫和当代学者提炼为精神符号和理念理论	√
		单纯的样式、造型、工艺技术规范	

· 294 ·

续表

评价项目	评价因子	评价依据（特点）	是否
发展力评价	与当代精神追求和价值观念的契合	传统文化基因得到创造性转化、创新性发展；区域革命文化基因被完整继承、广泛弘扬；区域社会主义先进文化基因成为与浙江"三个地"相适应的文化高地	√
		部分转化、部分弘扬、部分发展	
		难以转化、难以弘扬、难以发展	

说明：基因特点评价是对解码出来的基因，根据本《导则》表2的要求，围绕"四个力"逐一对表打"√"，进行定性表述

（一）生命力评价

朱贵将军以身殉国之后，他的精神一直存留于世，从未间断。其爱我中华，精忠报国的精神内核深深地影响着中华民族的复兴。

清道光二十二年（1842），在抗击英国侵略者收复宁波城的大宝山战役中，朱贵将军及麾下军官兵浴血奋战，壮烈殉国；

清道光二十三年（1843）、慈城当地百姓为纪念朱贵将军及其部下，在其为国捐躯处自发集资兴建朱贵祠、1846年5月正式落成，朱贵祠原名"高节寺"，又名"慈鹰庙"，俗称为朱将军庙；

1939年全面抗战时期重修朱贵祠，并立"重修朱贵将军庙记"石碑；

1963年朱贵祠被评为江北区首批浙江省重点文物保护单位；

1964年朱贵塑像被拆除；

1982年宁波市文管会拨专款维修朱贵祠；

1984年10月江北区、市文管会把大宝山保卫战中阵亡将士忠骨由西悬岭迁至祠堂后山坡，新建鸦片战争大宝山战役阵亡将士墓；

1985年4月25日甘肃临夏朱贵第六代孙朱光明在州领导陪同下，来祠堂祭拜先祖；

1985年5月20日，市文管会将朱贵祠管理权移交江北区文管所；

1986年5月6日，国家军事博物馆馆长崔平少将由省文物处际肇庆陪同来朱贵祠考察；

1986年8月甘肃省军区军事志编写办公室副司令员张玉瑞、政治部主任胡瑞祥来祠堂调查陕甘军资料；

1990年4月，区文教局向省文物局道交《关于要求修整陈列开放朱费的报告》；

1992年3月14日，市、区、镇及社会各界隆重举行大宝山战役抗英将领朱贵阵亡150周年纪念活动。同年，市文化局下拨朱贵祠维修专项经费1.5万元；

1992年11月5日朱贵祠被评为江北区首批区级中小学德育基地；

1993年补办郑山庙土地征用手续，占地178平方米补偿11万元。11月14日领到土地使用证书，并安装自来水及消防设施；

1993年5月11日完成163米朱贵祠外围墙修复工程；

1998年大规模重修朱贵祠，拆除朱贵泥婴像（1993年塑）大殿铺设红石板委托宁波文博学会杨古城、曹厚德重塑朱贵像，重制由凌近仁所书"朱贵祠"门匾，曹厚德书的"浩气长存"悬匾和沙孟海书写楹联一对"涉大宝山原百端交集　抗外族侵略万古流芳"。

1999年罗枫、盛元龙两位作者完成朱贵祠大殿40平方米壁画。开辟大殿左右两梢间共战争浙东英史料和大宝山抗英保卫战史料图片陈列，陈列版面42平方米，共有图版64块；改建祠堂前道地160平方米，铺设青石板、"慈郭庙碑记"16新安装并加设玻璃防护保护，设立朱贵祠接待室一间；

2000年5月，大殿朱贵像两侧立柱设抱柱一对，悬挂由周律之撰写对联一副："卫国丹心拼一死　抗英浩气贯千秋"；

2000年8月2日，被公布为宁波市第三批市级爱国主义教商基地；

2006年10月江北区文物管理所

对朱贵祠东侧空地行平整；

2010年6月26日，朱贵祠辟为江北区禁毒基地；

2012年朱贵祠正式启动陈列改造项目，委托浙江文博设计公司设计方案、通过招标方式，确定由浙江均碧文物古建筑工程有限公司中标实施项目施工、中标价804330元，5月3日，正式进场施工。同年7月2日，项目正式竣工。项目由宁波金恒工程建设监理有限公司进行监理。

2012年江北区文物管理所筹集资金为朱贵将军及另外两位在大宝山战役中阵亡的藏族将领塑青铜雕像，广泛征询意见并数易其稿之后，三尊铜像于同年底正式落成。

2013年4月25日，区文广新局批复同意在朱贵祠成立"鸦片战争宁波抗英事迹纪念馆"。

朱贵祠展示

（二）凝聚力评价

慈溪入民怀念朱贵英勇抗英，完保城毡，纷纷损资为建柯纪念，"以申报飨""风励万世"。朱贵柯始建于清道光二十三年（1843），此晚清的建筑风格，一直是当地较为著名的祭祀柯储，建筑规模和建筑工艺虽都不是很突出，但在我国近代史上特别是反对外来侵略的民族战争中有着突出的地位和重要的历史价值。

1840年英国发动了对中国的第一次鸦片战争，各民族入民也投入到反侵略斗争的行列。大宝山战斗不仅是浙江入民抗击外来侵略的重要战役之一，反映了慈溪人民有着光荣的反抗外国侵略的爱国主义传统，更重要的是在中国近代几次著名的反对外来侵略的民族战争中，曾在这里也进行过激烈的战斗，在这次战役中沉重打击了英军的气焰，"自入中国来，此创最深"，迫使英军在占领一个月后撤出了宁波。在这些战役中陕甘战士作战极为英勇，以致后来当地人民为了纪念他们，当时还将藏、羌族的阿木禳、喀克哩两人塑像附在朱贵庙里。加以祭祀，以表达浙东民众对牺牲的陕甘、藏、羌族战士的哀悼和敬意。

鸦片战争时期的大宝山战役，是我国近代反侵略战争史中难得的一次取得巨大胜利的战役之一，这个历史事件，不但对鸦片战争的进程和结局产生了重要的影响，同时也为中国人民反抗帝国主义斗争提供了许多深刻的经验教训，提高民族自尊心和自信心。

（三）影响力评价

新中国成立后，党和政府为了继承和发扬朱贵将军和阵亡将士爱国主义的民族气节，十分重视朱贵祠的历史文物保护利用，于1963年被公布为省重点文物保护单位，1992年被列为区德育基地，当地群众为缅怀朱贵将军，十分重视朱贵祠的保护。朱贵史迹在国内外均有一定影响，朱贵祠是进行爱国主义和近代史教育的好课堂，尤其是对青少年进行德育教育的好材料，近年来缅怀朱将军的业绩到祠谒拜的游人不断。

1995年4月，甘肃临夏回族自治州，朱将军第六代子孙在州领导的陪同下来朱贵祠谒拜朱贵。1986年甘肃省军区副司令员张玉璞和国家军事博物馆崔平少将，在省军区领导的陪同下都到过朱贵祠，研究大宝山战役中的朱贵军事思想。

大宝山战斗史迹是中国近代反侵略战争史上罕见的硬仗，威震世界，为半殖民地半封建社会制度下的中国人民抗击外侮提供了宝贵的经验，给正在为祖国繁荣昌盛面努力奋斗的炎黄子孙留下了一份爱国主义教材。

（四）发展力评价

朱贵祠本身所带有的历史价值和人文价值能够吸引众多游客前来观赏使得当地民俗文化及小纪念品和特产形成产业链，从而带动宁波城区旅游经济发展，具有很高的经济创造功能。

近年来古建筑保护越来越收到宁波市政府的重视。宁波市政府不断创新，将各市镇内具有悠久历史和文化底蕴研究保护价值的名城、村落、文化逐一进行修缮保护，朱贵祠就是其中之一，采取了以下措施：

1. 申遗、申报

一个城市的各方面人力财力物力有限，城市的发展需顾及方方面面，古建筑保护在城市建设中往往都没有达到预期想要的高度。但是如果可以将其范围内的具有价值的古建筑文物等去国家世界上申遗申报引起多方面的重视，也会得到大量的财力和物力援助。

2. 开展文化活动

通过在各古建筑地方举办各种类型的文艺活动、开展中小学实践课堂、开展历史事件纪念活动、在民俗文化节举办作品展览和体验等等活动加强市民对古建筑的了解，从而加大宣传力度来保护古建筑。李克强总理在文物保护问题上这样回答记者："我们保护文物实际上也是在推动文化事业的发展，来滋润道德的力量，传承我们的传统优秀文化，来推动经济和社会协调发展。现在经济领域有不少大家诟病的问题，像坑蒙拐骗、假冒伪劣、诚信缺失，这些也可以从文化方面去找原因、开药方。市场经济是法治经济，也应该是道德经济。发展文化可以培育道德的力量，我们推动现代化既要创造丰富的物质财富，也要通过文化向人民提供丰富的精神产品，用文明和道德的力量来赢得世界的尊重。"由此见得保护古建筑文物是为了保护好这种带有文化底蕴的载体，通过这些实体的存在，再以其具有的特性结合时代特征举办相应活动发扬推广优秀传统文化，将其传承给下一代，才能有机会提升我国的文化实力、创造力。

3. 开展安全巡查工作

宁波市文物保护相关部门定期对宁波市内的部分文物建筑定期开展安全巡查工作，及时了解其保护现状和管理情况，对古建筑内的消防设施进行有效管理，提高消防意识和责任意识，从源头杜绝安全隐患。

4. 修缮部分古建筑

对于因风雨侵蚀、年久失修的木质型祠堂、名人故居等建筑进行修缮。由于历史久远或自然侵蚀许多建筑文化受到了不同程度的损坏，因此宁波市政府多次开展文物修复人员的培训，制定修复方案，认真审核并通过方案后再进行修复。在修复过程中，尽可能保留原有构件、原有质地、原有工艺。

新中国成立以后的1961年，朱贵祠又经修缮，成为宁波市首批省级文物保护单位，1984年，朱贵祠再次扩建，包括祠东的郑山庙在内。1985年4月，朱贵将军的第6代后裔从甘肃前来祭扫祖祠，赠送的"浩气长存"的四字已制成匾额。不久后著名书法家沙孟海挥毫，也为朱贵祠留下"陟大宝山原百端交集，抗外族侵略万古留芳"的楹联。

大宝山下，朱贵将军祠内又修缮一新，雄姿英发的朱贵像已新制落成，祠后的大宝山抗英英烈墓也再次修葺，大宝山下朱贵祠，显示了中华民族抵御外侮的浩然正气，将受到世世代代炎黄子孙们的崇仰和颂扬。

其他措施有开展专项检查和消防安全部署、打造"十三五"文物保护项目数据库管理平台运营、通过立法来保护等等。

五、文化元素核心基因保存

（一）社会活动

1. 江北区慈城镇宝峰社区党工委充分利用辖区内的朱贵祠爱国主义教育基地资源，为未成年人讲好统战故事，培养爱国情怀。

2. 江北区禁毒教育基地揭牌仪式在慈城镇朱贵祠隆重举行。朱贵祠禁毒教育基地的落成为丰富禁毒宣传形式，结合慈城文明古镇的文化底蕴宣传禁毒历史知识，推动江北区的禁毒宣传教育工作起到了积极的作用。

（二）实物留存

1. "朱贵祠"匾（1980年凌近仁书），现悬挂在朱贵祠正门。

2. "武显高节"匾，现悬挂在进入正门后的梁上。"浩气长存"匾，现悬挂在朱贵祠正殿前檐上。"忠规孝矩"匾，存于朱贵祠正殿的平板枋。

3. 沙孟海所书楹联，现存于朱贵祠正殿明间檐柱上。周律之所书楹联，现存于朱贵祠正殿明间内侧的抱柱上。

4. 中堂巨幅现存于朱贵祠。

5.朱贵祠大堂的背景画和雕像,现存于慈湖中学校方展厅。

6.朱将军铜印,现陈列于民教机关。

(三)文献中的留存

朱贵祠史料集已2013年由宁波市江北区文物管理所出版。

前洋E商小镇

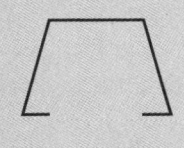

港源城始　宁波江北文化基因

前洋 E 商小镇

一、文化溯源

江北前洋 E 商小镇位于宁波北门户的宁波电商经济创新园区核心区内，宁波母亲河余姚江北岸，毗邻沈海高速宁波北出口，东沿广元路，南至北环西路，西至绕城高速，北抵长阳路，规划总面积约 2.9 平方千米，距离宁波主城区约 15 千米，离高铁站、栎社机场 20 分钟车程，轨道交通 4 号线横亘，交通便捷。小镇规划形成"一心、两轴、六片区"的发展格局，以港航物流供应链为核心产业，着力打造全国重要的港口经济圈电子商务中心、宜居宜业宜游的信息经济小镇。2016 年小镇入围省级特色小镇培育名单，2017 年入围省级特色小镇创建名单。先后获得国家电子商务示范基地、浙江省电子商务十大产业基地、跨境电商综合试验区（江北园）等荣誉称号，落户了浙江省国家级华侨华人创业创新聚集区——侨梦苑。

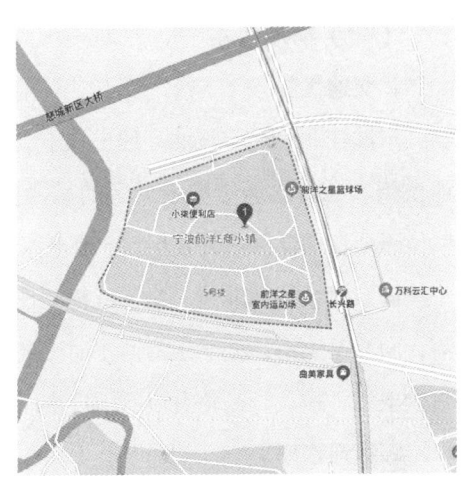

前洋 E 商小镇

二、文化要素分析

（一）物质要素
1. 交通优势
宁波江北区是宁波北高速进入宁波的第一站，也是宁波直通杭州、上海直通宁波老城区的重要门户形象。前洋E商小镇位于浙江前洋经济开发区（宁波电商经济创新园区）核心区，宁波母亲河余姚江北岸，毗邻沈海高速宁波北出口，向东是大海，向北是上海，处于上海两小时交通圈，是宁波中心城区接轨大上海、融入长三角发展的门户客厅。

2. 运河水岸
前洋E商小镇西侧的官山河位于浙东运河段，是世界文化遗产——中国大运河的重要组成部分，为宋代吴潜所开，是连接姚江与慈溪的重要人工河道。官山河两岸芳草葱茏，水质明澈澄净，一派野趣盎然的景致，是二级保护动物白鹭的主要栖息地。现阶段运河水岸通过可持续发展的生态保护、打造开放的公共空间、充满活力的现代景观，构建起既延续城市历史文脉，又传承特色郊野风貌的别样水岸画廊。

3. 梦创引擎
位于前洋E商小镇客厅（山下深河）以北，有九幢形态各异的建筑组成，占地54亩，总建筑面积约60,000平方米，是最具活力的创新空间和载体，是创新梦想的启航地和动力引擎。设计语言以现代简约"弧线+直线"结合，依托自然绿化，依势而设，设计出简约的滨河景观，并通过空间形态的丰富和变异处理，演变形成发散状的办公和商业空间。

4. 小镇波心

前洋E商小镇客厅的滨水空间宛如小镇的中央公园，百变灵动的滨水空间，孕育出移步换景的意境，曲折有致的河流景观带给人美的享受，让人仿佛融化在大自然的波心。

小镇波心以逸趣的水系为核心、生态绿廊为纽带、休闲商业为肌理、布置亲水平台，波地绿化、休闲街区和景观道路。与现代简约的小镇客厅建筑形成动与静的结合，实现资源整合、空间对话，打造出小镇如画的景观，是小镇未来发展的核心和视觉焦点。

5. 光影客厅

前洋E商小镇游客中心总面积3000平方米，通过声光电等科技手段，全面展现小镇的发展历程及文化背景，是小镇的光影客厅。光影客厅将LED显示屏、数字沙盘与精心设计的光影投射等形式的创意融合，除了全方位展示小镇的优质形象，也让游客中心本身成为充满沉浸式互动体验的空间。

6. 绿道漫步

前洋E商小镇内绿道全长约3千米，串联起小镇客厅、艺术湖畔、SOHO创心、集装天地的人文片区和景点，是小镇连接自然活力的加油站。绿道结合电商文化，在相应地段，通过地面浮雕、带有文化符号的特色铺装和情景雕塑等多种手段传达和强化文化主题，实现"漫步水边，走进小镇，连接自然"的建设目标，满足"走、跑、骑、游"的多样化绿道功能。

7. 霓虹水影

前洋E商小镇内金山湖畔每晚点亮流光溢彩的霓虹灯光，在楼宇上勾勒出明明暗暗的线条，波光与灯光共同交织出动感绚丽的夜间风情，形成此处独有的国际化小镇夜景，让居民和游客可以尽情体验依托电商文化形成的科技感和未来感，是小镇夜间一道最亮丽的风景线。

8. 艺术湖畔

金山湖是前洋E商小镇内休闲活动的绿色空间、文化创意的展示载体，曲折的岸线、亲水的空间、错落的建筑、绿色的植被，恬淡惬意的休闲气息充溢在金山湖的每一个角落，精品建筑，雕塑小品更展示出金山湖浓郁的文化氛围和文化品位。在金山湖畔悠然漫步，使人全然忘却生活和工作的烦恼。

9. SOHO 创心

前洋E商小镇内的独栋办公区、高层建筑和若干休闲绿地，共同构成了宜业宜游的低密度创意办公区SOHO创心。休闲绿地的开敞空间使游客能在其中全方位地欣赏周边建筑错落有致的轮廓线，并用绿色创造了过渡空间，成为整个前洋E商小镇的巨大呼吸机，与办公区域一起构筑和完善了小镇的城镇景观和功能系统。

10. 集装天地

五彩缤纷的色彩、独特的设计风格、前卫潮流点几何型景观小品……充满时尚潮流气息的集装箱休闲街区与办公园区巧妙地融合在一起，形成最有趣、最潮流的商业新形态，构成前洋E商小镇居民、员工与游客共享的亲餐饮休闲游憩空间。

（二）精神要素

1. 小"镇"承载大战略

2015年浙江政府工作报告提出，要加快规划建设一批特色小镇。随后，2015年6月，包括杭州梦想小镇在内的首批37个省级特色小镇创建名单公布。2016年1月，省级特色小镇第二批创建名单出炉，包括杭州下城跨贸小镇、宁波鄞州四明金融小镇在内的42个特色小镇入围。

时任省委书记车俊到浙江工作以来，十分关注"小镇"成长，多次到特色小镇考察调研，提出"坚持科技创新、制度创新'两个轮子一起转'，加快建设特色小镇"工作部署要求，在第十四次省党代会报告中，车俊同志更是明确提出，要"高标准建设特色小镇"，并亲力亲为推动特色小镇规划建设工作。

省委副书记、省长袁家军指出，要在特色小镇的特色亮度、产业高度、创新力度上下功夫，真正把特色小镇打造成产城融合的创新创业高端平台。

在推进建设特色小镇的过程中，浙江探索建立了一套特色小镇规划建设的推进机制。建立省领导联系特色小镇制度，定期听取情况汇报、为特色小镇问诊把脉，快速协调解决重大问题；建立特色小镇规划建设工作联席会议制度，形成了联席会议办公室抓总、省级专业部门牵头、省级相关部门配合、第三方专业机构参与的特色小镇遴选机制；各部门则根据每个特色小镇的功能定位、产业特点和发展需求，实行分类指导，提供个性化、专业化的服务；明确各县（市、区）为责任主体，建立实施推进工作机制，确保规范有序推进。

2. 小"镇"创造大建制

如何让特色小镇这项事关全省转型升级大局的改革举措落地生根、势成燎原？省发改委主任李学忠说，在浙江，通过独特的制度设计和政策供给，形成了特色小镇队伍大家选、政策大家给、难题大家解、质量大家抓的浓郁氛围。

在制度供给上，浙江明确将特色小镇定位为"综合改革试验区"，提出，凡是国家的改革试点，特色小镇优先上报；凡是国家和省里先行先试的改革试点，特色小镇优先实施；凡是符合法律要求的改革，允许特色小镇先行突破。

在政策支持上，浙江先后下发了《关于加快特色小镇规划建设的指导意见》《关于高质量推进特色小镇建设的通知》等文件，在用地指标奖励、财政收入返还等方面给予大力支持。

各联席会议成员单位在根据每个特色小镇功能定位进行分类指导的同时，整合专项资金，出台扶持政策。

与此同时，全省11个设区市以及各县（市、区）也根据自身特点，为特色小镇"量身定制"了一系列扶持政策，既放大了省级政策效应，又突出了扶持政策的精准性，促进了各种政策红利在特色小镇的集中释放。

在运作机制上，浙江坚持政府引导、企业主体、市场化运作。坚决摒弃"先拿牌子、政府投资、招商引资"的传统做法，敞开大门欢迎各类建设主体参与特色小镇建设。

在竞争机制上，浙江设计了"比学赶超"现场会、年度考核、约谈落后等抓手，并搭建了数字擂台，定期统计、分析、公布主要发展数据，将"实绩"作为对特色小镇建设的唯一考核标准。

3. 小"镇"催生大格局

随着特色小镇规划建设工作的持续推进，越来越多小而美、专而强的浙江特色小镇出现在浙江大地上，为基层探索实践五大发展理念提供了一个个鲜活的浙江样本。

运河穿绕南北，小镇枕河而居，在千年运河文化与商贾文明的独特韵味中，金融产业、文创产业、现代服务业、总部经济竞相入驻，历史和现实交相辉映……在著名的京杭大运河拱墅段，一座运河财富小镇正在迅速崛起。据了解，今年上半年，小镇完成固定资产投资16.4亿元，其中创新性金融类特色产业投资额达15.8亿元。

随着资本、人才等高端要素的迅速集聚，浙江特色小镇也成了科技创新大平台。目前，78个创建小镇已与235个高校、省级以上研究单位开展了技术合作。仅今年上半年，就完成科技投入32.1亿元，已占去年全年科技投入的80.3%，规模以上工业新产品产值已达1913亿元，授权发明2321件，分别是去年的2.86倍和1.52倍。

在最能体现综合效益的税收方面，特色小镇交出了靓丽的成绩单。2016年，78个创建小镇入库税费160.7亿元，同比增长13.5%。今年上半年，税费收入达130.6亿元，已占去年的81.3%，特色小镇成为综合效益助推器。

在城乡建设方面，特色小镇更是表现不俗。浙江明确，特色小镇原则上布局在城乡接合部，每个特色小镇要根据当地的地形地貌和生态环境，确定好小镇风格，展现"小而美"，要求"颜值高"，避免"百镇一面"。

在这一要求下，浙江的特色小镇形态各异，不拘一格：有历史古镇，也有现代产业园区；有灵秀水乡，也有奇峻山区；有的在古旧粮仓基础上改建，有的在大运河旁整饬翻修；有的厂房规整，有的稻田金黄；有的山水相连，有的人文荟萃；有的花团锦簇，有的绿树成林……通过高标准推进特色小镇规划建设，一些原本是城乡接合部的"破补丁"，摇身一变成了创新创业的新空间、人才集聚的新家园、美丽风景的新亮点、统筹城乡的新节点，浙江特色小镇已经成为城乡建设的新名片。

4. 小"镇"谱写大未来

信息经济、旅游、金融、历史经典产业特色小镇完成总投资30亿元以上，环保、健康、时尚、高端装备制造产业特色小镇完成总投资50亿元以上；特色产业的投资占比达70%及以上；旅游产业特色小镇通过AAAA级景区评定，其他产业特色小镇通过

· 310 ·

AAA级景区评定或AAAA级景区景观资源评估……翻开《浙江省特色小镇验收命名办法（试行）》，处处体现着"高标准、严要求"的创建思路。

按照省第14次党代会提出的"高标准建设特色小镇"要求，浙江明确提出，要进一步把准特色小镇所处的历史方位，进一步统一思想、深化认识，着力健全协同工作机制、优胜劣汰机制、考核评价机制，"把浙江的这张金名片擦得亮而又亮"。更加突出产业特色，坚持高端引领，坚持产业链思维，坚持新兴产业培育发展与传统产业改造提升相统一、产业发展与生态发展相包容，加快形成方向明确、精准聚焦、错位发展的特色产业集群。更加突出科技创新，加快培育高新技术特色小镇、腾笼换鸟示范小镇、高产出特色小镇，发挥特色小镇对新经济、新产业、新业态、新模式的催化引领作用，加快打造科技创新平台和高端要素集聚平台。更加突出重大项目，紧扣"一带一路"、"中国制造2025"、自贸区、大湾区、大花园、大通道等战略举措，围绕特色小镇"特而强"的要求，加强项目储备，加快项目进度，力争谋划一个项目、形成一个产业链、带动一方发展；更加突出功能融合，高标准编制产业、文化、旅游、社区"四位一体"，生产、生活、生态"三生融合"的建设规划，注重镇城相融和文化引领，使特色小镇真正成为践行新发展理念的重要载体；更加突出深化改革，在打破"信息孤岛"、推进企业投资项目开工前审批事项办理"最多跑一次"上，当好改革排头兵……以小赢大，浙江正努力谱写特色小镇的大未来。

5. 相关举措助力发展

宁波前洋经济开发区从电商园区起步，2016年年初升级为省级经济开发区，如今又马不停蹄，坚持生产、生活、生态融合的原则，高标准、高层次、高质量创建省级特色小镇——前洋E商小镇。

2014年，市委、市政府作出促进电子商务产业发展的决策部署，根据宁波市电子商务产业集聚区"一城两区一中心"的整体规划要求，小镇所在的这片区域跃升为中国宁波电商城江北电子商务园区。此为"第一跳"。2015年下半年，出于发展新型城市经济的需要，市委、市政府在宁波电商城江北电商园区的基础上设立以电商经济为核心产业的宁波电商经济创新园区。此为"第二跳"。今年年初，园区凭着优异的发展成绩，成功创建为浙江前洋经济开发区。此为"第三跳"。

在这一系列"跨越"的背景板上，开发区电商经济的"E 烙印"鲜明，在接下来的 E 商小镇创建中，创建主体宁波电商经济创新园区将继续依托宁波的港口经济、制造强市、开放经济三大优势，以集聚发展电子商务为核心，着力构建类金融、智慧产业、文创产业、总部经济"1＋4"的产业生态圈。

2016 年以来，园区除吸引中烟新商盟、中远无界电商、大地电商总部等三家"中字头"总部型企业外，还新落户了找煤网、途牛、拇指衣橱、中哲产业发展基金等一批有实力、有发展潜力的企业和项目。今年三月举行的上海推介会上，园区成功签下 10 个项目，包括中检集团溯源及第三方检测服务平台、慧聪网产业带、中社院大数据、神域健康等一批重点项目。此外，园区今年还将下大力气推动跨境电商发展，引进跨境电商人才孵化中心、跨境 B2B 供应链项目等重点项目；挑选十家外贸企业参与海关跨境电商 B2B 出口业务试点。

"十三五"期间，园区计划完成固定资产投资 60 亿元，新引进企业 2000 家以上，争取 2020 年实现网上交易额 2000 亿元。开发区相关负责人介绍，E 商小镇未来的产业布局将以大宗物资交易、港航物流供应链、跨境电子商务、制造业＋、众创空间为代表的电商经济为特色。

园区一直以来鼓励青年电商创业创新，以助禾扶苗为主要举措，启动青年精英培养工程、大学生创业扶持工程、电商育苗工程。建立电商服务联盟，鼓励青年电商创新创业，为青年电商提供良好的事业平台核职业发展通道。

园区围绕和谐开展活动，以活力和谐为重要内容，积极开展党建带工建、党建带团建、党建带妇建等工作，开展创意组织生活，把职工群众紧密团结在党组织周围。推动电商企业履行社会责任，参与微心愿认领、结对助学、社会慈善等公益活动。

园区还突出党组织的核心地位，建立电商行业党委，具体指导督促电商行业党建工作。发挥党组织政治引领和党员先锋模范作用，着力打造电商领域"党建高地"。

前洋E商小镇重视合作共赢，牢固树立党建就是生产力的理念，以党建促进电商企业与党组织、员工的深度融合、合作共赢，实现"党建强、发展强"，合力助推电商产业健康发展，打造人才创业创新的梦创新城。

三、文化元素核心基因提取

前洋 E 商小镇的电商文化是宁波特色小镇文化的典型代表，它的基因根植于宁波慈城新区的发展，建立以电商产业为核心的宁波新型城市经济集聚展示平台，着力打造全国重要的港口经济圈电子商务中心，宜居宜业宜游的信息经济小镇。其核心文化基因是：创新创业，智慧电商。

四、文化元素核心基因评价

评价项目	评价因子	评价依据（特点）	是否
生命力评价	文化基因存续的时间	自出现起延续至今，未曾明显中断	√
		自出现起延续至今，但多次衰微、中断后复兴	
		曾明显衰败，改革开放后开始复兴或历史溯源关键环节缺失，难以考证	
		文化形态主体已灭失，现存部分痕迹	
	文化基因的稳定性	在发展过程中保持相当稳定的状态	√
		在发展过程中存在明显的精神内涵、表现形式剧变	
凝聚力评价	文化基因的凝聚力及社会动员效果	曾广泛凝聚起区域群体的力量，显著推动过社会经济文化的发展	√
		曾部分凝聚起区域群体力量，对社会经济文化的发展产生过影响	
		凝聚过力量，创造过实际的发展动能，但未见对社会经济文化发展产生显著改变	
		仅在历史文献或口耳相传中存在，未见实际介入社会经济发展	
影响力评价	辐射的范围	具有全国性、世界性影响力	√
		具有长三角区域、浙江省影响力	
		具有市县、乡镇影响力	
	提炼的高度	已经被古代文人士大夫和当代学者提炼为精神符号和理念理论	√
		单纯的样式、造型、工艺技术规范	

· 315 ·

续表

评价项目	评价因子	评价依据（特点）	是否
发展力评价	与当代精神追求和价值观念的契合	传统文化基因得到创造性转化、创新性发展；区域革命文化基因被完整继承、广泛弘扬；区域社会主义先进文化基因成为与浙江"三个地"相适应的文化高地	√
		部分转化、部分弘扬、部分发展	
		难以转化、难以弘扬、难以发展	

说明：基因特点评价是对解码出来的基因，根据本《导则》表2的要求，围绕"四个力"逐一对表打"√"，进行定性表述。

（一）生命力评价

从存续时间来看，前洋 E 商小镇的小镇特色文化基因始终未曾中断。2014 年，市委市政府作出促进电子商务产业发展的决策部署，根据宁波市电子商务产业集聚区"一城两区一中心"的整体规划要求，小镇所在的这片区域跃升为中国宁波电商城江北电子商务园区。此为"第一跳"。2015 年下半年，出于发展新型城市经济的需要，市委市政府在宁波电商城江北电商园区的基础上设立以电商经济为核心产业的宁波电商经济创新园区。此为"第二跳"。今年年初，园区凭着优异的发展成绩，成功创建为浙江前洋经济开发区。此为"第三跳"。在经过"第一跳""第二跳""第三跳"之后，前洋 E 商小镇迎来更好的发展。

坚持党的领导，响应国家政策，发展电商经济。浙江省政府出台《关于加快特色小镇规划建设的指导意见》，明确了将在全省重点培育和规划建设 100 个左右产业特色鲜明、体制机制灵活、人文气息浓厚、生态环境优美、多种功能叠加的特色小镇。在政府政策的支持下，前洋 E 商小镇明确自己的功能定位，大力发展电商文化，保持着健康的发展和旺盛生命力。

党的十九大指出，基层党组织建设"要以提升组织力为重点，突出政治功能"，这为基层党建工作提供了新的目标和方向。在大众创业、万众创新的大背景下，前洋经济开发区吸引集聚了越来越多的企业和产业。园区牢固树立"党建做实了就是生产力"的理念，在大力发展电商经济的同时，探索党建工作与电商经济协同共赢的新途径，打造富有园区特色的党建新样板，让园区党建的"红色引擎"领动企业发展。

（二）凝聚力评价

前洋E商小镇的电商文化曾广泛起着凝聚区域群体和推动社会经济发展的作用。在政府政策的支持下，特色小镇迅速聚集资本、人等高端要素，成为科技创新的大平台。宁波市政府采取"创新创业扶持""人才资助奖励""服务保障支持"等政策留住人才，促进发展。

（三）影响力评价

前洋E商小镇不仅仅是有区域影响力的特色小镇，它有着全省乃至全国的重要影响。小镇规划成"一心、两轴、六片区"的发展格局，以港航物流供应链为核心产业，着力打造全国重要的港口经济圈电子商务中心。

前洋E商小镇的影响力，可以从以下事实中看出来。

2016年，前洋E商小镇入围浙江省级特色小镇培育名单；被授为首批中国（宁波）跨境电子商务综合试验区；入选"浙江省电子商务产业基地10强"；承办（第三届）全国电子商务创新推进大会。

2017年，国家级侨商产业聚集区"侨梦苑"正式揭牌；前洋E商小镇成功入围省级特色小镇创建名单；入选"浙江省电子商务示范产业基地"。

2018年，前洋经济开发区在2017年度浙江省55个省级开发区考核中列增量增速指标全省第一；在国家电子商务示范基地年度综合评价中位列全国第三名；总投资逾40亿元、总建筑面积逾40万平方米的万科产城综合体项目开工建设。

2019年，智慧供应链产业创新服务综合体入选第二批浙江省产业创新服务综合体培育名单；承办第八届中国创新创业大赛宁波赛区电子信息与互联网行业决赛；前洋 E 商小镇被评为国家 AAA 级旅游景区。

2020 年，省特色小镇验收组现场验收江北前洋 E 商小镇特色小镇建设，江北前洋 E 商小镇成功命名为第四批省级特色小镇。

（四）发展力评价

前洋 E 商小镇的特色小镇文化——电商文化是具有很大发展前景的文化，持续的政策扶持是其电商文化发展的重要条件。而且小镇的打造目标是要成为宜居宜业宜游的信息经济小镇，所以小镇要在多方面进行特色化，可持续化发展。

小镇包含旅游景区、田园休闲小镇、创意数字化区域，配套服务设施，公共服务平台，产业赋能中心等模块，不仅发展其电商经济，同时兼顾旅游业等，具有良好的发展前景。

五、文化元素核心基因保存

（一）实物留存

梦创引擎，小镇波心，光影客厅，绿道漫步，霓虹水影，艺术湖畔，SOHO 创心，集装天地等建筑。

（二）文献中的留存

1.宁波电商经济创新园区管委会:《前洋E商小镇: 探索"无界"电商发展路径》，《浙江经济》2018 年第 21 期。

云创小镇

港源城始　宁波江北文化基因

云创小镇

一、文化溯源

（一）历史具体时间线

1986年宁波大学成立；20世纪90年代宁大东门商贸街形成，依托高校逐渐兴旺；2014年李克强总理提出"大众创业、万众创新"，创业创新站到了风口；2016年云创1986青年小镇概念提出、破土动工。

（二）发展具体时间线

2016年9月，云创1986青年小镇改造完成；2016年10月，JOB+青年创业国度改造完成，大学生创客服务体系建立；2016年11月，JOB+牵手跨境电商知名服务品牌"鸟课"搭建综合性创业平台；2016年12月，引入SOHO空间知名品牌麦家青寓。

1. 涅槃——第一阶段整改

因历史原因，长期以来该区域小摊小贩遍地，跨门营业普遍，违章搭建成风，黑车活动猖獗，卫生环境脏乱，与宁波大学高等学府的形象定位差距甚远。

2015年1月—2016年4月，由孔浦街道牵头，多部门合力，开展多次集中整治、强力打击，建立长效机制，对该区域的保安、保洁工作进行统一升级改造，区域环境得到较大改善并常态保持。

2. 涅槃——第二阶段百日攻坚

2016年5月，宁大学院小镇改造提升项目正式启动，6月5日工作组进驻，6月25日完成核心区30余家商户的清退、拆除，6月30日施工方进场施工，项目进展顺利。为了把原宁大东门农贸街打造成为一个集文化、商业、产业、创新创业为一体的综合性社区，工人们加班加点，不分昼夜地奋斗。2016年8月，主街区完成亮化、美化、品质化目标。短短百天时间内，完成56万平方米街区的清退、设计、施工。2016年10月，历时3个月改造的宁大东门商贸街在原有基础上升级完成，新诞生的云创1986青年小镇把宁波商帮文化、青年创新精神作为建设主题，将创业研讨、创业实施、创业孵化、创业投资有机融合，将小镇建设成为创业人群聚集、创业氛围浓厚的特色学院文化小镇。

3. 涅槃——第三阶段二次提升

2018年9月1日，郑栅洁书记一行到小镇调研后，提出要坚持精细管理，继续做好面上提升、点上出彩的工作，使街景更有创意、业态更加丰富，把青年小镇打造成学生生活创业的新家园、城市休闲旅游的新亮点，成为展示宁波国际化形象的窗口。2019年云创小镇管理团队全力以赴按照三方协议约定，以及郑书记考察指示精神和江北区政府相关要求，开展关于云创1986青年小镇的二次提升工作。

4. 涅槃——第四阶段第三空间

云创1986青年小镇第三空间在原宁波大学东门公寓的旧址上翻新改造，总面积15000平方米，初步计划构造一个集创业孵化、文创娱乐、商业配套、活动展示等功能为一体的众创空间：云创1986青年小镇第三空间。项目在侧重平台孵化，文创配套等创业元素的基础上，升级青年小镇概念：注重年轻创意巧思的引导，跳脱教科书的条框，在玩乐中启迪创意，在生活中发现可能。在弥补以往产业园文化、生活氛围缺失的基础上，真正做到为年轻人思考、为年轻人改造、为年轻人安心生活、定居、创业解决后顾之忧，让云创1986青年小镇变成完善的青年创业样板小镇。同时依托大学资源引入人才及优质创业项目落地，实现产学合作，产业集聚的目标。

(三) 2016年7月14日宁波日报报道

2016年是宁波大学建校30周年，宁大正吸引众多海内外嘉宾的关注。为向世界展示宁波形象、江北形象，孔浦街道近日完成对宁大商贸街的环境整治工作。拆除违建门店，清退低端业态，提升整体环境……30家门店已签订腾退、腾挪协议，近千平方米违建被拆除。未来，这里将引进文化商业、创意美食、教育创业等品质文创商家，建设宁波首座新中式特色学院小镇。

"目前各项工作在加速推进中，将在9月初全面完成对宁大商贸街的改造和业态调整提升，打造配套完善、特色鲜明、环境优美、富有活力的学院小镇。"孔浦街道相关负责人说。

据介绍，宁大东门商贸街地块位于镇海区和孔浦街道交界处，面积5.6万平方米。在周边的双桥村拆迁后，这里成了宁波大学最重要的生活配套区。因为连接着学生公寓和校园，这块狭小区域成了兴旺的"大集市"，200多家大小店铺扎堆于此。这些店铺的业态以廉价小吃、低端服饰、小化妆品店为主，流动摊贩占道、交通拥堵、乱扔垃圾等多种问题困扰师生多年。

孔浦街道曾多次组织集中整治，但经常陷入"打击—好转—返潮—打击"的循环状态。直到去年，各有关部门形成合力，进行了集中整治。但由于整个区域存在建筑老化、路面破损、业态落后等问题，区域形象与宁波大学的整体形象依旧相差甚远。

作为"四周边两部位"文明创建、顽疾治理的重要点位，今年以来，在江北区的统一协调下，孔浦街道提出了打造特色"学院小镇"的改造提升方案，成立了宁大东门商贸街提升领导小组，对照时间节点要求，倒排任务，推进各项工作加速完成。6月初，街道牵头制定了商户清退及补偿方案，组织市场监管、城管、消防、住建等部门进行联合执法，并多次向商户发送整改通知书、消防告知书、法律风险函等文件，告知商户整改政策。

1个月内完成街区建筑改造、设计施工、市政改造方案并进行资金测算，20天内发布整治公告、完成核心区30余家商户清退，2天内完成拆除，15天内发布招商公告、召开招商评审会……在一系列举措下，江北区与宁大密切配合，确保了社会平稳，目前已经确定区域整体建筑风格，区域布局也将在保留大部分原有建筑的基础上，对原有商业"取缔一部分、引进一部分、腾挪一部分、原地改造一部分"。

"届时建成的学院小镇不仅可以满足广大师生的生活、工作需求，还将是一座以学校为中心，融文化、商业、创业为一体的区域小型综合体，同时还具有大学生创业创新教学基地的功能。"项目负责人说。

（四）2016年10月24日中国宁波网讯

（记者徐欣　江北记者站　张落雁　通讯员王涛）经过百余天的改造提升，宁大商贸街蜕变为干净、充满活力的时尚街区。省内首座中式特色学院小镇——青年云创小镇初露芳容。这座集"文气、洋气、商气、人气"于一体的青年云创小镇正成为江北形象新的重要展示窗口。

廉价小吃、低端服饰、小化妆品店、流动摊贩不见了，取而代之的是文化商业、创意美食、教育创业等品质文创商家。此外，街区正洽谈小米YOU+创业社区、job众创空间等高端业态，着手建设中国首个商业品牌创业基地，准备打造集国家级AAA景区、国家级众创空间和全市青年创业、时尚展示、思想交流平台于一体的青年云创小镇。文化、商业、创业将在这个青年人聚集的小镇里完美融合。

昔日丑小鸭化身如今的白天鹅，得益于街区品质提升工作。今年6月，江北区以"四周边两部位"文明创建顽疾治理和背街小巷整治为突破口，由孔浦街道作为责任部门，全面开展宁波大学商贸街集中改造提升工作。管线入地、路面改造、设计店招、美化墙面、新建消防、逃生通道……短短百余天，街区面貌大变。

面对校园旁商贸街复杂的产权关系，孔浦街道还引入第三方专业投资管理新模式，政府负责监管、协调与服务，有效发挥市场主体专业优势，极大缩短了改造周期。

二、文化要素分析

(一)物质要素

宁波大学云创1986青年小镇,原为宁波大学东门商业街,于2016年10月1日开业,项目建筑面积约150亩,5.6万平方米,商业3万平方米,创业办公2万多平方米。小镇内包含产业办公、实训基地、公寓楼、医院、社区等,高校人口5万人,常住人口10万人,相当于二三线县城一半的常住流动人口规模,是浙江省内无数年轻人的大学商圈青春记忆所在地。主要构成有餐饮、零售、休闲娱乐以及创客公寓、医院、社区等等。

其中在创客公寓方面,麦家青寓很是值得一提。

麦家青寓成立于2016年12月,是浙江麦家商业管理有限公司(以下简称"浙江麦家")旗下继麦家公寓之后的一款中低端公寓品牌,主要面向应届毕业生、都市蓝领等租房刚需群体,致力于打造以公寓为核心的生活服务青年公寓,为都市年轻人提供长期独立居住解决方案。

麦家青寓宁大店位于1986青年云创小镇的核心——城市学生公寓的4—6层,主要面向宁波大学的在校生和毕业生。房间设计由麦家公寓的设计团队精心打造,着力凸显青春与活力的居住氛围,在选材上,使用无纺布、原木桌椅等绿色环保材料,整套公寓共有房间98间,平均租金在1500元左右。

从开始装修，看房者便络绎不绝，他们提出最多的问题是"什么时候出租？"公寓也在宁波大学2017春季开学之前完成装修，迎接租客入驻。

拉开窗帘，屋内便铺满了阳光，楼下是繁华的1986青年云创小镇，各种特色餐饮、超市、便利店、健身娱乐场所一应俱全；从窗口望去，可以清晰看到宁波大学校内风光；小镇的北边紧靠着地铁二号线，出行更是便利；加上已经交付并开始营运的麦家青寓宁大店，1986青年云创小镇的"衣、食、住、行"生活圈终于完美建立。

（二）精神要素

1. 艺术文化

（1）云娇刺绣

负责人：杨胜娇、韦亨美

云娇刺绣成立于2014年，依托布依传统服饰、刺绣、靛染等古老手工技艺，以推动布依民族文化传承为宗旨，为老一辈手工艺人提供一个展示精湛技艺的平台。2019年，云娇刺绣加入孔浦街道社会组织大家庭，开展了刺绣风采展览、绣娘技艺大比拼等活动，向居民展示了中华传接刺绣的魅力，从成立至今，云娇刺绣从30人发展到现今300余人的庞大队伍；带动精准扶贫户8户、留守老人80余人、辐射带动岩架、冗渡、秧坝、弼佑、双江、八渡等地留守老人、妇女和移动妇女500余人，已为册亨县培训绣娘1500余人。

（2）花之语

负责人：唐桂兰

"花之语"成立于2016年9月，目前有固定成员30余人，成立有领导小组，各成员分工明确，有专人负责人员招募，也有专人负责手工制作教学等。通过教授老年人学会皱纸花制作，提高老年群体的审美能力和对艺术的鉴赏能力。"花四开季，学有所乐，欢喜者乐会，凝聚正能量"，是"花之语"社会组织的总目标。希望通过制作，锻炼手脑协调力，预防脑梗等老年人疾病，丰富老年人的晚年生活。其活动内容丰富、特色鲜明，形成了白杨社区的一大显著亮点，并逐步成为社区的一张靓丽名片。

（3）巧手俱乐部

负责人：施雪华

成立于2009年7月1日，利用空余时间，定期开展一些手工制作培训班，聚集策划制作拖鞋、毛衣、布袋等物品，并组织志愿者设点进行义卖，街道与组织签订相关协议，定期购买用于赠送慰问失独、残疾、困难人员。变卖的所有资金，部分用于公益事业，资助本社区失独、残疾、困难家庭。

2. 潮流文化

这里有路上五彩的标线；这里有青年潮流元素；这里有大学生音乐节。

小镇分为文创街区、潮流街区、娱乐街区等，跨界融合了"创、住、吃、购、玩"五大青年元素，以街区式青年部落的姿态展现在我们面前。

小镇内的建筑沿用青砖、粉墙、黛瓦等传统建筑符号，同时融入了玻璃幕墙仿木铝合金等现代元素，重建了人们记忆中"老房子"样子，通过街道和广场的串联，营造一个高低错落、富有文化韵味和发展活力的商业街区。

小镇创造着新品位的生活场，带来最本真的休闲潮玩，让大家释放天性、情感、创造力。

3. 旅游文化

小镇处处都是景。搭乘地铁2号线抵达宁波大学北校门，沿着校园主干道前行，在宁大学生的指引下，步行不过10分钟就看到正对着学校东大门的"云创1986青年小镇"这几个字，艺术感十足。这里便是小镇的入口。

才入小镇，眼睛就不自觉地被路面上的红、黄、绿、蓝这四条彩色线条所吸引。循着彩色线条向前，红色引向小镇管理中心、黄色引向学生社区、绿色引向银行、蓝色引向公共厕所。彩色线条是创意十足的地面导视系统。

抬头看街道两边的商铺，左边是星巴克"领队"，右边由LAWSON罗森便利店打头。全球知名连锁品牌的引入，特别符合当下大学生的胃口。三三两两的学生在咖啡店和便利店门口的遮阳伞下坐着聊天、用餐，不同肤色的国际学生落座其间，竟有一种置身欧洲街头的错觉。

继续漫步街区内部，餐饮店、图文商店、生活超市、健身房、眼镜店、银行……业态齐全，应有尽有。

走在小镇上，每一步都是景。背街小巷里满墙的水墨涂鸦与青砖、粉墙、黛瓦等传统建筑符号完美混搭，呈现出一场视觉盛宴。更有大学生音乐节、公益趣味跑、文创集市、食客挑战赛……丰富的街区活动与大学生的活力激情碰撞，熔铸成一个魅力十足的青年国度。

无论是宁波当地居民还是外来游客，云创小镇都是大家与三两好友一同在周末闲暇时间来吃吃喝喝或者游客们探寻宁波的一个好去处。

4. 青年创业文化

云创1986青年小镇拥有成熟的商业配套，这里有十万大学师生精英群体，这里有定位于电商、文创、互联网+等新兴产业的创业孵化平台，这里还有一群为梦想不断奋斗的创业青年……这里有N多你来创新创业的理由。这里拥有完善的大学生创业平台，实现"培训—孵化—创业—加速"一条龙服务，"创客集聚+项目推介+天使投资+产业孵化"模式，创业讲座沙龙、创业导师等丰富资源，让创业不再艰难！云创1986青年小镇愿为创客们提供更多更好的创业分享平台，更舒适的创业环境，充分展现创业创新的精神，陪伴创业者一路前行！

五大园区依托浙江省多所大学：浙江科技学院、宁波大学、纺织学院、工程学院、浙江大学软件学院等大学资源，定位于打造集文创、电商、互联网+等相关创新领域的众创空间，为大学生创客提供交流、推广、学习、工作的平台，同时还让来园区创业的优秀大学生项目实体享受入驻补贴、装修贷制度、宁大师生专项创业基金、装修补贴、房租补贴、专项补贴、租金项大学生创业优惠政策，将创业研讨、创业实施、创业孵化、创业投资有机融合，实现培训—培育—孵化—创业一条龙。

（三）语言和象征符号

1. 创业版块建设意义

创新意识和创新能力是大学生终身学习的保证。

随着高等教育规模的不断扩大，高等教育职能正在由精英教育向素质教育转化，学习也正由阶段教育向终身教育转化，学习将成为个人生存、竞争、发展和完善的第一需要。在知识无限膨胀，陈旧周期迅速缩短的情况下，大学生的社会职业将变得更加不稳定。

在创新意识和创新能力的指引下，大学生有能力在毕业之后，利用各种有利条件，根据所从事的工作不断完善自身的知识和能力结构，更好地达到完善自我和适应社会的目的，从而为终身教育打下坚实的基础。创新意识和创新能力是大学生素质教育的核心，创业版块建设有以下几点意义。

有利于缓解大学生就业压力。大学的创业能力有利于解决大学生就业难的问题。创业能力是一个人在创业实践活动中的自我生存、自我发展的能力。一个创业能力很强的大学毕业生不但不会增加社会的就业压力，相反还能通过自主创业活动来增加就业岗位，以缓解社会的就业压力。

有利于大学生谋求生存与自我价值实现。大学毕业生通过自主创业，可以把自己的兴趣与职业紧密结合，做自己最感兴趣、最愿意做和自己认为最值得做的事情。在五彩缤纷的社会舞台中大显身手，最大限度地发挥自己的才能。

有利于大学生实现致富梦想。如果大学生要想致富，开创自己的事业，是最有希望实现梦想的，按部就班地工作很难实现财富的积累。当前，大学生的就业观念正在悄悄地发生改变，一个鼓励创业、保护创业、崇拜创业的大环境正在逐步形成。产业结构调整带来巨大创业机会，促使大学生创业潜流涌动，大学生通过自主创业将实现致富梦想。

有利于培养大学生艰苦奋斗的作风。大学生自主创业的过程中，困难和挫折，甚至失败都在所难免，这就要求自主创业的大学毕业生具备顽强的意志和良好的品格，勇于承担风险，自立自强，艰苦拼搏。通过创业培养了自立自强意识、风险意识、拼搏精神和艰苦奋斗的作风。

2. 住宅版块建设意义

以麦家青寓为例，对长租公寓而言，住宿并不是唯一的功能，所以，房间只是公寓出租的一部分。在麦家青寓宁大店，每一层都有一个公共区域，公共区域主要功能是为租户提供影音娱乐、休闲阅读、美食社交等活动的场所。所以麦家青寓宁大店出租的并不只是一个房间，而是一种生活方式，目标是打造一个属于青年租客的生活社区，这也是当下长租公寓优于传统出租房的重要方面。

根据1986青年云创小镇的定位，麦家青寓宁大店周边陆续建立了多个青创空间，依托宁波大学的综合实力，提供创业、培训、办公等多种服务，届时麦家青寓的租友们可以实现生活与工作的完美融合，青春与梦想的激烈碰撞。

最后，麦家青寓的主要客户人群为80、90后，他们有比较大的住宿刚需，但是当下很多的80、90后人群还没有足够的经济实力去买房或者租住高端公寓，又不愿居住在传统出租房，在这种情况下，麦家青寓宁大店的横空出世，不仅是麦家青寓品牌的具体体现，更也是在表明一种态度："麦家青寓要为肆意、张扬、骚动的青春提供一个安放之所。"

3. 餐饮版块建设意义

民以食为天，而年轻人对于美食多样性的需求也越来越大，餐饮文化成为生活和娱乐的一部分，联系也十分密切。经济的发展和人们消费水平的提高，特色街区正逐步走进人们的生活，着力做好小吃文章，挖掘地方饮食文化传统，培育独具特色的产业，其意义十分深远。把各地名优小吃集中起来经营，既是时代的需要，也是年轻人的需要和游客的需要，同时也是餐饮自身发展的需要。美食传承着当地特色文化，已经在人们的日常生活中留下了不可抹去的印记，深埋于人们的心底。小吃还不断演化出对不同文化的表达和体验，所以说美食餐饮文化建设是云创小镇创造的新的生活体验，它能给当地人一种怀旧、留恋的体验，同时也能够给外地游客体验地方特色提供一个不可多得的场所。

4. 娱乐版块建设意义

现代社会，人们都处在非常大的压力之下，包括大学生，很多人一整天都忙于工作或学习，而没有时间去放松和娱乐自己。如果一个人长期处在这种高压之下，可以说是非常的可怕的，不仅身体会出现问题，而且心理也会出现问题，所以娱乐的意义是非常大的，它能让你排忧解难。

如果一个人的生活中少了娱乐的话，那么这个人将会变得非常的无趣和古板。别人给他讲笑话，或者是娱乐圈中发生的事情的话，他都一窍不通。人们会觉得这个人真的是非常的无趣的，久而久之大家都渐渐地就远离他了，娱乐可以让人更好地融入社会，是一个社交利器。

有娱乐天赋的人，往往在一群人中是非常富有亲和力的。大家都会觉得这个人非常有趣，值得交往，所以娱乐的意义是非常的大的，我们一定要重视娱乐给我们生活带来的光彩，给我们心理带来明亮。在我们平平淡淡的生活之中带来乐趣和新鲜感。

（四）制度要素

若想创业，可以加入云创青年小镇的创客社群。通过创客管家全方位多维度管家式服务"培训—培育—孵化—创业"一条龙服务以及物业管理/人员培训/政策咨询/项目申报/科技中介/项目对按/创业导师/人才联盟/投融资服务/装修样板等多种服务支持，创业者可以得到最大化的帮助。

1. 职业技能培训

云创精心挑选优质的项目，邀请行业领域的资深培训老师，为小镇创客提供精品职业技能培训课程。内容丰富，涵盖跨境电商、演讲沟通、茶艺等多领域多技能的培训。旨在帮助创客提升技能，强化技能，感受职业技能的魅力，全面提升综合素质。

2. 创客大讲堂

创客大讲堂是云创重点打造的创客交流学习平台，根据创业者的实际需求，定期邀请优秀创业者，针对性开展创业讲座，全方位导入优质的创业教育、创业扶持及相关政策讲解，为青年创客解疑难、指方向、搭平台，切实提升创业者的创业能力。

3. 创业分享

云创希望通过创业分享会的形式让小镇青年对创业有更深入更全面的了解，不定期邀请宣讲嘉宾，采取现场宣讲和面对面访谈的方式，分享成功经验和人生体验。与大咖零距离交流，进一步挖掘小镇青年的创业潜力，助力实现创业梦。

4. 创业实践服务

创业实践服务旨在进一步推进小镇创新创业实践，提升小镇创客及周边大学生创新创业能力。云创启动音你而声、创业市集等多项创业实践项目，为创业者搭建创业平台，激发创业活力，让创业梦在小镇启航。

三、文化元素核心基因提取

宁波市江北区风华路 928 弄，原为宁波大学东门商业街，现已改造为 1986 云创青年小镇，总占地 150 余亩，建筑面积约 5.6 万平方米。小镇内包含产业办公、实训基地、公寓楼、医院、社区等。小镇分为文创街区、潮流街区、娱乐街区等，跨界融合了"创、住、吃、购、玩"五大青年元素，以街区式青年部落的姿态展现。云集国内外知名餐饮、零售、休闲、教育等业态，并将创新创业、文化生活中心等规划入内，让旅游文化、艺术休闲、创业美食，潮流娱乐、创客公寓等年轻社群元素，以玩乐主义视角和丰富多元化的业态组合，缔造出一个自成生态体系的青年乐活社区。

（一）核心"创"

1986 云创青年小镇是一个有信仰的青年创梦国度，是创业梦开始的地方。小镇依托周边大学资源，定位于打造集文创、电商、互联网＋等相关创新领域的众创空间，为创客提供工作、交流、推广、学习的平台，将创业研讨、创业实施、创业孵化、创业投资有机融合，实现培训—培育—孵化—创业一条龙，"凝聚最大正能量，画出最大同心圆"，提供各项服务以助力青年创新创业。

1. 自媒体创业服务——牛油果青年社群

于 2016 年 8 月成立，是宁波本土新兴的服务类创业社群平台，也是优秀的志愿服务项目。旗下拥有 Avocado & Portrait（创容访谈）、Avocado & Share（创业观点分享）、Avocado & Class（牛油果公开课）、Avocado & Forum（牛油朵论坛）、Avocado & Tea（牛油果下午茶）等项目在线下端。以公益、免费、志愿的形式，给宁波本土创业者搭建创业交流、资源对接、学习分享、宣传推广的互动新媒体平台。目前，牛油果青年社群成功组织近 50 期本土创业人物访谈、30 场牛油果下午茶、10 场牛油果公开课、3 场牛油果论坛，以及多场创业类大型活动，既有新兴创业媒体的冲动又兼具行业媒体的品牌影响力，关注人数突破 7000+，服务人数突破 10000+，牛油果青年社群已荣获宁波市企业文化研究会与企业媒体交流中心联手颁发的宁波优秀自媒体荣誉，更为创客打造了 1986 云创青年小镇、宁波集盒产业园、工作+邮电产业园、江北电商产业园等多个创业园区。

牛油果青年社群打造了 1986 云创青年小镇、宁波集盒产业园、JOB+鄞电产业园、江北电商产业园等多个创业园区。

2. 党建带团建，群团共建——红领创

红领创以青年大学生创新创业、品牌孵化、创意文化为中心，建设特

牛油果青年社群

红领创

五联工作法

色小镇,打造创业国度,建设青年党员创业为特色的创新创业教育示范基地和实践基地,以创新精神、创业文化、爱心文化、奉献精神来教育青年党员。

3. 其他创新创业服务

投融资对接服务:众创空间每季度都会组织优质项目路演,利用业内影响力,组织邀请5家以上创投机构,为优质入驻项目寻找投融资对接,并对路演企业提供全程对接服务。同时,众创空间本身还将引入合作创投机构,为入驻企业、优质项目提供定制创投融资等金融服务。

基础运营服务:将为入驻企业、创客提供一站式办公服务、基础运营、财税法服务及配套的公共服务支撑。

项目申报服务:众创空间兼具服务平台的功能,将为创业企业提供政策帮助与指导、对创客项目进行辅导及全方位的孵化、对符合条件的项目进行申报补助一条龙服务,从这些层面上提升创业企业创业成功率。

人才培训创业导师服务:本项目作为宁波大学等高校的定点培训、创业基地,将与高校开展深度合作,引入各大高校专家学者作为创业导师。同时还将引入企业高管成为本项目的创业导师,共同进行优质企业、项目引导挖掘。在人才培训方面,将依托浙江吉博教育科技有限公司、浙江鸟课网络科技有限公司等优秀培训机构的培训资源,包括丰富的师资课程、先进的在线平台、成熟的培训体系等，对入驻企业员工进行线上线下相结合的技能培训、创业培训等，搭建以企业为基地的理论课堂、实践教室，通过培训提升创业企业员工的素质与能力，助力创业企业的发展。还将引入具备职业认证资格的企业（如吉博）进行职业技能证书鉴定认证，将为入驻企业提供一条龙的技能认证服务，在学到技能的同时，获得证书。

（二）住

小镇内包含产业办公、实训基地、公寓楼、医院、社区等，高校人口5万人，常住人口10万人，相当于二三线县城一半的常住流动人口规模。这里是很多商圈商户，公寓学生，创业青年快递周转及取件的地方。同时，里夏经济股份合作社、信访接待室和里夏社区也在此办公。是一个适宜生活的多功能集聚场所。

（三）吃

原宁大二村步行街的商户，很多也搬来云创了。新建设的宁大·云创集肆，网罗50多家小吃，辣哭饼、烤猪蹄、"622"……网红美食应有尽有。在各大平台有很多小吃街美食推荐、测评的图文和视频，并由此不断推广开来。

1. 辣哭饼

是衢州大肉饼的升级版，创立于2014年，当时一个学生在吃了之后直接被辣哭，于是直接改名为"辣哭饼"。后来火遍宁大，现在不仅仅是宁波，连杭州都开了分店。而云创店是依旧最初的摊位发展起来的总店。辣哭饼最大的秘诀是辣酱，是用来自衢州特有的辣酱和山茶油煎制而成。馅多皮

小镇

辣哭饼

薄，金黄焦香，所有的馅料均为当天配制，吃过就会爱上。

2."622"鸡柳年糕薯条

嵊州当地人的童年老味道，老板的徒弟带着手艺来到了宁波。为什么取名"622"？据说是他们开店那年，考入宁大的最高分，622分。622最出彩和特别的便是他的秘制调味粉，吃起来比普通鸡柳多了一丝鲜甜。香脆的鸡柳和薯条加上酥酥糯糯的年糕让人回味无穷。

3.今生缘八戒烤蹄

猪蹄都提前经过腌制的，非常入味，撒上各种调味粉和花生碎，入口肥而不腻。猪皮也十分值得尝试，软软糯糯的很是Q弹。

还有庙东排骨、板栗酥饼、好吃到嘶吼的阿芮烤鸡爪、冒着热气的龙门花甲等等，这条令人魂牵梦萦的美食街，吸引着许多游客前来光顾。

"622"鸡柳年糕薯条

猪蹄

（四）购

在云创小镇，还有丰富多彩充满青春朝气的店铺，夏日必备小风扇，还有买不够的玩偶摆件，让人仿佛一下子回到了学生时代。还有大学生自发经营的特色摊位、云创集肆、

云创集肆

夜晚市井

露天电影院

各式各样的活动、夜晚人声鼎沸的市井，以及云创之夜·夏凉夜市集，五光十色的热闹场面，缀着闪烁的人情味。

泡泡世界

网红许愿墙

· 340 ·

（五）玩

云创小镇有特色的露天电影院，很多人评论说它是由空气的凉意，夜晚的星星，荧幕上的爱情和陶醉过的时间，组合在一起。露天电影确实是融合了怀旧和自然的浪漫。在仲夏夜，一起纳凉吹风看电影，享受简单的快乐。

云创广场梦幻的泡泡世界，成了孩子们的快乐小天地，大家跑着闹着笑着，在泡沫的海洋里尽情撒欢。这场清凉的夏日派对，是专属这个夏天特有的美好。

四、文化元素核心基因评价

（一）生命力评价

街区里有青砖、粉墙、黛瓦等传统建筑符号，融入了玻璃幕墙、仿木铝合金等现代元素，搭配莘莘学子的青春与活力，整个街区显得朝气蓬勃。筑创大学生音乐节、公益趣味跑、云创之夜、食客挑战赛……丰富的街区活动与青年学生的活力激情碰撞，组成一个魅力十足的青年世界。依托宁波大学，成千上万的莘莘学子和师资汇集，是城市的活力，是发展的希望，新点子新想法新创意等不断涌现，街道中不断注入年轻的血液。

（二）凝聚力评价

组织起各种社团、组织，开展一系列活动，广泛凝聚起区域群体的力量，创造过实际的发展动能，显著推动过社会经济文化的发展。

（三）影响力评价

1. 人才培养

以品牌孵化和人才集聚为发展方向的青年云创小镇，衔接8号文创公园的"高端""成熟"双创团队，宁波文创港建设探索"一核两翼"模式中的"两翼"已先行到位,未来可为宁波文创港的建设提供充足的人才资源和前期项目支撑。

2. 辐射范围

宁波文创港将以甬江北岸原火车北站至江北大河约1平方千米的区块作为核心区,充分利用原火车北站铁路文化的遗存和滨江风情风貌的吸引,实现基础设施和服务配套的完善,将文化和创意作为引领,打造地标性建筑,建设文化创意平台,作为文创港开发的启动点。以艺术产业链为核心内容,形成相关产业的集聚;围绕艺术从业人员的创作方式和生活形式,形成艺术从业人群生态圈;以论坛、展览、展示为平台,引发艺术事件和艺术现象的集中发生;以文化艺术体验式消费为主张,形成文化、商业集聚区。

宁波文创港核心区以东至宁波大学约6平方千米的区块,将作为功能拓展区,通过利用城市存量空间,发挥临近宁波大学的辐射优势,结合政策引导与制度创新,形成开放、共享的青年创业创新平台。同时依托城市创新与知识产业生态环境的发展,以互联网产业发展为主导,广泛开展与企业、社会资本的合作,打造产业互联网平台,带动整个文创港的可持续发展。

3. 获得一系列荣誉

浙江省小微企业园

浙江省基层工会改革重点培育单位

宁波市市级(培育)文创创业园

宁波市创业孵化示范基地(大创园)

宁波市特色街区休闲旅游基地

宁波市特色餐饮示范街区

宁波市市级社区商业邻里中心

宁波市市级青年文明号

宁波市党员教育示范基地

宁波市市级五星级基层党组织

宁波市优秀团组织

江北区高校毕业生实习基地

江北区校企合作人才培养基地

江北区社会组织统战工作平台示范点

荣誉

（四）发展力评价

1. 多方合作共力发展

政府、高校和企业三方通力合作、群策群力，充分利用得天独厚的高校资源，打造一座集"文气、洋气、商气、人气"为一体的青年小镇。项目规划设计、旧铺清退腾挪、改造建设、招商运营等均由云创蔚来集团旗下的集星云创商业公司不断进行市场化运作。

2. 政府政策

市委、市政府提出打造"一都三城"的战略目标，江北区委、区政府积极响应，以文化强区建设为主抓手，加快推进"三港"（文创港、音乐港、时尚港）建设。宁波文创港前期工作推进有力，开发时机日益成熟。

"甬江北岸的开发将延伸老外滩风情，打造以宁波文创港为核心，以云创1986青年小镇和8号公园为支撑的中心城市产业、文化、创新、生活融合发展的新平台、新社区、新地标。"从孔浦街道经济科了解到，宁波文创港将沿甬江而建，从原火车北站至宁波大学，占地约7平方千米，以整个区块原有的滨水风情吸引力、工业遗存LOFT生活方式改造为亮点，重新打造一个文化创意平台、都市创新平台和产业互联网平台。

此外，孔浦街道还将积极谋划"科创大走廊"，依托北高教园区区位优势，充分利用现有资源，采取灵活的开发合作模式，形成集聚效应，打造"北岸智谷"科创产业带，实现区域"换业""换人""换景"。

五、文化元素核心的基因保存

（一）不定期小镇活动

2019年3月16日（周六）13：00—16：30，在宁波大学云创1986青年小镇，举办了一场丰富多彩的大学生创新创业盛会。

本期创业集市以"不忘初心·创赢未来"为主题，内容分为项目路演、成果展示、项目对接三个部分。此次活动包含了各个高校学生们自主创业的新材料、高端装备、新一代信息技术等高新技术产业，海洋渔业、生物制剂、医药设备等生物医药产业，以及设计、影视、教育、旅游等文创服务产业等近50家优质项目，将在会场展览展出。此外，本次活动也为大家呈现了在甬高校人工智能、新材料、虚拟现实等最新创新创业成果。

同时，本次创业集市活动现场邀请了宁波大学、宁波工程学院、浙大宁波理工学院、浙江纺织服装职业技术学院、宁波财经学院、宁波职业技术学院等各大拥有自己独创高新技术的高校和优秀团队来活动现场进行产品成果路演展示，为到现场参与活动的来宾展现宁波不一样的科技文化，展现新时代发展下宁波努力发展科学技术，跻身时代发展前沿的趋势和努力成果。

本次活动有来自宁波市国家大学科技园、镇海区大学生创业园、启迪科技园等创新创业相关行业的专家来到现场，为各高校创业团队指点迷津，解答疑难问题。本次创业集市旨在整合政策、供应链、资本、服务机构、创业者等多方优势资源，为宁波青年大学生创业者搭建一个交流、分享、合作的平台。活动将通过项目辅导、资源对接、政策解读等多种形式，帮助宁波青年大学生创业者踏上创业新征程。

（二）云端小镇，背靠宁大，学生资源丰富

好像每个学校都有一条属于自己的地标性美食街。在这里，小贩是主流的商户，没有店面，更没有座位，但却是吃货的圣地、学生的天堂。

云端小镇背靠宁波大学，最重要的学生资源之一便是来源于"吃"这个五大青年元素，作为宁波大学学子的美食街，寥寥不足100米的小吃街，看似简陋，却承包了周边千万学子的胃，在平时的学习生活中增添一抹美味，给美好的学生时代画上一笔绚丽的色彩。

云端小镇美食街，一个麻雀虽小，但五脏俱全的地方，里面各类小吃、服饰、美甲、KTV……吃喝玩乐应有尽有，自其开始创建以来，就深受广大市民群众和学生的喜爱，每天来往的人络绎不绝，日益成为云端小镇重要的组成元素之一，发挥着越来越重要的作用。

每到傍晚，学生们就成群结队涌来美食街，这里美食很多，回忆也很多，学生时代，经济拮据，美食街绝对是大学生课后休闲娱乐的必经之地。约上闺蜜一起吃吃喝喝，约上同寝室的好兄弟一起打打闹闹，和自己心仪的另一半走在夜晚的美食街上，这应该是大学最惬意的时光了吧。上班一天的人们以及晚上加班人，下班后，也都会来到云端小镇的美食街，买一份美味的夜宵，坐在那安静的吃完，无视市场的喧嚣，独自一人，慰藉疲惫的身心。美食街，包揽了学生和广大市民美好的回忆。更有甚者，宁大学子就算毕业多年，但仍然忘不了美食街留给他们舌尖上的美味跟忘不了与身边最重要的人一起嬉闹的回忆。我觉得，大家怀念的不仅仅是一种味道，更是曾经年轻的自己，和回不去的青

春年华吧!

和几年前相比,现在的云端小镇美食街规模更大,也更加繁华了。街两边是有门面的店铺,多为炒菜、砂锅、拉面之类的正餐,中间穿插着衣服店、理发店、冷饮店……美食街马路中间是用大伞搭起百米长廊,前面主要卖各类小吃,烤大面筋、炸鸡柳、鸡蛋灌饼、铁板炒饭……后面则是女生最喜欢的美甲店、饰品店等等。左手奶茶,右手鸭肠,来美食街,恨不得能长出四个胃,把每个小店都尝一遍。

吃着这些、看着这些,你是不是也想起了学生时代,和老师、同学在一起的青葱时光,还有在这里萌芽的爱情?

(三)宁波市云端小镇创新创业支持

云创青年同心驿站,以统战+服务,统战+创新创业,统战+公益,统战+社团,统战+品牌五位一体,创办出展示新创意、符合新形势的创新项目,画出最大同心圆,凝聚出最大正能量。

其中,特色服务分为人才培训创业导师服务、资源对接服务和项目申报服务。三者相辅相成,共同为云端小镇的创新创业提供巨大支持。

此外,创业实践服务旨在进一步推进小镇创新创业实践,提升小镇创客及周边大学生创新创业能力。云创启动音你而声,创业市集等多项创业实践项目,为创业者搭建创业平台,激发创业活力,让创业梦在小镇启航。云创希望通过创业分享会的形式让小镇青年对创业有更深入全面的了解,不定期邀请宣讲嘉宾,采取现场宣讲和面对面访谈的方式,分享成功经验和人生体验。与大咖零距离交流,进一步挖掘小镇青年的创业潜力,助力实现创业梦。

而创客大讲堂是云创重点打造的创客交流学习平台,根据创业者实际需求,定期邀请优秀创业者,针对性开展创业讲座,全方位导入优质的创业教育、创业扶持及相关政策讲解,为青年创客解疑难,指方向,搭平台,切实提升创业者的创业能力。云创精心挑选优质的项目,邀请行业领域资深的培训老师,为小镇创客提供精品职业技能培训课程,课程内容丰富,涵盖跨境电商、演讲沟通、茶艺等多领域各技能的培训。旨在帮助创客提升技能、强化技能，感受职业技能的魅力，全面提升综合素质。

（四）实物留存

户部巷阎记果仁烤面筋

这家店在小吃街入口第三个摊位，相比我们平常吃的烤面筋，他家在"份量"上就很吸引人了，一串面筋差不多有普通女生的小手臂那么粗。

调查发现，这家店烤面筋最后撒上去用于提味的不是芝麻，而是一种粉末，据老板说是各种坚果混合后磨出的粉，果仁烤面筋也由此得名。烤面筋外酥里嫩，食量小的女生一串就能吃饱。

"我们家的大面筋都是手工做的，所以看上去大小不一。"老板说，除了手工制造，烤面筋美味的秘诀在酱料上。不过,酱料的配方属于商业机密，他表示不便透露。

今生缘八戒烤蹄

这家烤蹄店在周边算是很有名气了，同一条街上的八戒烤蹄还有两家，为了防止顾客混淆，才专门加上了"今生缘"这个前缀。

别看现在生意这么红火，老板创业过程却很不容易。"刚开始生意没人光顾，为了招揽顾客，我还专门花了82块钱从淘宝上买了猪八戒的服装。"老板向我们简单地聊起了他创业的故事。我们还了解到老板的创业故事还在宁波大学商学院的课堂上被介绍过，使我们更增添了对老板的敬佩之情。

烤蹄根据大小不同，分4元、7元、10元三种。我们问老板，你们家烤猪蹄有什么秘诀嘛？老板很大方地表示："就是新鲜呗！"为了保持口感，猪蹄都是限量销售，先到先得。老板自称二师兄，是黑龙江人，身上自带东北人的幽默，和每个顾客都能聊上几句。我猜想，老板生意这么好跟他的人格魅力不无关系。

现在，老板把自家二哥和侄子也都请来帮忙了。他说，希望以后能盘一个自己的店面，把烤猪蹄的生意做得更大。

半浦村

港源城始　宁波江北文化基因

半浦村

一、文化溯源

半浦村古时称鹳浦,亦称灌浦、官浦,谓取灌溉农田之意,清代定名为半浦。因地处姚江之北,东为鄞西与慈溪两县相半之界,江以南九里有浦,北有灌浦古渡,两地均为渡而名,渡因浦而名。

半浦村早先的名字叫做"鹳浦村"有灌溉农田的意思。因古渡运来的一船船书籍,使半浦村藏书文化浓厚。在清朝,慈城出了60多位进士,这其中就有50位出在半浦村,可谓人杰地灵,因此根据为官人数较多,又改为"官浦村"。由于"官"和"半"在方言的发音是很相近的,后人渐渐地就叫成了现在的半浦村。

二、文化要素分析

（一）物质要素

1. 姚江之滨的古村落

半浦位于宁波江北区慈城姚江之滨，因地处姚江之北，东为鄞西与慈溪两县相半之界，江以南九里有浦，北有灌浦古渡，两地均为渡而名，渡因浦而名。半浦渡口占据水上交通要冲，东达上海，北接慈城，通江接海，舟车往来。来自古镇慈城（1954年前为慈溪县城）与姚江上下游的客商在此上岸经营，中转货物，集市兴隆。

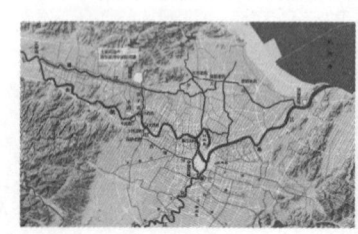

半浦村 　　　　　　半浦渡口

2. 老宅之古朴与风雅

半浦村的古宅很多，被公布为区级文保点的就有24个。村落大族历世聚居，行文重教，村中有多处代表性的优秀建筑，曾有浙东学派著名人物郑氏家族的"二老阁"藏书楼及现保存

完好的民国时期兴建的西洋建筑"半浦小学"。除了这些，村中还遗留下大量如中书第、周家祠堂、塘路墩、半浦大屋等的明清古建筑。

老宅

（1）中书第

村内的中书第是清中晚期的宅第建筑，至今已有200多年的历史，建筑坐北朝南，建筑构件雕刻精美。木门依然是旧时的风貌。内有一口自挖的小井，依稀可见当年生活的场景。青红石板铺就的院子，苔藓正在漫无边际地生长。屋檐上，有的椽子已经腐烂，有的依旧"坚守岗位"。

（2）二老阁藏书楼

二老阁藏书楼就在半浦小学的后面。据说，二老阁由清朝浙东学派著名郑氏家族创建，原为一座二层楼歇山式建筑，曾藏书五万余册，但已于前些年倒塌，现残址仅留有一碑，让人唏嘘。300多年前，清代藏书家郑性亲自到余姚黄竹浦，把黄宗羲的著作用船载运到半浦，以致四方学者访求黄宗羲著作，不去竹浦而去半浦，足可见当年二老阁在学术界的地位。

二老藏书阁楼

中书第

（3）半浦小学

民国时期孙衡甫捐资建造的西洋建筑半浦小学。外面艳红的石榴花掩映着低矮的墙壁，形成历史和现实的鲜明对比。从大门迈入，就见右手边

· 355 ·

的墙体已逐渐剥落,贴附于墙壁竖立的灰白石板上,镌刻着隶体的碑文,碑文的开头一字,即繁体的"孙"字,指的是孙衡甫。

半浦小学

(4)周家祠堂

周家祠堂,是半浦村东片区最为显赫的处所,距今已有200多年历史,现已改为半浦村文化宫。建筑整体仍保存完好,大厅内放有一块由梅调鼎在光绪二十年(1894)题写的石碑。红柱石礅,花样各异的木格门,雕画着精美的花纹的房檐……无一不昭示着当年的民俗风貌。

3. 半浦古渡百年古渡回眸一笑

面对姚江的半浦村,在交通不甚发达的20世纪以前,自然建有渡口,"灌浦之渡"曾经辉煌一时。这个渡口是从清咸丰年间正式通航的,距今有150年的历史。以前,百里姚江有数十处是通衢要道,人们通行全靠舟渡,因而留下了鹳浦渡、城山渡等数十个古渡口。大多数古渡口现今已卸下历史使命,但半浦渡口依然还鲜活。

半浦古渡

周家祠堂

4. 半浦渡口的天灯

只要到过半浦渡的人,一定会对渡口上竖立的石灯柱印象深刻。天灯早已退出历史舞台,早先如江北、慈溪交界的长溪岭古道上、慈江上的镇海化子闸、姚江城山渡口、奉化老方桥等都有天灯，但这些天灯或已毁失，或残缺不全，唯有半浦渡的石质天灯成为宁波境内现存最完好的一个天灯。灯柱高约3.2米，下部为一根四方石柱，其上置一石龛，四壁开窗，龛顶仿木构建筑，刻成歇山顶造形，飞檐翘角，如鸟斯革，如翚斯飞。据姚江对岸保存的《义渡碑示》中所记，清咸丰元年（1851），半浦人郑显煜、郑显泰两人秉承其先人为半浦渡口捐助义田的善行，重举义捐大旗，发动士绅捐助田地，筹集资金，增添渡船，重筑渡口。并在姚江两岸渡口各置天灯。

天灯之名源则于民间传统。相传，每年春节，每家每户都要用竹竿高高撑起一个灯笼，夜晚，灯笼里的烛光就如同是天上的星星，以此寓意吉星高照，祈福在新的一年中万事如意。后来，也就把这种挑高的灯笼称之为天灯。

旧时，在古道、渡口、桥头都会设置天灯，或在木柱上悬挂灯笼，或用石质灯柱，内燃油灯。每当夜幕降临，天灯虽然只有微弱的光线，但格外耀眼，为路人、渡船指引方向，也可避免船体撞上桥墩，方便来往行旅。

天灯多由当地士绅富商所捐建，通常也会同时捐有义田，并有专门的点灯人负责管理。点灯人工资及灯油费则在义田的收入中列支。有时需管理多处天灯时，也会成立天灯会，由天灯会来统一管理账务，并报请当地知府，以公告形式刊立石碑，立于路亭、渡口等显眼之处，以请民众来监督执行。

关于天灯，还流传着一个真实的故事：宁波城内的新江桥原为英国人所建浮桥，桥成后，英国人在桥上设岗，凡过往行人都要付费。直至光绪三年（1877），在时任宁波太守陈鱼门的斡旋下，才用重金赎回，结束过桥付费的历史。而浮桥因由多个木船并排，上辅木板建成，随着潮水涨落，木板之间间隙较大，为防止行人夜间往来安全，就在桥上设置天灯。点灯后，虽只有点点微光，但在夜间格外明亮，方便行人的同时，也使得来往船只因对光难行，颇有微词。最后，还是这位被后人认为是麻将发明人的陈太守颇有办法，他命工匠将天灯改为四方形，中间燃起六盏油灯，东西迎水面用洋铁遮挡，而南北两面则用透明玻璃。这一改动，避免了水上行船与灯光相对，避免了船桥相撞的危险,也保证了桥上依然明亮。陈鱼门收回新江桥,又改进天灯造形,方便了路人和行船者,也因此被民众称颂为福星。

渡口的天灯

5. 古渡

姚江的半浦村在交通不甚发达的20世纪以前,自然建有渡口,"灌浦之渡"曾经辉煌一时。但随着交通业的日益发达,江水上已不见往日来来往往的帆船远影。如今,岸边的古渡人家还在,古渡之上,水波依旧,天低江阔,岸上还残留着昔时的灯塔。

渡口有一支天灯石柱,一百六十多岁了,歇山顶造形的柱顶石龛,依旧玲珑、清秀。旧时石龛内以菜油点灯,兼具夜间照明、引渡的功能。小小的一盏渡灯,不知温暖过多少古往今来的渡客。《义渡碑示》告诉我,半浦渡旧为义渡,是道光间郑芬、郑一夔兄弟的善举之一。咸丰元年,郑显煜、郑显泰继承父辈遗愿,再次发起为义渡捐资、捐地,他们重修渡亭、设置天灯、增添渡船、为船夫建屋,使义渡一直运转到1949年。郑氏的义举,受到了官府的表彰,称其"好义可风"。

6. 二老碑

因为半浦渡运来的一船船书籍。村内原先建有可与"天一阁"比肩的"二老阁"藏书楼,由清朝浙东学派著名人物郑寒村家族创建,鼎盛时期该楼曾藏书五万余册。原为一座二层楼歇山顶式建筑,但已于前些年倒塌,残址仅留有一碑。

7. 古宅

半浦村的古宅很多,近年虽有些损毁,但仍有部分可以细细品味,如"乐善堂""益丰门头""中书第"等,古老的山墙,砖雕的门楣、花样各异的木格窗、柱子上桐油的痕迹,都还显示着古宅的当年气派。

半浦素有"三庙六祠堂，一庵一阁一义庄"之说。从老街、挨坝到周、郑、孙家，一路都能看到鳞次栉比、错落有致的马头墙。翰林第的规模最大，书带草堂、二老阁、二砚窝、一隅阁、丈七间、野云居、望云楼、藏笏楼、有怀轩、三星阁、半生亭、大椿堂、西江书屋、石叟居等光绪《慈溪县志》有过记载的，多属这个建筑群。如今，原来的形态已经支离破碎，幸存的也多摇摇欲坠。倒是郑满的澄心堂还在。

（二）精神要素

思想观念和群体性格。思想观念的范围比较广，涉及人生观、价值观、宗教观、科学观、审美观等等。

1. 勤劳进取，吃苦肯干

半浦渡，古称"鹳浦古渡"。800年来，半浦渡口占据水上交通要冲，东达上海，北接慈城，通江接海，舟车往来。来自古镇慈城（1954年前为慈溪县城）与姚江上下游的客商在此上岸经营，中转货物，集市兴隆。夜航引渡的灯柱至今犹在，高3.2米，石柱上置飞檐石龛，典雅古朴。放眼望去，运河姚江如练，江阔人稀。右边不远处，与车流飞驰的杭州湾跨海大桥南连接线，对岸的海曙区高桥镇，工厂如雨后春笋渐次增多。但见江上仅一船、一名摆渡人，来来往往接送稀疏的行人。摆渡人实际共有3人。半浦郑氏家族曾捐田建造义渡，打造3艘木船，昼夜轮流免费接送行人，大隐、高桥等地的渡客肩挑山货来此赶集，每日接近千人。半浦村人日复一日、年复一年勤勤恳恳、不辞辛苦地摆渡。

2. 勤奋好学，学风浓厚

半浦村与众不同的，便是悠然萦绕古村数百年的浓浓书香。就是在半浦渡，曾迎来一船船珍贵的书籍，催生了半浦村郑氏"二老阁"。"二老阁"与范式天一阁，同处宁波，睥睨东南，双峰并峙，书香远播。

康熙年间，一代鸿儒、思想家黄宗羲在余姚黄竹浦的老宅失火，遗留给子孙的藏书损毁大半。远在半浦村的黄宗羲再传弟子郑性得知后，星夜赶往姚江边的黄竹浦村，把黄宗羲"续钞堂"残余图书，用船载至半浦。又遵父郑梁遗愿，建造藏书楼，于雍正元年（1723）落成，并命名为"二老阁",以纪念同在刘宗周门下就学的黄宗羲和郑氏祖父郑溱。不仅藏书,而且刻书。郑氏一门雕版刻书长达155年,历经六代而薪火不绝,黄宗羲巨著《明夷待访录》《明儒学案》《宋元学案》得以出版。四方学者纷至沓来,访求黄氏之学,一时间使半浦村成为浙东学术重镇。

渡口人家由此数百年来书香不绝,教育兴盛,今日仿佛仍能看到四方学者在渡口下船的身影,听到旧时学子琅琅的读书声。半浦郑氏家训规定"子孙为学,须以孝义切切为务",半浦家家户户皆好藏书,有的家里多达上万册。"半浦郑氏自古以来重视耕读文化和慈孝传家。重建'二老阁',复兴半浦文化,一直是我们的梦想。"半浦村村委会委员郑丰说。

3. 重礼重义,传承发扬

半浦村的文化礼堂,兼具文化传承和习"礼"的含义,但在许多地方,文化生活展开良好,一个"礼"字却苦无抓手。半浦村文化礼堂,是难得能将"礼"字带入人心的所在。

2016年,奉化人竺彩君来到半浦,一下子为这里的"安静"所吸引,她一眼相中当时已废弃多年的民国建筑半浦小学,将之改造成宁波市中小学生社会实践大课堂资源基地"半朴园"。

半浦的文化土壤太好,尊师重教、慈孝文化洋溢在每一寸土地,"好像天然有一种能量去唤醒孩子潜藏的基因"。几年来,半朴园与宁波各所学校合作,让孩子们在这里体验古礼——开学入泮礼、感恩成长礼、13至14岁的成童礼、18岁成人礼,还有古为今用的生活礼,如中午的礼仪餐,教孩子坐姿、吃相,"长者先入席、好吃的留给长辈",这些都是独生子女时代容易在家庭教育中丢失的。

(四)制度要素

1. 秋祭

慈城半浦村的秋祭从历史长河中走来,带着阵阵书香,悠悠风俗,用最神圣的祭秋,最深情的咏秋,最流连的品秋,最生动的戏秋迎接着四方来客。中国自古有秋祭大典,礼仪相沿,传承久远,底蕴深厚,特别是家族祭祀,香火世代相承,绵延数百年而极少中断,一直完整地保持着固定的祭祀仪式,并形成了独特的祭祀文化。

秋祭五大守则：

（1）在秋祭过程中不能利用网络对外界取得联络；

（2）秋祭过程中不能在晚上11点之后晚修；

（3）秋祭过程中每天睡眠时间不可以少于8小时；

（4）秋祭完成后可获得奖励；

（5）秋祭为两年一次，为单年份。在国庆结束后的一周内。

秋祭的一些禁忌：

（1）保持庄严的态度

祭祀活动难免遇上一些陌生的坟墓，此时要保持一种恭敬之心，勿用脚去碰墓碑之类，要有严肃庄重的态度，在周边的墓碑前面不要过于随意。

（2）墓地整理

上坟第一件事通常就是修坟，清明后到十一，坟墓多半杂草丛生，此时要清除杂草，特别是农村一些带"苦"字寓意不好的树，一定要清理干净。在农村，坟要是越长越高，寓意子孙后代繁荣昌盛。

（3）扫墓之人，不走回头路

对于扫墓的人穿着打扮也是有要求的，女的忌讳大红袍子祭祀，体弱多病者以及孕妇也是不可以参加祭祀活动的，祭祀活动结束后，不可以原路返回，谓之不走回头路。

2. 民俗：灶神诞——开芋艿门

半浦乡间每年以新早稻米磨粉，加糖，做灰汁团，掏新种芋艿做菜，祀灶神，俗称尝新，游人可一同参与开芋艿门活动，并将祀物请回家中祭灶。

3. 民俗：包红指甲

七月，凤仙花（宁波称"满堂红"）盛开，少女捣花汁以染无名指及小指，后发展为十指全染，谓之"包红指甲"。包法，用满堂红花掺和少许明矾捣烂，睡前用豆叶或夏布缠裹指甲，如此三四次则其色深红，亦有以白花包者则成玉白色。其色短期洗涤不去，日久渐退，故引人喜欢。俗传包过红指甲的手，腌咸菜、范菜股、臭冬瓜不易坏，传说还能防蛇。如能延至次年正月初一不退色，能使老人看后眼睛不会昏花，更是讲得神乎其神。

4. 民俗：割脚绷

早在"义渡"盛行的时候，很多小孩子刚学走路，家里老人都说要"割绊脚绳"，长大后才走得快，走得稳。大体流程是：由属虎的成年人砍断放在地袱上的草绳，扶孩童开步跨过地袱，再由一个属龙的成年人在后面吹着火管，意为割掉脚绑绳盘缠，以后脚劲好，走路不会摔倒。

5. 民间秋季赛歌会

在周家祠堂前面组织秋季赛歌会，游人可选取任一首关于秋的歌曲，进行比赛，由村民和由人组成的评委团进行投票选择，中选者将或者民间秋季赛歌会歌王称号，并颁发奖品。

歌会举办过程中需注意：

（1）场地次序，前排安排一人专门维持表演嘉宾的次序的事情，现场安排多人维持观众的秩序。

（2）提醒事项：歌会开始时请大家务必不要让手机出声，不要在曲目中间走动，活动拍照不能用闪光灯，音乐过程中要保持安静。

三、文化元素核心基因提取

半浦村文化是宁波渡口文化的典型代表，它的基因根植于交通便利的渡口和古朴风雅的古村落之间，与其所占据的优越的水上交通位置有关，开设义渡，重礼重义；与清代以来传承的书香气息有关，核心文化基因是勤劳进取，勤奋好学，传承发扬。

四、文化元素核心基因评价

评价项目	评价因子	评价依据（特点）	是否
生命力评价	文化基因存续的时间	自出现起延续至今，未曾明显中断	√
		自出现起延续至今，但多次衰微、中断后复兴	
		曾明显衰败，改革开放后开始复兴或历史溯源关键环节缺失，难以考证	
		文化形态主体已灭失，现存部分痕迹	
	文化基因的稳定性	在发展过程中保持相当稳定的状态	√
		在发展过程中存在明显的精神内涵、表现形式剧变	
凝聚力评价	文化基因的凝聚力及社会动员效果	曾广泛凝聚起区域群体的力量，显著推动过社会经济文化的发展	√
		曾部分凝聚起区域群体力量，对社会经济文化的发展产生过影响	
		凝聚过力量，创造过实际的发展动能，但未见对社会经济文化发展产生显著改变	
		仅在历史文献或口耳相传中存在，未见实际介入社会经济发展	
影响力评价	辐射的范围	具有全国性、世界性影响力	√
		具有长三角区域、浙江省影响力	
		具有市县、乡镇影响力	
	提炼的高度	已经被古代文人士大夫和当代学者提炼为精神符号和理念理论	√
		单纯的样式、造型、工艺技术规范	

续表

评价项目	评价因子	评价依据（特点）	是否
发展力评价	与当代精神追求和价值观念的契合	传统文化基因得到创造性转化、创新性发展；区域革命文化基因被完整继承、广泛弘扬；区域社会主义先进文化基因成为与浙江"三个地"相适应的文化高地	
		部分转化、部分弘扬、部分发展	√
		难以转化、难以弘扬、难以发展	

说明：基因特点评价是对解码出来的基因，根据本《导则》表2的要求，围绕"四个力"逐一对表打"√"，进行定性表述

（一）生命力评价

时间推移，半浦古村吸引了社会各界的瞩目，而保护古村也成为越来越多人的共识。几年前，清华、北大等高校学生专程来到半浦，在两个月时间里，对半浦的老房子展开了测量与记录"半浦大地方，三庙六祠堂，一阁一庵一义庄"。半浦村，古称灌浦，距今已有800多年历史，经过长期的文化积淀，古村历史底蕴非常丰厚，现存有区级文保点24个，包括民国时期兴建的西洋建筑半浦小学，还有中书第、周家祠堂、塘路墩、半浦大屋等明清古建筑。因为靠近姚江边，特殊的地理位置还造就了半浦村繁荣的渡口文化，旧时，姚江来往船只很多都在此停靠，保存完好的天灯石柱似乎仍诉说着古渡昔日的繁华。可以说，半浦村是宁波少有的渡口古村落。2005年，半浦村入选宁波市首批"十大历史文化名村"。

百里姚江的数十处是通衢要道，人们通行全靠舟渡，因而留下了鹳浦渡、城山渡等数十个古渡口。据不完全考证，鹳浦渡口是从清咸丰年间正式通航的，距今有150年的历史了，现今已退出历史舞台，只留岸边一座孤独的灯塔。灯塔拥有高3.2

米的天灯石柱，矩形断面的石柱上放置着飞檐石龛，典雅古朴。旧时石龛内以菜油点灯，夜间照明，兼具夜航引渡的功能，现在已改装为电灯了。

古渡虽已不再，但古渡人家仍存。村里的徐老先生说，在20世纪80年代，这里还有逢农历双日为集市的风俗，渡口边的老街上旅店、饭店一家挨着一家，赶集的人熙熙攘攘。在村里实习的郑丰说："随着交通的发达，人们不再仅仅依赖水路，现在商贸往来多是通过陆路了，因此鹳浦渡口也就衰落了。不过现在仍有人专门在摆渡，用来方便半浦和鄞州高桥的人往来。"

（二）凝聚力评价

半浦村开展的民俗文化活动，极大程度上增强了村民凝聚力。"拾村文化"巡演活动以戏曲表演、非遗传承、水秀江南与舞蹈节目为主导，还原了天灯与渡口的故事：旧时，在古道、渡口、桥头都会设置天灯，或在木柱上悬挂灯笼，或用石质灯柱，内燃油灯。每当夜幕降临，天灯虽然只有微弱的光线，但格外耀眼，为路人、渡船指引方向，也可避免船体撞上桥墩，方便来往行旅。天灯多由当地士绅富商所捐建，通常也会同时捐有义田，并有专门的点灯人负责管理。点灯人工资及灯油费则在义田的收入中列支。有时几个需管理多处天灯时，也会成立天灯会，由天灯会来统一管理账务，并报请当地知府，以公告形式刊立石碑，立于路亭、渡口等显眼之处，以请民众来监督执行……用场景再现方式，唤起半浦村民的文化自豪感、认同感、凝聚力，取得了良好的反响。

半浦村传承发扬优秀历史文化，文化气息更加浓厚。半浦家家户户皆好藏书，有的家里多达上万册，这些藏书大多由渡口所带来。"半浦郑氏自古以来重视耕读文化和慈孝传家。重建'二老阁'，复兴半浦文化，一直是我们的梦想。"半浦村村委会委员郑丰说。

半浦村经济不断发展，现共有村民600余户，1320人。年村经济收入50多万元，村民人均年收入6000余元，村中有村办企业和私营企业。正在编制古村保护规划。半浦村正努力建设半浦文化品牌，摸索增加集体收入的渠道，致力探索一条"一二三产业相融合，农商文三旅结合"的乡村振兴道路。民俗文化活动也为半浦村带来诸多收益，增加就业机会，提高村民收入。

（三）影响力评价

半浦渡口占据水上交通要冲，东达上海，北接慈城，通江接海，舟车往来，对社会的经济发展有帮助，渡口成为各种物质与文化的交换之处，对半浦村与外界的文化交融亦有所帮助。

藏书家郑性曾亲自到余姚黄竹浦，把黄宗羲的著作用船载运到半浦，以致四方学者访求黄宗羲著作，不去竹浦而去半浦，足可见半浦村在学术界的影响力。

（四）发展力评价

1. 保护开发，持续发展

处于城市边缘的半浦村自然景观和文化遗产既丰富又脆弱，特别是不可再生的自然和历史文化遗产，一旦破坏很难恢复。例如20世纪辉煌一时的"灌浦古渡"已经退出了历史舞台，江水之上不见来来去去的孤帆远影；

著名的藏书楼二老阁，历经200多年岁月后，也轰然倒塌，所藏的经典全部散失，而后人只能在郑性父子与黄宗羲之间交流、治学的佳话中去寻觅一些余韵。因此，半浦村的旅游开发必须坚持"保护第一，开发第二"的原则，形成保护—开发—保护的可持续发展道路。村中遗留下的如中书第、周家祠堂、塘路墩、半浦大屋等明清古建筑。计有15处楼群，规制较高，质量较好，已有多处被公布为文保点。

2. 半浦村受政策的影响

半浦村位于姚江之滨，地处慈城的最南端，是宁波市十大历史文化名村之一，村中现存24个文物古迹。原先村庄所处地理位置偏僻，村民的思想观念、意识陈旧。随着杭州湾跨海大桥的建设和慈城的开发及慈城区域功能的定位，村级经济快速发展，村民的生活日益富裕，随着农民生活水平地提高，农民对先进文化的需求也越来越强烈，精神生活的需求也日益增加。

五、文化元素核心基因保存

（一）民俗类活动

1.2019年6月中旬，半朴园迎来一场以"拾村文化——非遗新生、匠心传承"为主题的非遗集市活动，村民画扇面、古法做酒、磨刀剃头，参与度很高。

2.2020年，半朴园内举办"我喜爱的中秋月饼美食"评选活动，现场不仅有月饼品鉴活动，还有慈城年糕制作展示、慈城盆景展销等民俗游戏活动。

3.半浦村文化礼堂还积极开展"传承慈孝、喜庆重阳"敬老活动，组建文物保护志愿者开展保护遗产宣传行动，吸引广大村民参与，渐成与村庄和谐共生、共同繁荣发展的精神家园。

（二）实物留存

"天灯"位于半浦村口；

"半浦小学"已演变成国学教育基地"半樸朴园"；

"半浦村文化礼堂"设在原来的村大会堂；

"二老阁"，保存于半浦村西，如今只遗留了阁后的小池和古井。

（三）文献中的留存

1. 王存主编，曾肇、李德刍共同修撰：《元丰九域志》，北宋中叶的地理总志。

2. 提调杨泰亨，总修冯可镛，分修陈继聪、孙德祖、刘凤章、费德宗、叶意深：光绪《慈溪县志》。

3. 徐兆昺：《四明谈助》。

4. 冯骥才：《半浦村记》，宁波出版社2000年版。

毛岙村

港源城始　宁波江北文化基因

毛岙村

一、文化溯源

宁波位于东南沿海，长江三角洲南翼。宁波历史文化悠久，属于典型的江南水乡兼海港城市。宁波市下辖6个区（海曙、江北、镇海、北仑、鄞州、奉化），2个县（宁海、象山），2个县级市（慈溪、余姚）。截止到2017年底，宁波新增市级农家乐特色村（点）14个，累计达到190个；全国休闲农业与乡村旅游示范县累计达5个，总数位居全省第一。全年农家乐休闲旅游共接待游客5115.7万人次，营业收入50.7亿元，解决农民就业2.2万人。目前，宁波是大陆乡村民宿发展较快地区之一。

毛岙村，位于浙江省宁波市江北区慈城镇，与镇海区交界。村庄周围的群山呈莲花状分布，而村里的住宅就坐落在这朵莲花的中心。这个村庄人们通常叫它"毛夹岙"。早在400多年前，有一位名叫毛杏春的老人从一个名叫岗山的地方来到了这个山岙。那时，山岙里还没有住户，毛杏春看了看四周狭长的山岙，取其意"夹"，同时，他认为做人就要做头顶天脚踏地的人，便取其意"岙"。由此"毛夹岙"这个村名就产生了。

毛岙村作为江北区慈城镇的交通末梢，村民长年"靠山吃山"，以砍伐树木和出售竹笋等为生。在"红色党旗引领绿色发展"行动的倡导下，毛岙村重点开展了立面改造、河道整治、生活污水处理等环境治理工作，先后建设生态公园、健身游步道、环湖自行车道、休闲农家民宿等项目，让毛岙村从一个落后的穷山沟，转变成了山清水秀、环境整洁的美丽乡村。毛岙村拥有良好的生态环境，被评为"浙江省最佳自然生态村"，也是省级首批AAA级景区村之一。全村总人数不到400人，这里大部分村民从事涉旅活动，人均纯收入超过3万元，村集体可支配收入100多万元。目前村内配套有10多家农家乐及农家民宿，另外引入了两家高端民宿。为了壮大民宿经济，慈城镇还联合农水、旅游等部门加强对毛岙村民宿的规划指导，努力把毛岙村打造成为民宿艺术村，让游客在体验当地风情和乡野民趣的同时，又有生活质量的保障。

二、文化要素分析

（一）物质要素

1.毛利水库

毛利水库位于江北区慈城镇毛力村，始建于1970年12月，1978年4月基本完成，当年各水库开始蓄水。总库容780万立方米，集雨面积5.76千米，兴利库容665万立方米水库是座以灌溉为主，兼有防洪、养殖功能的小型水库。工程等别：Ⅳ等，主要水工建筑物大坝及滋洪道级别为4级，次要建筑物级别为5级。洪水标准采用50年一遇设计，500年一遇校核。水库优势：调节毛岙山区河流径流，预防洪水，改善毛岙山区气候环境（减小温差、增加空气湿度），村民平时的农田灌溉、水产养殖、发展毛岙乡村旅游。

2.民生设施

（1）党建文化广场位于毛岙村中心，是村里开展文化活动、展示非遗项目、村民和游客休闲的热闹场所。

（2）文化礼堂始建于2014年，之后进行了全面的改建和提升，功能更加齐全、设施更加完善，成了村民和各种文艺团队开展活动、展示成果的好地方。

（3）慈孝食堂由原村委会改建而成，占地面积约270平方米，不仅为村内60岁以上的老年人提供优惠可口的饭菜，也可为游客提供舒适方便的用餐,可谓一举两得。

（4）村里还整合各类资源,设立了"毛岙村慈孝信用社",设有参加公益活动、评选慈孝家庭、做好垃圾分类、建设美丽庭院等共三大类19个具体项目,每一户家庭都可以通过做"有德"之事,积慈孝积分,并获得相应的奖励,让"有德"者有所得。

毛岙村慈孝信用社

3. 农业与渔业发展

（1）红豆杉种植

在毛岙村,人们可以看到漫山种植的红豆杉林,因此有人形象地称这里是世外"红豆谷"。行走在毛岙的小路间,时不时会发现路旁种有大大小小、高高低低、稀稀密密的红豆杉。据毛岙村书记方国君介绍,方圆几里的山上,有着500亩的红豆杉林,它们已经在这里十多年了。

红豆杉属名贵树种,生长极慢,活株一般可以卖到千把块,且树干有较高观赏价值,因此可成为盆景制作的上等原料。据悉,红豆杉是世界上公认的濒临灭绝的天然珍稀抗癌植物,可以吸收一氧化碳、二氧化硫等有毒物质,吸收和降解甲醛、甲苯等致癌物质,能有效净化空气。成年的红豆杉树,墨绿的树叶可以提取出紫杉醇,用于制作抗癌药物。到了秋季,当地村民会将成熟的"红果"摘下来泡酒。据村民说,用红豆杉果子泡酒,每天适量饮用可以预防心血管疾病。

（2）娃娃鱼养殖

因为山好、水好、空气好,所以村里的大鲵(俗称娃娃鱼)养殖成果喜人。据一位养殖户介绍,娃娃鱼对水体水质要求非常苛刻,若水质不优良就很难存活。而毛岙村大鲵养殖所需的水引自陈夹岙溪水,水质非常适合娃娃鱼生长。当初,养殖户投入2000多万建了大鲵养殖基地,让娃娃鱼安家到这里,之后几年基本是连年高产繁殖。如今,已有一万余尾娃娃鱼在此繁衍。

4. 民宿建设

毛岙村加大对接优质民宿资源的

力度，吸引知名民宿企业前来投资，为村里引进社会资本，带动全村民宿提升品质。目前村里已引进了两家投资上千万元的高端精品民宿，不仅能给村民创造更多的就业机会，还能进一步推动农旅结合发展，提升乡村的生活品质。目前，村民自家经营的民宿已经有4家，还建起11家农家乐和民宿，节假日往往爆满，农副产品完全不担心销售，村民自家的土鸡蛋、后山上种的橘子和杨梅等都成了游客的抢手货，村民人均收入也从五年前的不足5000元增加到现在的3万元。

村委委员邵军杰改造自家庭院发展民宿产业，并带动30余户村民创业意向。"我们的民宿服务水平什么时候能和其他知名民宿接轨？我们的房间什么时候才可以定了高价还会一房难求？"虽然当下民宿经济火热，但因村民的自身条件限制，民宿的服务水平跟不上需求，使得村里的民宿价格一直提不上去。面对村民的疑惑，毛岙村积极对接优质民宿资源，吸引知名民宿企业前来投资，为村里引进社会资本，带动全村民宿提升品质。去年，汉花缘、勿舍、居善地等精品民宿项目正式签约落户这个美丽的小乡村。

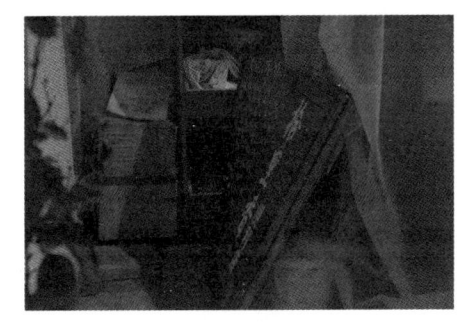

毛岙村街景

（二）精神要素

1.生态环境是毛岙村最大的资源

毛岙村位于毛力水库上游，空气质量以及自然生态环境良好，依山傍水、风景如画。毛岙拥有山林面积236.5公顷，经济作物主要有茶叶、杨梅、竹笋、红豆杉、橘子等。这里有垂钓园与坑道洞等，引进推广的红豆杉种植面积已超过33.3公顷，红豆杉属名贵树种，是世界上公认的濒临灭绝的天然珍稀抗癌植物，可以吸收一氧化碳、二氧化硫等有毒物质，吸收和降解甲醛、甲苯等致癌物质，能有效净化空气，提高了空气中的负离子含量。目前，毛岙村已建设成一个以"和谐自然"为特色，集生态养生、休闲度假等一体的休闲生态村，先后获评"浙江省最佳自然生态村""浙江省卫生村""浙江省美丽乡村""浙江省生态村"等荣誉称号。

毛岙村地处宁波市半小时城市圈范围内,在政府各项政策的推动下,村里的道路得到整治、村容村貌也得到有效改善。村口的生态公园内,人造瀑布、小憩长廊、溪边观亭和茶屋等场所应有尽有。2016年,村里推动"美丽庭院"建设工程,目的是为了将毛岙村建设"安居、宜居、美居"的村子,此外还邀请专业机构,编制了生态旅游开发规划、村庄建设规划、乡村生态景观规划。

2. 绿水村边,青山郭外

毛岙村隐匿在山林间,紧挨着荪湖和毛力水库,村中的鱼塘养殖和垂钓点星罗棋布,每逢周末和节假日就有垂钓爱好者前来,远离喧嚣,自得宁静。若是夏天到访,村里还有水景接待区、亲水娱乐区,犹如遁入一个清凉的世界,自然微凉的山风拂面而来,炎热顿时消失得无影无踪。坐拥优质环境,却离宁波中心城区只有半个小时的车程,"离尘不离城"的特点,让毛岙村具备了发展成为都市休闲旅游宝地的潜力。毛岙人看准了这个发展机遇,借助依山傍水倚古城的优势来发展乡村休闲旅游和民宿产业。如今,位于村口的生态公园内,人造瀑布、小憩长廊、溪边观亭和茶屋等场所应有尽有。二期公园建成以后,还筑起了小木屋,设立了游客服务中心、小孩子游玩的公共空间,还增加了书吧、茶吧等休闲场所,是人们周末与亲朋好友小聚的不二之选。"山清水秀空气鲜,毛岙村里去休闲。行过三里桃花坡,走过六里夹竹岙。湖中凉亭来穿过,九里茶园面前呈。森林氧吧矿泉水,白云底下毛岙人。"这是村民们如今心目中的自家毛岙村。如今,村民们住在天然氧吧里,喝着甘甜的清泉水,吃着自家种的绿色蔬菜,原本贫困落后的毛岙村已成为江北慈城的一张"金名片",一个都市背包客们心中"离尘不离城"的"世外桃源",一方放松心情、休闲度假的净土。

三、文化元素核心基因提取

毛岙村"全国民主法治示范村（社区）"成为宁波市乡村振兴的典范。毛岙村依山傍水，房屋顺势而立，不急着开垦开发，而是再造人与自然和谐的环境，养富生态资本，并从中获得发展。走绿色发展之路，这是毛岙村一直坚持做的事情。

四、文化元素核心基因评价

（一）生命力评价

毛杏春过世后，坟墓坐落在村里最高的一座山上，因为那里风水好，有一棵需要三四个成年人才能合抱过来的大枫树。可惜的是，这棵枫树在"大跃进"时期被村民们砍伐，作为炼钢的柴禾烧掉了。毛太公生养了7个儿子，他们的后代遍布世界许多地方，远至美国、德国等国家，近至北京、上海等国内名城。后来的毛岙村，因为在山坳里头，几乎"与世隔绝"。村民以砍伐树木和出售竹笋等为生，稍微年轻一点的，早早出门打工，留守的村民不到百人。

但如今毛岙村已成为著名生态文化村，向着更好的方向发展。

1. 生态立村为"美丽资源"开路

老话说，要想富，先修路。一条平坦畅达的道路对于毛岙村的发展来说绝对是"刚需"。为了改变毛岙村一穷二白的落后形象，2001年上任的村党支部书记方国君做的第一件事，便是带着村班子一起发动村民集资，修建通村道路。家家户户自愿派出一名壮汉，近百人连着干了快两年，终于修好了村里唯一一条与外界相连的上毛线。2003年，村班子"趁热打铁"，争取到区镇两级资金，对这条3.5千米长的通外公路拓宽、硬化、亮化。有了便利的交通条件，村里的日子也逐渐热闹起来，处处都有新气象。

2. 生态兴村，向青山绿水要发展

俗话说，靠山吃山，靠水吃水。好山好水的毛岙村，自然要向青山绿水要发展。一次偶然的机会，方国君了解到红豆杉具有很强的空气净化效果。红豆杉不仅是保护树种，更是很好的经济树种。长到成年的红豆杉树，树叶可提取紫杉醇用于制作抗癌药物，成熟的"红果"摘下来泡酒可预防心血管疾病。而长到手臂粗的红豆杉，活株可卖上千元。在他的带动下，村民们也自发地开始种植起来，现在村庄的每个角落都可以看到红豆杉的身影，高高低低的红豆杉布满村道、山道，村民自家庭院、门前屋后，也有茂盛的红豆杉枝条趴在篱笆上，红豆杉也成了毛岙村民们的"发财树"。"我们每年都种红豆杉树，去年种了300棵，今年已经种了200多棵。"方国君告诉记者，"这些树可金贵了，是我们'卖空气'的本钱！"为了保护红豆杉，村两委班子带头成立护林小分队，还定下了"森林公约"：禁止乱砍滥伐，坚持利用有度。

除了红豆杉，被称作"生物进化史上的活化石"的娃娃鱼也在毛岙村安了家。由于没有污染型工厂，毛岙村的综合生态环境令人称羡。水浅则清澈无色，水积深时就发蓝，毛岙村出名的好水吸引了宁波力康生物科技公司负责人胡家郎。娃娃鱼对水质极为挑剔，在村子里兜了一圈，胡家郎便看中了陈夹岙优异的水质，而方国君则看到了村里新一轮的发展方向。在当初签订的协议中，方国君加了一条：在大鲵的非交配期，大鲵基地要免费向村里前来旅游的组团游客开放。以观赏娃娃鱼作为村庄旅游的又一亮点，让大批孩子纷纷前来参观。毛岙村赢得了游客，胡家郎的娃娃鱼由于找到了适合的栖息地点，产量年年攀高，年年产值破千万元。

3. 生态富村民宿产业做大做精

道路整洁、草木欣荣，白墙黛瓦的房舍依山而立，如今的毛岙村炊烟袅袅，鸡鸣犬吠，空气清新怡人，越来越多的城里人到毛岙休闲旅游，村民忙着开民宿办农家乐，不用出门也能赚钱。春天挖春笋，初夏摘杨梅，秋季吃板栗，冬季赏雪景。随着北山游步道的贯通，这个小山村的人气越来越旺。如今，这个浙江省最佳的自然生态村已建起15家民宿，投入运营3家精品民宿，促进本地民宿提价20%，年收入增加百万元。而村里的10余家农家乐，平均每户农家乐一年的收入可达30万元。村民人均年收入也从过去不足5000元增加到现在的3万余元。几年间，毛岙村村民人均收入足足涨了8倍，村里80%的家庭有了自己的小轿车，老人既有社保也有农保，再加上股份制带来的分红，完全能保证他们生活无忧。2021年8月，毛岙村和毛力村合并了，人口增至1000多，范围增至6平方千米。

（二）凝聚力评价

毛岙村充分凝聚地域群体和大自然的力量。毛岙村本身就是一个村庄，是一个群体生活的根本，一个村子要发展就离不开群众的力量，所以毛岙村的发展就要凝聚当地群体的力量。党的十八大首次把"美丽中国"作为生态文明建设的宏伟目标，把生态文明建设摆上了中国特色社会主义"五位一体"总体布局的战略位置。山村的干部群众更要保护好、利用好、开发好这片青山绿水，既让青山常在、清水长流、空气常新，同时又加强资源转化利用，变自然优势为经济优势，变资源优势为资本优势。

2001年，方国君当选村书记，接过小村发展的重担。做过生意、跑过市场的他对乡村发展有自己的独到见解。他认为，以绿养绿，提升绿水青山的"颜值"，才能谋求大发展。毛岙村凭借着优越的自然环境和空气质量，游客纷至沓来，新产业也寻迹而来。几年间毛岙村村民的人均收入足足涨了八倍，去年村里的餐饮、旅游休闲和农作物等经济收入达到了180多万元。借乡村振兴战略的东风，近年来，毛岙村多方筹集项目资金，投入3000多万元进行美丽乡村建设，加大村庄的整治力度，先后建成生态公园、环村登山步道、环湖自行车道等，对村舍外墙面进行了特色竹泥彩绘。

（三）影响力评价

近年来，毛岙村大力开展以生态功能为主的村庄基础设施和公共服务建设，着力改善、整治村庄环境优势，围绕生态养生的休闲旅游主题，发展乡村休闲特色，农村生态环境、生活环境、生产环境发生了明显的变化。此次受到省级表彰，是对其美丽乡村建设工作的肯定和督促。

眼看着毛岙村的名气越来越大，到毛岙村来的游客也越来越多，毛岙村一边鼓励党员当好致富带头人，示范引领农民兄弟圆致富梦，一边加强对村庄的规划，村干部先后邀请专业机构规划编制毛岙村生态旅游开发规划、毛岙村庄建设规划、毛岙乡村生态景观规划，努力把毛岙村打造成集健康养生、民宿艺术等于一体的主题鲜明，定位清晰的生态村。

为了让红杉仙境，养生毛岙美景而来的人流变成村民们口袋当中的现金流，近年来在农旅开发之路上，愈走愈远的毛岙村已先后获得浙江省最佳自然生态村、浙江省卫生村、浙江省美丽乡村、浙江省特色旅游村等省级荣誉称号。

（四）发展力评价

毛岙村的发展注重绿色、可持续：

1. 毛岙村＋生态建设，建设生态公园

毛岙村凭借自己拥有的生态资源，建设生态公园，是毛岙村加快推进美丽乡村建设的一个实实在在举措。在慈城镇大力倡导的"红色党旗引领绿色发展"行动倡导下，毛岙村走上了发展致富的快车道。近年来，以党建为引领，毛岙村重点开展了立面改造、河道整治、生活污水处理等环境治理工作，先后建设了生态公园、健身游步道、环湖自行车道、休闲农家民宿等项目，让毛岙村从一个落后的穷山沟，转变成了山清水秀、环境整洁的美丽乡村，成为城里人眼中美丽的"红豆谷"。

2. 毛岙村＋旅游产业，优化产业结构

近年来凭借着优越的自然环境和空气质量，游客纷至沓来，新产业也寻迹而来。坐拥优质环境，却离宁波中心城区只有半个小时的车程，"离尘不离城"的特点，让毛岙村具备了发展成为都市休闲旅游宝地的潜力。毛岙人看准了这个发展机遇。去年江北区推进美丽乡村建设，毛岙村争取来总投资300多万元的生态公园项目。如今，生态公园内人造瀑布、小憩长廊、溪边观亭和茶屋等场所应有尽有。据介绍，村里今年还将建设生态公园二期工程，计划把公园打造成驴友理想

的休憩点。

依托天然的山水资源，在"红色党旗引领绿色发展"理念的引领下，村班子集体念好"致富经"，引导村民们种起红豆杉，养起娃娃鱼，引进中药材，不约而同走上了致富路。农忙时节，村民采茶、摘梅子；节假日，游客成群结队，登山、赏景，吃农家菜、住民宿……毛岙村，正在成为村民们致富的"聚宝盆"。

五、文化元素核心基因保存

（一）组织类活动

醉美江北、相约毛岙、与惠同行——宁波职工走进十大美丽乡村之慈城毛岙健步走活动。宁波"泛华牛牛杯"1/4马拉松大赛活动。2020年举行第一届"1+100"——明史学法主题活动。

（二）实物留存

1. 面积达500亩的省级红豆杉基地。
2. 生态公园、健身游步道、环湖自行车道、休闲农家民宿等。
3. 村中心党建文化广场。
4. 毛岙村慈孝信用社，设有参加公益活动、获评慈孝家庭、做好垃圾分类、建设美丽庭院等共三大类19个具体项目。

（三）文献中的留存

1. 王银杰：《基于消费者行为的宁波江北区民宿旅游调查研究》，宁波大学硕士学位论文，2017年。
2. 杨芝：《毛岙村：民主法治引领绿色发展之路》，《宁波通讯》2020年第6期。
3. 徐水根、孔春良、方芳：《春风吹绿毛岙村》，《宁波通讯》2010年第4期。

4.赵梅梅、肖梦菲、阳鑫：《乡村扶贫背景下宁波市乡村民宿发展研究——以宁波市毛岙村为例》，《现代化农业》2018年12期。

5.徐水根：《毛岙村的红豆红了……》，《宁波通讯》2010年第12期。

6.杨芝：《江北毛岙村：世外桃源诗意栖居》，《宁波通讯》2018年第12期。

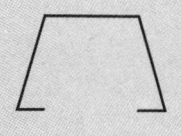

达人村

港源城始 宁波江北文化基因

达人村

一、文化溯源

作为首批国家农村产业融合示范园，达人村位于宁波中心城区江北区畈里塘村，以乡村生活为基础，以复兴乡村文明为使命，融合了节庆庙会、田园风光、美食小吃、民俗演艺、童话世界等项目，将重点突出田园夜色与宁波地方特色文化，集休闲旅游、创意农业、民俗演艺、亲子体验、田园社区五大核心功能于一体，是华东地区罕见的城市中心田园休闲旅游目的地。

达人村通过旧村改造，结合拆违治危，修旧如旧，将农旅项目和民俗文化结合，有目的、有意识地进行整理保护和利用，注重对农村生态资源、农业资源、民俗文化资源等，进行整体性规划开发。

达人村以"身在都市、梦回原乡"为宗旨，旨在打造原汁原味的具有宁波文化特色的美丽乡村旅游综合体，回顾儿时的记忆，重温逝去的田园时光。景区由五牛迎宾、达人大草原、萌宠牧场、童心童趣园、稻田艺术区、菠萝迷宫、田园动漫、五彩大地、农俗文化园、田园课堂等景点组成；草原灯光秀、黄金稻田、鲤鱼跳龙门、荧光步道、达人水秀等景观构成了宁波独一无二的乡村夜景，是宁波市民夜游、休闲、观光的绝佳去处。

达人村重磅推出夜游项目。作为园区首创的宁波田园夜游新模式，从试营业开始，园区将在夜间独家呈现黄金稻田、荧光步道等夜间特色景观项目，采用艺术灯光仿真技术，为游客带来乡村田园夜景的视觉享受。由此，弥补宁波市中心以"乡村"为特色的商业空白以及乡村夜游市场空白，重磅打造城市中心首个田园休闲目的地。

二、文化要素分析

（一）物质要素

1. 四通八达的地理位置

达人村位于宁波市江北区甬江街道畈里塘村，畈里塘村是著名文学家唐弢的故乡，地处甬江街道北处，东至甬江工业园区，南至夏家村，西到北外环线，北到329国道，整个行政村由畈里塘、对江沈、徐江岸新屋、徐江岸老屋4个自然村组成，村域占地面积0.933平方千米。畈里塘村与压赛村、万润社区、西管社区、万宁社区、孔浦村、百合社区、梅堰社区、万象社区、朱佳社区、湾头社区、河东村、河西村、外漕村、万丰社区相邻。

在宁波市内，达人村地理位置优越，东临梅竹路，北靠北环东路，总面积628亩，相当于2倍的鄞州万达，2倍的天一广场，8倍的南塘老街。

达人村周边距离：距离宁波东部新城15分钟车程，距离老外滩15分钟车程，距离火车站20分钟车程，机场30分钟车程，在宁波核心限购区域内。

另外，畈里塘村附近有保国寺、绿野山居景区（绿野山庄）、江北岸近代建筑群、宁波美术馆、保国寺古建筑博物馆等旅游景点，能为达人村带来流量。

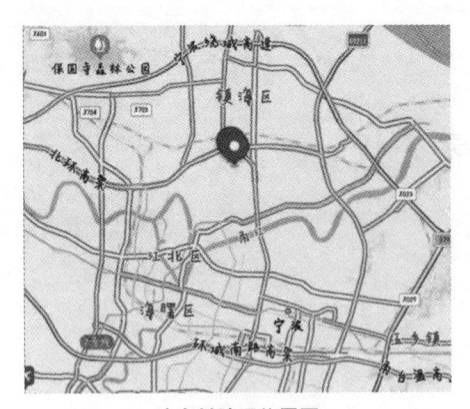

达人村地理位置图

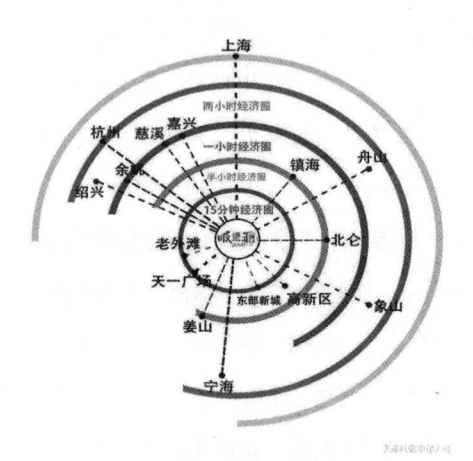

达人村经济圈

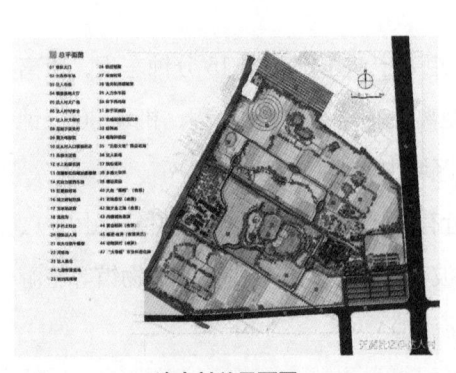

达人村总平面图

1. 自然环境大整改

北郊片区地处江北城郊，是老城区最大的"菜园子"，包括5个建制村。20世纪90年代，这里曾为宁波地方经济发展作出贡献。可随着时代发展，低端的产业带来了大量环境问题，成为制约区域发展的难题。

产业转型势在必行。达人村建成以前，放眼望去，北郊农田之上皆是一望无际的蔬菜大棚，由此产生的违章搭建、安全隐患等问题层出不穷，一度成为农田环境的"毒瘤"。长期以来，辖区北郊片区大量农业设施用房存在乱搭乱建、环境脏乱差等问题。此处地处城乡接合部，大量外来人口集聚，逐渐呈现出个体化向家庭化、家族化集居的趋势。而这里的房屋由于年久失修，外表破烂不堪，成为农村环境的一块块"疮疤"。这不但影响村庄整体形象和区域品质提升，还存在很大的安全隐患。于是2016年，甬江街道掀起环境革命，对北郊片区的2500亩土地进行集中流转，450户农户洗脚上田，拆除了约4万平方米的农业大棚。农村环境的改善，使得北郊重现天蓝田净、白鹭齐飞的田园景象。

美化后的北郊片区，吸引了很多投资商的目光。可由于靠近庄桥机场，该片区存在限高要求，无法建造高楼大厦，这意味着很难发展现代商业。

最终政府决定以高出3倍市场价的价格租回土地，对这一区域进行统一开发，走休闲农业和旅游一体化生态发展路线，未来北郊片区将成为传统乡愁意蕴的体验地、宁波近郊休闲的目的地。

达人村建成后，经过修缮的老房古色古香，老底子的宁波美食香味四溢，儿时的乡村集市完美呈现……老宁波的乡愁记忆，跃然眼前。

筑梦于乡野，奋斗于山海。在国家深入推进新型城镇化和实施乡村振兴战略的大背景下，甬江发挥近郊优势，精准施策，推进环境革命，引入农旅项目。"达人村"横空出世，再现美丽乡愁。这个以复兴乡村文明为使命而打造的浙江首个田园综合体，自开门迎客以来，人气爆棚。

环境大优化，产业大转型，农旅大发展。北郊乡野，"无中生有"，以全新的方式，打开了乡村振兴的大门。

2. 宁波特色美食加成

达人村有慈城年糕、双嵌麻团、宁波汤圆、菜蕻年糕丝、水晶油包等宁波特产。

慈城年糕是浙江地区著名传统小吃。它已有数百年生产历史，以选料讲究，精工制作著称，它用优质晚粳米洗净后，用水浸泡3至4天或一周，用水磨成粉，压去水分至不干不湿恰到好处之后，粉碎并置蒸笼中猛火蒸透，或舂或轧成大小均匀的条状年糕。

宁波一带民间有"年糕年糕年年高，今年更比去年好"的民谚。人们还用年糕印板压成"五福""六宝""金钱""如意"等等形状外观，象征"吉祥如意""大吉大利"；有的则做成"玉兔""白鹅"等小动物，构成真正意义上的内容与形式的完美结合。1974年，考古工作者在距今七千多年宁波

达人村冬景

余姚河姆渡史前遗址中就发现了颗粒饱满、保存完好水稻的种子，这说明早在七千年前我们的祖先就已经开始种植稻谷。慈城年糕生产历史悠久，距今有上千年的历史。

宁波汤圆是浙江省宁波市的一种传统小吃，是中国的代表小吃之一，也是春节，元宵节节日食俗，历史十分悠久。据传，汤圆起源于宋朝，当时明州（现浙江宁波市）兴起吃一种新奇食品，即用黑芝麻、猪脂肪油、少许白砂糖做馅，外面用糯米粉搓成球，煮熟后，吃起来香甜可口，饶有风趣。因为这种糯米球煮在锅里又浮又沉，所以它最早叫"浮元子"，后来有的地区把"浮元子"改称元宵。与大多数中国人不同，宁波人在春节早晨都有合家聚坐共进汤圆的传统习俗。

水晶油包，是浙江宁波市的传统名点之一，属于甜包，很多人刚听到水晶油包这个名字都会认为它肯定有着晶莹剔透的薄皮，然而它的外表看起来白白胖胖的，就像普普通通的白馒头，水晶两个字其实说的是它的馅料，蒸熟后的油包馅料油亮剔透，如水晶一般，所以被称作"水晶油包"。

在宁波当地美食的加成下，达人村的游客纷至沓来。

（二）精神要素

1. 热爱家乡，探寻乡愁

20世纪90年代以来，曾经被人们引以为傲的农耕文明被当做落后的生产力，曾经紧密结合的乡村社群逐渐走向瓦解，乡村慢慢衰败。城镇化推进带来乡村人口向城镇转移，面对城乡的强烈对比和巨大差异，人的情感需求在巨大的落差中得不到满足，从而开始回忆过去生活的充实感，找寻在现实中失落的自我，乡愁由此产生。

主打乡愁经济的农旅品牌，不仅为创客提供机遇，更为本地居民提供了机会。达人村聘用村民担任管理人员，招聘村民为营业员，同时，还吸引了村民在"达人村"内自主创业，开店经营。

因此，达人村的经营重心中有这样一句话：既要望得见山、看得见水，更要记得住乡愁，也要传承文化。

2. 互帮互助，共同发展

在达人村建设过程中，许多当地村民积极配合政府安排，提供自家老房子进行改造。达人村项目由政府牵头、工商资本注入,加上北郊乡村参与,集三方之力,对600多亩土地进行集中开发,因此在这一过程中各方互帮互助,协调发展促进了达人村项目的最终完成。

(三)制度要素
1. 休闲娱乐体验

达人村拥有宁波地区独具特色的一站式遛娃休闲游乐中心,汇聚了彩虹滑道、网红蹦蹦云、过山车、卡丁车等一大批网红游乐项目,是遛娃、亲子玩乐的绝佳去处。原生态的无动力设施乐园,六角秋千、攀爬网、平衡木……让游客在这里拾起儿时的记忆。

达人大世界为旅客们提供丰富的游园体验,聊斋鬼屋、真人密室逃脱、射箭体验……一项项或惊险刺激或妙趣横生的活动不容错过。

达人村的夜色,也让人不忍离去。夜晚上演的乡村夜秀,用星星点点的灯光汇聚成一幅幅精彩的画卷,草原灯光秀、黄金稻田、鲤鱼跳龙门、荧光步道、达人水秀等景观构成了宁波独一无二的乡村夜景,精彩水幕秀,随着音符的高低,七彩喷泉也随之起伏,伴随着整个园区的灯光夜秀,营造一份属于达人村特有的夜游景观,为游客带来乡村田园夜景的视觉享受,也让宁波江北的夜晚添上一丝温暖。

2. 农耕田园体验

达人村内有以劳动收获为主的果蔬采摘、插秧割稻、动物喂养等农事体验项目,有以乡村玩乐记忆为主的田园垂钓、田园体验等田间水塘项目,有以参观学习为主的农耕文化馆、乡村记忆馆、宁波达人馆、60—80年代农民生活馆等场馆项目。

在萌宠牧场,可爱的动物们可以与村民零距离的互动,这里可以喂养羊驼、龙猫、小香猪,看他们嬉戏表演,观看小狗跨栏、跳绳、直立行走、走钢丝、小猪跳水、赛跑等超萌表演,更多的牧场田园动物恭候你的到来。

赤脚在水池里抓鱼抓泥鳅,或是在田间池塘拿着竹竿钓龙虾,这些原汁原味的乡村童趣活动定会让你回忆童年,流连忘返。

摸着一架架谷风车,也就到了达人村公社。达人公社重现了20世纪60—90年代宁波农村的农民生活、劳作、看戏、祈福等生活场景,一幕一幕犹如放电影一般，让孩子们感受到时代的变迁，农村生活的进步。农耕文化馆让孩子们学习了农业知识，认识了农耕用具，感受到了劳动人民的智慧。达人村提供农耕体验——耕种、割稻、挖番薯、拔萝卜、掰玉米等，通过最原始的方式参与其中，亲身感受田园的魅力。

3. 民俗体验

达人村内有很多拥有高超技艺的达人，近景魔术、甬剧、折子戏等精彩表演会成为您游玩的难忘记忆。

三、文化元素核心基因提取

达人村以乡村为基础，以复兴乡村文明使命，融合了集市文化、节庆庙会、田园风光、美食小吃、民俗演艺、童话世界等项目，是一个极具特色的浙江首个田园综合体。整个项目将重点突出田园夜色，弥补宁波市中心以"乡村"为特色的商业空白，也弥补了宁波乡村夜游市场空白。是城市中心区不再有的田园，在城市中心无法再生、无可复制。

四、文化元素核心基因评价

评价项目	评价因子	评价依据（特点）	是否
生命力评价	文化基因存续的时间	自出现起延续至今，未曾明显中断	√
		自出现起延续至今，但多次衰微、中断后复兴	
		曾明显衰败，改革开放后开始复兴或历史溯源关键环节缺失，难以考证	
		文化形态主体已灭失，现存部分痕迹	
	文化基因的稳定性	在发展过程中保持相当稳定的状态	√
		在发展过程中存在明显的精神内涵、表现形式剧变	
凝聚力评价	文化基因的凝聚力及社会动员效果	曾广泛凝聚起区域群体的力量，显著推动过社会经济文化的发展	√
		曾部分凝聚起区域群体力量，对社会经济文化的发展产生过影响	
		凝聚过力量，创造过实际的发展动能，但未见对社会经济文化发展产生显著改变	
		仅在历史文献或口耳相传中存在，未见实际介入社会经济发展	
影响力评价	辐射的范围	具有全国性、世界性影响力	
		具有长三角区域、浙江省影响力	√
		具有市县、乡镇影响力	
	提炼的高度	已经被古代文人士大夫和当代学者提炼为精神符号和理念理论	√
		单纯的样式、造型、工艺技术规范	

· 398 ·

续表

评价项目	评价因子	评价依据（特点）	是否
发展力评价	与当代精神追求和价值观念的契合	传统文化基因得到创造性转化、创新性发展；区域革命文化基因被完整继承、广泛弘扬；区域社会主义先进文化基因成为与浙江"三个地"相适应的文化高地	√
		部分转化、部分弘扬、部分发展	
		难以转化、难以弘扬、难以发展	
说明：基因特点评价是对解码出来的基因，根据本《导则》表2的要求，围绕"四个力"逐一对表打"√"，进行定性表述			

（一）生命力评价

从存续时间来看，达人村的文化基因始终未曾中断。我国乡村旅游发展最初是一种自发型的，没有具体的运作模式和组织，是在探索中不断发展，最初的乡村旅游者主要是国际游客，这些旅游者不再到那些传统的旅游热点，而是到一些比较偏僻落后甚至是尚未开发的地方去旅游而且乐此不疲。他们喜欢到中国的内陆和边远地区，尤其是去具有很强的地方特色和民族特色的地方，都市里无法体会到那些原汁原味的中国传统文化和乡土习俗，在上述地方却可以领略到，随着到乡村旅游的人数越来越多，"乡村旅游"这个新的旅游形式在中国得到迅速发展，并且逐渐形成了几个大的乡村旅游热点地区。而达人村通过旧村改造，结合拆违治危，修旧如旧，将农旅项目和民俗文化结合，有目的、有意识地进行整理保护和利用，注重把农村生态资源、农业资源、民俗文化资源等，进行整体性规划开发。

如今宁波达人村有着更好的发展：

"有田野，有水塘，还有萌萌的小动物，孩子特别喜欢来这里玩。"宁波市民吴女士是甬江街道达人村的忠实游客，周末带着5岁的儿子来游玩时，续存了年卡。"这里与一般的游乐园不同，每个季节有不同的农闲活动，而且就在城郊，离城里很近，来一趟很方便。"吴女士说。宁波人都知道，达人村所在的甬江街道北郊片区，曾是宁波最大的蔬菜供应基地，包括5个建制村，占地3000多亩。然而，随着时代的变化，"菜园子"逐渐退出历史舞台，破旧老屋以及杂乱无章的环境问题，成为制约该区域发展的难题。2016年，甬江街道以高出市场价格3倍的租金租回土地，成功地将农民的"菜篮子"换成"钱袋子"，不到5个月时间，2500亩土地顺利集中流转到村，同时拆除了约4万平方米的农业大棚，450户农户进城务工，沉睡的资源被唤醒。由于靠近庄桥机场，该片区有限高要求，无法建造高楼大厦，这意味着这里很难发展现代商业。"地处城郊、大片田园是这里最大的特色，发展宁波近郊休闲目的地、传统乡愁意蕴的体验地成为我们的首选。"宁波市江北区农业农村局局长孔宇告诉记者。很快，与江北区发展理念一致的浙江达人旅业开始入驻。"对照村庄整体规划，浙江达人旅业将部分区域内村民的房屋进行专业设计和建设改造，将普通房屋和危旧房屋进行统一整修，用于发展农家乐、手工作坊等。对有历史、有特色、有纪念意义的老房屋，街道因地制宜、因陋就简打造河东慈孝礼堂、河西钟一棠中医文化馆、夏家上陈稻田花海、外漕村生态旅游步道、畈里塘唐弢故居等一村一品的乡愁格局。"甬江街道办事处副主任孙宏说。2018年9月28日，以乡村夜游和田园休闲为特色的达人村投入试运营。开业至今，达人村游客已达75万人次，营收收入超过2000万元。"村里以土地入股，每年可以分红，而'达人村'园区范围内的18间老屋，由项目方通过村委会向村民统一租用，每年支付高于市场价的租金，项目开业一年多来，还带动了村子周边餐饮、民宿、农产品等产业进一步发展。"

（二）凝聚力评价

宁波达人村还起到了凝聚区域群体的作用。达人村位于中心城区，以乡村为基础，以复兴乡村文明为使命，融合了集市文化、节庆庙会、田园风光、美食小吃、民俗演艺、童话世界等项目，将重点突出田园夜色，弥补宁波市中心以"乡村"特色的商业空白，也弥补了宁波乡村夜游市场空白。

达人村以"身在都市、梦回原乡"为宗旨，旨在打造原汁原味的具有宁波文化特色的美丽乡村旅游综合体，回顾儿时的记忆，重温逝去的田园时光。

（三）影响力评价

受达人村效应影响，甬江北郊片区的村落也开始谋划、主动探索乡村振兴出路。街道则以达人村为核心，对区域进行全面布局，2019年"城市田园·欢乐乡村"成功获评首批国家农村产业融合发展示范园。

在距离达人村20分钟车程的东侧，一个经历蜕变的900亩土地正绽放光彩。洪塘湾，原是20世纪90年代落户洪塘街道的台湾工业园区。随着城市化的推进，逐渐成为一个典型的"镇中村"。三四年前，在很多洪塘人的眼里，这里没有了往日的荣光，只剩下环境脏乱差、产能"低散乱"的萧条景象，成为洪塘城市化进程中的痛点和难点。"老工业区既有着洪塘厚重的工业记忆，又蕴涵着科创文创发展的种子。"洪塘街道党工委书记范胜兵说，为了让这片旧厂房焕发出"新活力"，作为乡村振兴"创新创业港"的洪塘湾应运而生，给冰冷的厂房、设备增加温度，使它们成为一座城市的文脉记忆。2017年，围绕村级物业资源重整，洪塘街道淘汰提升落后产能120余家，收储空间面积超过4万平方米。同时，通过8000万元的公共配套、环境改造资金，撬动了8亿元的社会资本投入。如今，一个占地面积约900亩，拥有产业空间面积15万平方米，集数字经济、现代服务业、工业产品设计等科创文创多种产业于一体的新兴产业集聚区"洪塘湾"以全新的姿态华丽登场。截至目前，园区新注册企业400余家，其中注册科技类企业168家，注册文化类企业近200家。对于一个街区来说，如果缺乏休闲娱乐等业态，那一定是单调的、缺乏人气和生命力的。所以，洪塘湾打造了涵盖电子商务零售体验中心、前沿AR产品体验中心、生态婚庆餐饮及酒店的"108街区"。而另一条利用阿狸乐园国际IP，以休闲文创为产业核心，集产、学、游、购于一体的"月亮郡"商业街，让洪塘湾拥有了自己的夜间经济带。作为宁波市首家"长三角健康服务产业集聚区",洪塘在距离"洪塘湾"不远处,利用边角地建设了阿狸田野农场、宝云庄多彩田园、"火车来斯"等农旅体验项目,打造了一个宜居宜业宜游的长三角亲子微度假旅游胜地。"到科技创新里遨游,到人文艺术中徜徉,到阡陌小道间漫步,到'无中生有'中化腐朽为神奇,相信洪塘这块冉冉崛起的长三角亲子微度假旅游胜地,一定会让越来越多的人念念不忘,魂牵梦萦。"范胜兵说。随着田园变花园、农村变景区,村民也变成了员工,该区域百余名村民实现了家门口创业、就业,预计洪塘村、赵家村人均现金收入可达每年4万元,同比增长约30%。村集体物业租金从过去的每平方米8元/月上涨到现在的20元/月,涨幅超过了50%,实现了城镇美化和村民致富的良性互动。

(四)发展力评价

"达人村"是村吗?NO,它是坐落于宁波市江北区甬江街道畈里塘村的田园综合体项目。2015年,这片土地还是一片缺乏监管的蔬菜种植基地。近年来,村子美了,产业纷纷入驻,村民事业家庭两头顾,村里发展越发红火。平凡的小村何以吸引"重磅"项目入驻?给村里带来什么影响?畈里塘村幸福经验或许能带来一定启示。

20世纪60年代宁波农村的农民劳作、农俗演艺、农耕体验,让你的今天也能原汁原味体验。畈里塘村在"农"字上做深文章,文旅项目吸引了长三角大批游客前来体验。

近年来,畈里塘村凭借优质田园资源与得天独厚的地理区位优势,盘活本村资源,合力组建招商团队,引进了达人旅业公司,建设了宁波首个田园综合体"达人村"项目。其中的美食村,凝聚了宁波最地道的美味。宁波汤圆、奉化千层饼、梁弄大糕、宁海麦饼……每样小吃都有自己的文化与故事。夜晚,更是有乡村黄金稻田、荧光步道等特色夜游景观让游客们大大称赞。

平时工作日,"达人村"外来游客不多,多数是附近村民带着小孩出门闲逛。"我就是隔壁村的,每天都来这里遛娃。"家住外漕村的黄阿姨对记者说,"达人村"部分区域免费开放,多了一个带娃的好地方,附近村民都能享受到这份幸运。

说起村里变化的直观感受，畈里塘村民们笑逐颜开。家乡产业发展红火，沉寂的乡村也变得热闹起来。原来漂泊在外的年轻人，也有不少回到家乡工作。原来以种田种菜生计的大叔大妈们，现在成了"达人村"冷饮店的服务员、早餐店的老板娘。

村民梅美丽回村开起的茶馆

村里有源源不断的游客，村民的创业思路也更加开阔了。曾在外工作多年的村民梅美丽，看到了家乡的发展前景，回村开起了茶馆。近日，她又心里盘算着要开茶艺培训班，做一份自己更感兴趣的工作。梅美丽的姨丈原本的职业是收割机司机，如今也在村里承包了200亩土地，修建成荷花池，收入增加不少。

村里的集体产业分红、老屋租金、工作薪资加上养老金，60多岁的村民吕兴龙一年四份收入可超7万元。几乎没离开过畈里塘村的他见证了村里一步步的蜕变。虽然不善言辞，但他努力说普通话向记者分享着他的喜悦："我们现在晚上都出来遛弯儿，空气好环境好，真舒服。"

畈里塘村村民在"达人村"里开设的店铺

"我们要把握机遇，让村里更火一把。"畈里塘村村委会主任郑昌海介绍，畈里塘村还在计划着开火锅城、办文创园、入驻宁波甬江街道特色数字经济产业园。

红火的日子背后，离不开一场长达三年的乡村整治。"以前村里的本地人大多在外工作，土地便宜租给蔬菜种植户。"郑昌海介绍，2015年起，畈里塘村开展农棚全面整治，并以优于市场的价格，从农户手中统一回收土地，集中发力引进项目。在改造中

· 403 ·

必须拆除违建房屋，曾遭遇不少村民反对，经过村干部们走访开导，村民们态度逐渐转变，畈里塘村走出了一条土地流转的新路子。

如今的畈里塘村，蕴藏着火热的期望，新的图景正不断展开……

畈里塘村标语

畈里塘村村貌

畈里塘村是著名文学家唐弢的故乡，地处甬江街道北处，东至甬江工业园区，南至夏家村，西到北外环线，北到329国道，整个行政村由畈里塘、对江沈、徐江岸新屋、徐江岸老屋4个自然村组成，村域占地面积0.933平方千米，共有8个生产小组，在册户数394户，户籍人口894人，外来人口约6000人，共有村民代表39人，党员58名。近年来，畈里塘村在村党总支带领下，围绕"产业兴旺、生态宜居、乡风文明、治理有效、生活富裕"乡村振兴二十字方针总要求，以开拓创新追求卓越畈里塘，以道德文明凝聚和谐畈里塘，各项工作取得了显著的成效。2018年村集体经济总收入764.553万元，村级可用资金627.56万元。村级发展蒸蒸日上，先后取得省级卫生村、省级民主法治村、省级文明村、市级生态村、市级全面小康示范村、市级城乡结对共建文明活动先进单位、区级农村信息服务站、消防平安村等荣誉称号。

达人村的一些大型民俗活动，背后是旅游和文创产业的升级，对江北地区乃至宁波的经济文化的发展，也起了更好的促进作用。

五、文化元素核心基因保存

（一）核心活动

发展田园综合体的核心是发展休闲旅游，必须以休闲旅游为驱动。

1. 休闲旅游——集市街区、美食村落、乡村酒吧、夜色乡村；

2. 创意农业——田园风光、稻田艺术、花田景观、开工农场；

3. 民俗演艺——节庆庙会、民间杂耍、宁波戏曲、非遗手作；

4. 童话世界——农耕体验、年代回忆、开心牧场、田园学校；

5. 田园社区——民宿度假、创业生活、田园体验、农耕劳作。

（二）实物留存

1. 河东慈孝礼堂

2. 河西钟一棠中医文化馆

3. 夏家上陈稻田花海

4. 外漕村生态旅游步道

5. 畈里塘唐弢故居

"浙江文化基因丛书"后记

浙江濒海多山，古为百越之地，地少民贫。先民断发文身，披荆斩棘，筚路蓝缕，艰苦创业，卧薪尝胆，徐图自强，始稍为中原所识。山海情怀，越地长歌，独特的地理人文环境孕育出浙江艰苦奋斗、励精图治、百折不挠、勇攀高峰的地域文化性格和兼容并包、发展创新的人文精神。因以鸟虫篆、《越人歌》为表征的楚越文化交融和徐偃王流亡越地、勾践北上争霸等历史事件的发生，越地逐渐融入中原文明。及至东晋衣冠南渡，中原贤良缙绅避乱会稽，兰亭雅集、永嘉诗会，王谢风流所及，中原文化和越文化相互碰撞融合，这片神奇的土地在吸收大量中原先进文化基础上，生发出更多独具特色、丰富璀璨的文化颗粒，散点分布于浙江的山山水水之间。

隋唐以降，一条大运河通到钱塘，凡所流经之县域，皆成人文渊薮。浙东唐诗之路，如明珠嵌璧；越窑青瓷，千峰翠色风靡长安。浙江依托这条水上"高速公路"迅速崛起，在经济高效快速地融于全国的同时，也向全国展现了别样精彩的浙江文化，对中原产生巨大影响。唐末五代中原战乱之际，吴越国钱王保境安民，举世惶惶而越地独安，浙江又一次成为全国士子避祸传学之地，浙江的原生文化和中原文化水乳交融，极大地提高了浙江的人文学术水平。及至南宋定都临安（今浙江杭州），孔裔迁衢，杭州乃至浙江逐渐成为中华文化传承发展中心、全国的文化学术高地。有元一代，人文日渐凋敝，而浙江独领风骚。湖州赵孟頫成为有元一代赓续中华文脉之砥柱。赫赫有名的"元四家"，黄公望（常熟人，曾隐居富春）、王蒙（湖州人，曾隐居临平）、吴镇（嘉兴人，曾卖卜钱塘）、倪瓒（无锡人，曾浪迹太湖）在学习传承赵孟頫的文化艺术精髓基础上，各显其能，自成面目，为传承发展中华文化艺术作出了卓越贡献。明清以来，浙江士林，更为全国翘楚，文化勃兴，领袖群伦。浙江文脉渊深，有容乃大，继承发展，才俊迭起。事功之学、阳明心学、浙东学派、南戏越剧、《古文观止》、丝瓷茶剑、西泠印社、兰亭雅集等，更是中华文化中耀眼的明珠。浙东音声，渐如潮涌；黄钟大吕，照灼云霞。

晚清时期，中华危亡。辛亥鼎革，浙江文化所孕育的优秀儿女更是为中华千古未有之变局作出了重要贡献，秋瑾、徐锡麟、蔡元培、章太炎、鲁迅等，允文允武，可歌可泣，数不胜数。为全面赶上世界发展，全省各地掀起了重视文教事业、培养人才、发展经济的高潮。各类藏书楼、图书馆、新式院校纷纷创设，浙江人又一次发扬卧薪尝胆、奋力赶超的浙江精神，使浙江成为当时全国省域文化发达、人才众多的省份。

新中国成立后，浙江人励精图治，无论干部还是群众，都本着务实精神，立足现状，踔厉前行。即便在"文革"时期，浙江的经济、文化发展水平都显著好于其他兄弟省市，这和浙江人文内核的务实精神和文化基因的原生动力息息相关。改革开放以来，浙江更是勇做弄潮儿，充分发挥"四千精神"，培养人才，发展经济，以全国陆域较少、自然资源缺乏的省份，一举成为名列前茅的文化大省、经济强省。

历数千年，浙江以落后的山林草野原生文化，不断与吴楚和中原文化交融互鉴，融合创新，发展壮大，绝非历史偶然。浙江以其独特的文化基因和历史面貌正引起国内外专家学者的广泛兴趣，以期通过对浙江文化的研究来更好地理解中华文明，为中华文明的伟大复兴寻径探源，通过解析全省多点、散点分布的各类文化颗粒和文化价值观、文化形态、文化载体，系统研究、条分缕析在地文化基因和独特的文化原动力。构建中国文化基因理念体系，挖掘文化遗产背后蕴含的哲学思想、人文精神、价值观念、道德规范，是一项新课题、新任务。浙江在推动高水平文旅融合、建设共同富裕示范区的进程中，以解码文化基因为切入点，为构建中国文化基因理念体系提供地方经验。

　　研究浙江文化基因，就是对披着传统文化外衣的各类庸俗低俗的迷信活动加以甄别，科学分析，正本清源。以挖掘、激活浙江的优秀文化基因为抓手，推进文旅深度融合；有机整合乡村文化礼堂、农家书屋、场馆院团、城市书房等城乡文化资源，丰富群众文化活动。拓展新型公共文化空间，持续推动优质文化资源直达基层。为人民群众创造一个良好的文化大环境，强化文化自觉和文化自信；为浙江文化高质量传承发展厘清路径，为新时代浙江发展优秀的社会主义先进文化打好基础。文化兴则国运兴，文化强则民族强。文化基因的研究以及激活应用是浙江建设文化强省的重要切入点，是民智之本、百年大计。

　　我们要深入学习贯彻党的二十大精神和习近平文化思想，全面挖掘和激活浙江文化基因，推动新时代中国特色社会主义文化建设。以高质量发展为目标、融合发展为重点，紧扣激活优秀文化基因、提供优秀文化产品这个中心，厚植浙江经济社会发展文化软实力。

　　2024年1月，全省宣传思想文化工作会议提出，要全面贯彻习近平文化思想。浙江作为文化大省，肩负起新时代文化使命，在优秀传统文化的传承发展领域开展了积极的探索。我们要不断学习贯彻习近平总书记关于中华优秀传统文化的重要论述和关于文明交流互鉴的重要论述，让文化基因的研究成果走入校园、走进课堂，成为鲜活的爱国主义教育载体、生动的"课程思政"教育实践、开放的当代青少年国际视野素养培育抓手。将浙江文化基因研究成果制作成微视频"浙江文化基因"课程（双语），通过教育信息技术实现从碎片到整体、从实地到课堂、从单一到系列的MOOC/SPOC转换，实现浙江文化基因在青少年群体中的代际传递，助力文化基因融入当代、植根青年，实践出一条富有浙江特色的文化传承发展新路径，为中国"培养社会主义建设者和接班人"这一宏伟目标服务。

若有所成皆非易，凝心聚力要躬行。各地课题组在当地乡土专家和各地高校文史专家的鼎力协助下，进深山到大海，调研足迹遍布海澨山陬。通过田野调查、走访座谈、查阅历史卷宗、参考海量文献，历时五年形成的研究成果，凝聚了全省各地众多专家学者和乡土文化耆老的心血，他们为浙江的文化事业作出了很大贡献。致敬他们文化溯源的热忱，学习他们极深研几的精神，真诚感谢他们无私奉献的情怀。由于篇幅有限，涉及面广，无法一一详列参与者，在此一并致谢！

吴 越
甲辰年秋于杭州